高校秘书学专业系列教材 总主编◎杨剑宇

秘书学导论

第二版

MISHUXUEDAOLUN

何宝梅 杨剑宇

主编

U0329994

华东师范大学出版社
上海

图书在版编目(CIP)数据

秘书学导论/何宝梅,杨剑宇主编. —2 版. —上海:华东师范大学出版社,2019

高校秘书学专业系列教材

ISBN 978 - 7 - 5675 - 9449 - 4

Ⅰ.①秘⋯ Ⅱ.①何⋯②杨⋯ Ⅲ.①秘书学—高等学校—教材 Ⅳ.①C931.46

中国版本图书馆 CIP 数据核字(2019)第 148164 号

秘书学导论(第二版)

主　　编　何宝梅　杨剑宇
项目编辑　张　婧
特约审读　王秋华
责任校对　李琳琳
装帧设计　俞　越

出版发行　**华东师范大学出版社**
社　　址　上海市中山北路 3663 号　邮编 200062
网　　址　www.ecnupress.com.cn
电　　话　021 - 60821666　行政传真 021 - 62572105
客服电话　021 - 62865537　门市(邮购)电话 021 - 62869887
地　　址　上海市中山北路 3663 号华东师范大学校内先锋路口
网　　店　http://hdsdcbs.tmall.com

印 刷 者　上海龙腾印务有限公司
开　　本　787 毫米×1092 毫米　1/16
印　　张　17.5
字　　数　320 千字
版　　次　2019 年 8 月第 2 版
印　　次　2023 年 7 月第 4 次
书　　号　ISBN 978 - 7 - 5675 - 9449 - 4
定　　价　45.00 元

出 版 人　王　焰

修订说明

2012 年秘书学专业被教育部列入《普通高等学校本科专业目录》,秘书学概论成为秘书学本科专业的核心课程,为了满足专业教学的需要,我们编著了《秘书学导论》,自出版以来,受到本科院校秘书学专业同行们的欢迎和好评,被广泛用作教材。

近年来,随着时代的发展,秘书工作也与时俱进,秘书学研究不断有新成果出现,国家秘书职业资格考试等相关政策也发生了变化。为此,我们顺应形势的发展,对《秘书学导论》的内容作了修订和更新,形式上也增加了章前、章中、章后各栏目,希望能更适合教学的需要。(本教材 1—11 章由何宝梅执笔,12—14 章由杨剑宇执笔。)修订过程中,我们参考了相关学者的一些观点,在此表示感谢。

党的二十大报告中指出:"培养造就大批德才兼备的高素质人才,是国家和民族长远发展大计。"为贯彻党的二十大精神,本教材把秘书学学科理论和工作基础理论的讲述同学生素质的培养结合起来,培养秘书学专业学生崇高的人格和优良的职业素养,加强秘书职业道德建设。秘书学专业是发展中的专业,秘书学概论也是发展着的一门课程,因此本书难免有不足之处,敬请同行们批评指正。

作者

目录

总序

秘书学专业已于2012年被正式列入教育部本科专业目录。我们努力了30余年,终于使学科正式跻身于高等教育本科专业之林,这是学科发展史上里程碑式的跨越,是学科正规化大发展的起步。秘书学科的春天真正来临了!

教材建设成为专业建设的首要任务之一。近年来,全国多家出版社纷纷组织编写秘书学专业系列教材,呈现出百家争鸣、百花齐放的势头,这是专业兴盛的表现,同时,通过竞争,教材也能越编越好。

回顾30余年来,秘书专业的教材大致经历了两代。

第一代教材产生于20世纪80年代前期,名称有《秘书学概论》《秘书工作》《秘书学和秘书工作》《秘书学》等。各书的内容一般分三部分:首先是对秘书工作粗浅简单的经验总结;然后,大部分篇幅是文书工作程序介绍和法定行政公文的介绍及写法;最后,再加些秘书工作、档案工作等法规的附录。对这一代教材,宽容者称之为集专业教材、学术著作、工作手册三位于一体的连体。批评者斥其难以用作教材,不成工作手册,更远非学术著作,属生硬拼凑、不伦不类的"三不像"和"大杂烩"。客观而论,与文史哲等成熟的学科相比,这一代教材确实粗糙、幼稚、难登大学殿堂。然而,任何学科总是从低级到高级,从幼稚到逐步成熟的,因此,其开拓、铺路之功不可抹杀。

第二代教材产生于21世纪初,以全国统编秘书专业自考教材为代表。其主要标志是将秘书学专业的内容分解为"论"、"史"、"应用"三部分,出现了《秘书学概论》《中国秘书史》、《秘书实务》《文书学》《档案学》《秘书写作》《公共关系学》等课程教材。这些课程教材既有相对独立的内容和理论框架,又彼此联系,初步形成了学科体系。但是,这一代教材一定程度上存在着基本概念含混、学科界限不清、研究对象欠明、体系不够完整的不足之处。

近年来组织编写的一系列教材,总结了30余年来的经验,是为第三代教材。本系列教材就是试图弥补第二代教材的缺陷,希望成为第三代教材中的集大成者。为此,我们要求各册达到基本概念明确、研究对象明确、课程界限明确、体系基本完整的要求。

本系列教材具有专、全、新的特点:

专——秘书学已成为独立的本科专业,其系列教材应当具有明显的专业性,即:

第一,每册教材都有各自专门的基本概念、研究对象、课程界限、基本体系。不再是既夹有"史"、"论",又杂有文书写作、实务等于一体的"三不像"和"大杂烩",也不能是相互混淆、重叠的复制品。

第二,本系列教材全部由长期从事该课程教学、研究的具有高级职称的专业教师对口主编,凝聚了他们十多年或者几十年的教学经验和研究成果。例如,我们邀请四川大学知名文书学专家杨戎教授、知名档案学专家黄存勋教授主编《文书处理和档案管理》,邀请从事秘书专业管理学课程教学多年的常州工学院钱明霞教授主编《管理学原理》,等等,以此保证本系列教材的专业性和高质量。

全——我们同时着手编撰秘书学专业系列教材和涉外秘书专业系列教材,这两个系列的教材,可相互交叉使用。这是至今最全的秘书学本科专业系列教材。

秘书学专业的主干课程,经学界在哈尔滨、杭州、厦门等召开的几次全国研讨会上反复讨论,认为应以七门课程为核心课程,在此基础上编写教材,即《秘书学导论》、《中国秘书史》、《秘书实务》、《秘书应用写作》、《秘书公关原理与实务》、《文书处理与档案管理》和《管理学原理》。本系列教材除此七册外,还包括了专业主要课程教材《秘书心理学》、《秘书实训》等。

鉴于涉外秘书专业与秘书学专业有明显区别,我们策划、组织一批长期从事涉外秘书课程教学的专家编写了涉外秘书专业系列教材,共七册,包括《涉外秘书导论》、《涉外秘书实务》、《涉外秘书英语综合》、《涉外秘书英语阅读》、《涉外秘书英语写作》、《涉外秘书英语听说》和《涉外商务单证》。

新——各册尽可能增加新内容、新观点,选用新案例、新数据、新材料。同时,文风和版面适应新时代大学生的需求,力求新鲜活泼,一改秘书专业教材严肃、刻板的面貌。

参与这两套系列教材编写的专业教师,多达几十人,来自各高等院校,北到哈尔滨、南到湛江、东起上海、西到广西,遍布全国,是一次学界的大兵团作战。我们希望将教材编写得尽可能好些,能成为受大家欢迎的教材,我们也为此付出了不少努力。但是,由于秘书学专业尚是发展中的新专业,还在摸索探讨中行进,也由于我们能力有限,所以,书中不足之处难免,还望学界同仁批评指正,不吝赐教。

总主编:杨剑宇

前言

秘书和秘书工作是伴随着社会组织的领导者的出现而产生的,是一种历史悠久的、具有普遍性的社会现象。

秘书学是以秘书工作的现象及其本质和规律为研究对象的学科,自从20世纪80年代初出现秘书学专业以来,秘书学在我国的创建和发展已经历了近40年。

秘书学导论是对秘书学科的概括性介绍,体现了秘书学科的核心理论,是学习和研究秘书学的基础,也是秘书专业的主干课程。其宗旨是对秘书和秘书工作中的基础性、宏观性并且具有共同性的基本问题进行介绍和研究,为学习秘书专业的学生提供总体性、概括性的知识,为秘书学的研究和秘书工作的发展提供基础性的理论成果。

秘书学导论作为秘书学的分支学科是伴随着秘书学的发展逐渐成型的。从20世纪的绝大部分秘书学教材来看,秘书学导论、秘书发展史和秘书实务大多是混杂在一起的,如80年代翁世荣主编的《秘书学概论》、90年代袁维国主编的《秘书学》等。进入21世纪后,依然有不少教材保留了这样的体例,如陆瑜芳主编的《秘书学概论》等等。但同时,随着秘书学科的发展和秘书学专业建设的需要,相对独立的秘书学的分支学科初步成型,秘书学导论、秘书实务、中国秘书史、秘书心理学等秘书学的分支学科已经相对成熟。出现了独立的秘书学导论的教材,与秘书实务、中国秘书史等分支学科构成既相对独立又互为关联的学科框架。

2012年,秘书学专业被教育部列入《普通高等学校本科专业目录》。《秘书学导论》的编写既符合了学科发展的现状,同时也适应了秘书学本科专业教学的需要。

本教材共分为十四章,从秘书学的学科理论、秘书人员和机构、秘书工作、秘书的职业化等角度较全面地展示了秘书学学科理论和秘书工作基础理论最新的研究成果,体现了秘书学学科的整体思想。

秘书学的学科理论。介绍了秘书学学科的产生和发展;学科的研究领域和学科体系;学科的性质、与相关学科的关系以及学科的研究方法。

秘书人员和机构。阐释秘书的涵义、分类;秘书的角色及其把握;秘书的基本职能;秘书人员素质要求;秘书机构的设置及其优化;秘书的业缘关系。

秘书工作。介绍了秘书工作的内容;秘书工作的性质和特征;秘书工作规律;秘书工作的价值。

秘书的职业化。分析了秘书职业化的现状;秘书职业生涯的发展;高等秘书教育与秘书职业化的关系。

国外及香港地区的秘书工作。介绍了欧美国家、日本及中国香港等国家和地区的秘书人员的职级、培养教育、选拔任用及特点等概况。

为了帮助学生理解秘书学的基本理论,本教材在阐述理论的同时,引入了相关的案例和案例点评,旨在满足缺乏实践知识的学生需要,培养学生运用理论知识解决实际问题的能力。同时,为了增加《秘书学导论》的学术性,本教材尽可能体现出学界对秘书学基础理论的研究状况。

第一章

秘书学概述

第一章
秘书学概述

本章概述

  现代秘书学发端于清代的幕学,作为一门独立的学科产生于 20 世纪 80 年代前期。经过 30 余年的发展,秘书学明确了自身的学科性质和研究对象,初步形成了学科体系,界定了比较明确的研究领域,但是其学科地位还有待进一步的提高。由于综合性特征所决定,秘书学与多门学科存在相关性。学习和研究秘书学必须注重理论和实际相结合。

学习目标

1. 了解秘书学在中国的产生和发展。
2. 明确秘书学的研究对象和学科体系。
3. 熟悉秘书学的学科性质和相关学科。

重点难点

1. 秘书学发展的特征。
2. 秘书学的学科体系。
3. 秘书学的研究方法。

第一节　秘书学的产生和发展

  我国的秘书工作历史悠久,源远流长。然而以研究秘书工作为对象的秘书学科却依旧停留在新兴学科的阶段上,曲折而艰难地发展着。

一、秘书学的孕育

  秘书工作源远流长,以杨剑宇的《中国秘书史》的观点,"我国部落联盟昌盛时期,已经形成了社会组织的领导部门,有了原始文字,原始的公务活动记录,有了专事记录的人员,出现了秘书工作"。[①] 然而研究秘书工作的学科的形成,却经历了漫长的历史时期。

  在秘书学范围内,理论研究起步最早的应该是秘书工作中的公文写作。魏晋南北朝时期,有许多学者开始对公文进行理论上的总结研究,曹丕的《典论·论文》、刘勰的《文心雕龙》、陆机的《文赋》、任昉的《文章缘起》等都涉及公文理论。这些论著对公文的文体源

---

① 杨剑宇:《中国秘书史》,武汉大学出版社 2000 年版,第 6 页。

流、演变、使用、写作技巧、要求、语言风格等进行了研究,初步构成了我国古代公文的理论体系。

与此相对的,以秘书(即使是名实不符的秘书)为主体的研究,却是非常零星的。称得上是一门学问的,并且在社会上有一定影响的是清中后期的幕学,由于幕学的研究对象与秘书学的研究对象有着千丝万缕的关系,因此我们一般认为清代《入幕须知五种》、《佐治药言》等幕学专著的问世,标志着我国秘书科学的萌发。

幕学是幕友佐官必备的专业知识,须经专门学习才能获得。幕学自成体系应该在清中后期,幕学有很多专门读物,包括各种幕业书籍和"秘本"。这些幕学读物并不是官定的教材,而是幕友们根据实际需要自己确定的。由于幕友中刑名、钱谷这两种类型的专业性比较强,所以幕学的重心是刑钱之学。刑名主要学习法律,学会处理法律文牍。钱谷主要学习财政、会计。幕友的盛行是幕学产生的基础。

从表面上看,幕学主要研究刑钱知识,司法和财务是它的主要内容。而从实质上分析,佐治之术是它核心所在,也是幕学的本质所在。以汪辉祖的《佐治药言》为例,该书是作者根据自己30余年幕府生涯所积累的经验所成,一直被奉为幕学圭臬,成为习幕、入幕者必读必备之教材。其间提出"佐治以尽心为本"的观点,并以此为纲总摄各篇,阐述了幕府工作的一些基本方法、技巧与注意事项,教人如何做一个正直、善良、尽心尽责的幕府佐治人员。也正是从辅助主官的角度出发,幕友与秘书辅助领导实施管理有着千丝万缕的关系,由于研究对象的相关性,使得秘书学从幕学中获得了许多启迪,也正由于此,我们把幕学视作秘书学的发端。

如果说幕学以入幕者的职业道德、入幕的技巧、方法及相关的专业知识为研究对象,与现代秘书学颇有渊源,那么,20世纪30、40年代对文书工作、公文拟制的研究浪潮以及文书学、档案学的诞生则使现代秘书学进入了孕育时期。

民国初期,国民党政府屡次修订公文程式,为了改善文书工作和提高行政效率,一批研究或管理文书、档案工作的知识分子和政府人士,将西方行政学研究引入中国,从行政管理角度来研究文书和文书工作。从民国初年至20年代末,根据公文程式法令撰写的著作就有十余种之多。到30、40年代,对文书和文书工作的研究已上升到理论体系,形成了较为系统的著作。产生了一批文书学、档案学研究的专著,如许同莘的《公牍学史》、徐望之的《公牍通论》、周连宽的《公文处理法》、陈国琛的《文书之简化与管理》、梁上燕的《县政府公文处理与档案管理》等,一些学校也开设了文书课程,培养文书工作人才。

随着文书学的产生,档案学的研究也逐步开展。受国民党政府机关推行的文书档案连锁法的影响,当时对公文处理与档案管理的研究往往是统一进行的。许多著作既研究文书处理程序,又研究档案管理程序,如程长源的《县政府档案管理法》、何鲁成的《档案管理与整理》、龙兆佛的《档案管理法》、傅振伦的《公文档案管理法》等。

文书工作和档案管理工作是秘书人员的标志性工作,是秘书实务的有效组成部分,是秘书学研究的重要内容。文书学、档案学与秘书学关系密切,应该说,这两门学科的形成使秘书学进入了孕育时期。

二、秘书学的产生

秘书学的产生比文书学整整晚了半个世纪,而产生的原因与文书学和档案学有着很大的相似之处。20 世纪 80 年代初,由于政府对机关秘书工作的重视,引发了对公务秘书的培训和研究,秘书工作研究领域吸引了一大批实际工作者和高校理论研究者的目光,《光明日报》、《文汇报》等权威媒体陆续发布了高校开展秘书专业培训的消息。1980 年,上海大学文学院等高校率先开设了秘书专业,由此秘书专业和学科出现在公众的视野中。

(一) 秘书学的产生是时代的必然产物

新兴学科产生的原因一方面是学科自身的矛盾运动,另一方面是社会的需要,而后者往往占据主导地位。因为,没有任何实际社会价值的学科不会有生存和发展的生态环境。而秘书学正是应 20 世纪 80 年代中国社会需求的呼唤,为了研究和解决实际问题的需要而形成和产生的。

党的十一届三中全会全面推动了各项事业的发展,在新的时代环境下,领导者对秘书辅助和服务的要求在数量和质量上都大为提高,秘书工作形态发展比较健全的党政机关,首先意识到了提高辅助管理的迫切性和必要性。一方面,社会主义现代化建设和改革开放的新时期需要一大批新一代的秘书人员充实各级党政机关和各类事业单位,原有的秘书人员为了适应新时期领导工作的需要也需进行知识更新。另一方面,原有的师傅带徒弟的秘书培养方式和仅凭经验办事的秘书工作模式已不能适应时代的要求,因此,加强秘书业务培训和秘书教育被提上议事日程。当时党政机关委托高等院校举办秘书培训班的现象在全国有相当的普遍性。而为培训所编写的讲稿就孕育着秘书学的基本理论。

在开设秘书工作培训班的同时,为适应社会的需要,许多高等院校开始设置秘书专业。1980 年,上海大学文学院、南开大学分校等高校率先开设了专科层次的秘书专业,稍后,西北建筑工程学院、江汉大学等高校也陆续开设了秘书专业,据全国高校秘书教学研究会粗略统计,1984 年开设秘书专业的高校至少有 67 所,1985 年至少有 132 所。秘书专业在全国高校特别是地方性高校中迅速兴起。

随着秘书工作特别是党政机关秘书工作改革的进一步深入,以 1985 年召开的第三次全国秘书长和办公厅主任座谈会为标志,秘书工作确立了新时期的指导思想并强化了参谋、信息职能,秘书工作的理论水平有了实质性的提高,也就更迫切地需要秘书学科发挥更高层次的指导作用和范型作用。

回顾历史,我们可以得出这样一个结论,秘书学产生最直接的原因就是为了满足社会的需求,在学科创生的指标体系中,时代的发展和社会的需求是秘书学产生最关键也是最重要的原因和条件。

(二) 秘书学科的学术准备基本完成

人类千百年来创造的知识体系就是由众多不同的学科所组成,每门学科都有自己的相对独立性和自身的任务,即在一定范围内研究客观世界的现象,探究其发展变化规律。在此研究过程中,不同学科间常常相互融合、渗透,出现新的生长点并最终繁衍为新兴学科。秘书学正是融合了多学科知识而繁衍出来的新兴学科。

任何一门科学,因受学科对象的规定,都有其特定的研究领域。秘书学的研究领域可界定为四个区域,即秘书史、秘书理论、秘书业务和秘书技术,从这四个区域来审视当时的秘书学研究成果,我们发现:

第一,秘书业务体系初步形成。学科的形成往往源于某一领域研究问题的集合,秘书学科初步形成就是基于对秘书工作业务的研究。党政秘书工作的主要内容是最初构建的秘书学学科体系的核心,如调查研究、文件处理、会议工作、信访工作、保密工作、机关日常事务工作等构成了当时秘书学的主要内容。从秘书学科的产生,我们也可以清晰地看到,秘书学是比较典型的经验性学科。对秘书工作业务的抽象和概括,总结和研究直接导致了秘书学的产生,也为秘书学留下了许多先天的不足。

第二,中国秘书史有了雏形。秘书史主要研究秘书工作起源、形成和发展演变的过程,总结秘书工作的历史经验,探讨秘书工作的发展规律。它是秘书学学科体系必不可少的组成部分。秘书学著作中对秘书工作或秘书制度的起源和沿革往往有专章论述,虽然比较简单,但也可以看出中国秘书史的雏形。

第三,秘书理论有了简单的表述,但缺乏系统性。秘书理论指关于秘书现象、秘书工作和秘书学自身的理性认识成果。它包括基础秘书理论,即研究秘书学自身的理论,如秘书学的学科对象、逻辑起点、知识体系、相关学科、学科性质、研究方法和历史演进等;也包括应用秘书理论,即研究秘书工作及其构成要素的理论,如秘书工作的性质和特点,秘书工作的职能和效率,以及秘书工作的主体、秘书工作的对象、秘书工作的空间和秘书工作的媒介等。这部分内容在秘书学学科体系中举足轻重,许多研究者认为,秘书理论的研究成果直接影响着秘书学的发展水平。而这部分对秘书学来说,也是最薄弱的环节,这种弱势在秘书学一产生就表露出来了。从总体上看,以有相对独立的概念体系、原理或定律这一学科标准来衡量,其不足也非常明显。正是因为系统化的原理和概念体系的缺失,一直到20世纪90年代后期还有人质疑秘书学作为一门独立学科的地位。

第四,秘书技术有了初步提炼。秘书技术是指秘书人员用于处理业务的方法、手段和技能,在现在的秘书学学科体系中属于秘书方法论。在最初的秘书学著作中,秘书方法论已经引起了学者的重视,而更多的关于秘书方法论的内容是融合在秘书业务工作中的,尚未进行系统的分离,自成体系就更谈不上了。

以上所述,20 世纪 80 年代中期,在实践需求的推动下,秘书学科的学术准备已经初步完成,但存在明显不足。

(三)出现了一批在全国比较有影响的学科创始人和代表作

20 世纪 80 年代中期,出现了一批有代表性的秘书学研究者,他们中有些是长期从事机关秘书工作、具有丰富的实际工作经验和较高的理论水准的秘书部门领导人。原中共中央办公厅秘书局常务副局长李欣、原武汉市人民政府秘书长王千弓就是其中的代表。李欣的《秘书工作》(高等教育出版社 1985 年版)一书,奠定了其作为秘书学开创者之一的地位。该书对秘书工作的概念、秘书工作的内容及其特点、秘书工作的作用、秘书工作的若干重要原则及当时秘书工作的趋向、秘书工作的组织等理论问题进行了深入的探讨。王千弓既担任过政府秘书部门的领导人,同时又是原江汉大学校长、党委书记,他在担任江汉大学的校长期间,江汉大学开设了秘书专业,同时出版了其代表作《秘书学与秘书工作》(光明日报出版社 1984 年版)。除了这一类型的学科创始人以外,高校相关学科的研究者们也以其敏锐的学术嗅觉投入到这一新兴学科的理论构建中去,如上海大学文学院翁世荣主编的《秘书学概论》(上海人民出版社 1984 年版)以教材的形式构建了秘书学的初步框架体系。历史表明,80 年代中期,已经出现了一批秘书学科的代表人物及代表之作。

综上所述,中国现代秘书专业产生于 20 世纪 80 年代初期,秘书学学科初步形成于 20 世纪 80 年代中期,改革开放、重视行政效率的时代背景和高等教育的发展促进了学科的诞生,同时学术准备的不充分也为秘书学科的发展留下诸多的障碍。

三、秘书学的发展

秘书学诞生三十多年以来,经过曲折的发展,取得了一定的突破,也还存在许多需要解决的问题。总结秘书学发展的现状,我们认为主要呈现以下特征:

(一)秘书教学蓬勃发展,办学层次日趋完善

秘书学专业呈现出扎实推进的势头。高等院校中最早出现秘书专业的大多是职业院校和地方性院校,其教学局限于专科层次,但是,随着社会对秘书人才素质要求的不断提高,培养本科层次的秘书的任务迫在眉睫,为此,20 世纪 80 年代末期,有些本科院校又以专业方向的形式先后开设了商务秘书、涉外秘书、英语秘书等本科层次的教育,受到了社会的热烈欢迎。进入 90 年代以后,在相关的本科专业开设秘书方向成为许多高校的惯例,这些相关的本科专业主要涉及中文专业、档案专业、行政管理专业、英语专业、教育专业等。跨入 21 世纪之后,秘书教育又有了新的发展,秘书专业作为独立的本科专业被新加入到自学考试的专业目录中。2012 年 9 月,教育部又将秘书学列入《普通高等学校本科专业目录(2012)》,秘书学专业成功进入本科层次,为专业的发展提供了更广阔的空间。同时,暨南大学、南京师范大学、首都师范大学、安徽师范大学等高校陆续开展了秘书学研究生层次

的教学。

(二)秘书学科艰难发展，理论研究有待突破

为了适应秘书工作实践的需要，秘书学应时而生，经过广大秘书学教学者和研究者的共同努力，取得了许多重要的科研成果，包括教材、丛书、专著、论文、工具书等等。据不完全统计，国内正式出版发行的秘书学研究成果至少有 2 000 余种。研究成果涉及秘书学各个方面，理论界对秘书学科的基础理论在学科发展中的重要地位已经有了清楚的认识，秘书学研究初步走上了学科化的道路。但是作为一门常规学科，秘书学还是存在较大的缺陷，权威部门对秘书学学科地位的定位还不够明确，秘书学迄今尚未被列入国家标准《学科分类与代码》，也是因为这一关键性障碍，严重阻碍了秘书学的学科建设。

(三)成立了研究组织，但影响不够广泛

20 世纪 80 年代，伴随着秘书学的产生，全国性的秘书研究组织——中国高等院校秘书教学研究会随之成立，几经变迁，演变为如今的中国高教学会秘书学专业委员会。有些省市还成立了地方性的秘书学研究组织。这些社团组织在交流秘书学信息、推进理论研究、组织学科竞赛方面，发挥了一定的组织协调作用。但是由于种种原因，这些研究组织的学术权威性有待加强，在秘书学学科建设和学术交流方面所起的作用有待提高。

(四)创立了专业期刊，期刊档次有待提升

秘书学自创建以来，一直有自己专业期刊，《秘书》、《秘书之友》、《秘书工作》、《办公室业务》等，这些专业期刊已经走过了二、三十年的历史，是秘书学研究的主要阵地，为秘书学的发展作出了重要贡献。但是，秘书学专业领域没有独立的中文核心期刊，更谈不上国家权威期刊。这一局限影响了秘书学研究者的积极性，这也是秘书学理论研究队伍不够强大的重要原因之一。

(五)能基本适应秘书工作发展的需要，但在指导秘书工作实践上发挥的作用有限

秘书学的发展基本上适应了秘书工作发展的需要，随着时代的发展，单一的公务秘书的格局已被打破，党政秘书也不再是秘书队伍中的绝对主体，秘书学的研究者们对新兴的商务秘书、私人秘书、涉外秘书，甚至上市公司秘书进行了有益的探索，其成果表现为一定数量的论文、译作甚至专著的出现。秘书学的研究基本上能结合秘书工作的热点，当然这些研究成果在指导秘书工作实践上发挥的作用还很有限。其主要原因是研究成果的系统性、超前性还明显不足，也缺乏转化理论成果的途径。

针对秘书学的发展现状，我们必须直面现实，还需加强以下几方面的工作：强化秘书学学科意识；构建合理的秘书学学科体系；注重秘书学研究的规范化；稳定和加强秘书学研究人员的队伍；处理好理论与实践、基础研究与应用研究的关系。

【知识链接】

回顾秘书学发展的 30 余年，钱世荣提出的"三次爬坡"的观点，[①]一定程度上反映了秘书学的发展历程。

第一次"爬坡"始于 20 世纪 80 年代初，其主题是"开创"：开创前所未有的秘书学，开创前所未有的秘书专业，开创前所未有的秘书学研究工作新局面，这次"爬坡"至 20 世纪 80 年代中期达到高峰。主要成就有：出版了一批影响面较大的专著并发表了相当数量的论文；创设秘书（学）专业的院校达 150 余所；相当一批秘书工作者及有关领导者以极大的热情和精力投身于秘书学研究工作。其中也存在问题，一是理论研究低水平，重复严重；二是专业建设膨化虚化现象严重。

第二次"爬坡"始于 20 世纪 90 年代初，其主题是"拓展"：包括研究范围的"拓宽"和研究层次的"拓深"。这次"爬坡"有几条清晰的路径值得注意：一是较为重视对学科自身问题的研究；二是较为重视对秘书工作深层次理论问题的研究；三是较为重视对秘书工作重大现实问题的研究；四是较重视对中国现代秘书工作发展历程及中外秘书工作的比较研究；五是较为重视通过专题研讨、学术评价、学术评奖等多种方式推进研究活动的发展。从秘书专业建设看，这一时期秘书（学）专业在普通高等教育领域发展得很不顺利并渐呈萎缩之势，而在成人高等教育及（中）高等职业技术教育领域却有所拓展。

第三次"爬坡"始于新旧世纪交替之际，其主题是"突破"——从近几年初步形成的思路看：学科研究的"突破"重在突破口的选择、基本理论问题共识的形成和学科地位、学科发展方向的确定；专业教育研究的"突破"重在专业归属的确定、专业层次的提升和专业教育的多元化发展；工作研究的"突破"重在职业资格制度的整体构建及职业化推进。具体的路径、方法、措施等仍在探讨之中。

第二节　秘书学的研究领域和学科体系

一、秘书学的研究对象

任何一门学科，都必须有自己明确的学科对象。只有首先界定秘书学的学科对象，才能明确它的研究内容和研究范围，才能建立起秘书学的学科体系。

（一）对秘书学研究对象的多元理解

关于秘书学的学科对象，理论界存在着一些不同的看法。

---

① 钱世荣：《秘书系统：独特的管理辅助系统》，安徽大学出版社 2008 年版，第 129—132 页。

1. 秘书工作说

有研究者认为,秘书学的特定研究对象就是秘书工作。它研究秘书工作所特有的矛盾及其规律性。具体地说,它要研究秘书工作的产生和发展、性质和特点、任务和作用、原则和方法等。

2. 秘书、秘书机构、秘书工作说

有研究者认为,秘书学是以秘书、秘书机构和秘书工作为研究对象的,而不仅仅是秘书工作。

3. 秘书活动说

有研究者认为,秘书学是以秘书活动为研究对象的。秘书活动是为领导实施有效决策和管理所采取的辅助行为。它既包含以秘书为特定职业的人员所进行的职业活动,也包含不以秘书为职业的人员从事的秘书性质的活动。

(二) 秘书工作是秘书学的研究对象

我们认为,秘书学的学科对象可以认定为秘书工作。秘书学的研究就是要通过对秘书工作的深入研究,发现隐藏在其背后的本质规律,为人们从事秘书工作提供科学的理论指导。

与认为秘书学的学科对象是秘书、秘书机构、秘书工作相比,秘书工作说更能体现学科对象单一性的特征。同时,我们在理解秘书工作的内涵时,不要狭隘地理解为秘书工作内容本身,而把秘书工作的主体——秘书人员排斥在外。秘书工作的构成要素中既包括秘书人员、秘书工作方法,也包括秘书工作的内容、秘书工作的对象和环境。

综上所述,我们认为,秘书学的研究对象就是秘书工作的现象及其本质和规律。

二、秘书学的研究范围

一门学科的研究范围,究其历史发展过程来讲,通常是动态的。秘书学是研究秘书工作的现象及其本质和规律的学科,秘书学的研究范围就目前来看,主要包括以下方面:

(一) 秘书工作的历史

秘书工作的历史是研究秘书工作产生和发展的历史。对秘书工作历史的研究,有助于总结秘书工作的发展规律,推进现代秘书工作的建设。秘书工作的历史研究包括秘书通史、断代秘书史、专项秘书史、秘书思想史。从研究情况来看,中国秘书史的研究相对比较成熟。从 20 世纪 80 年代杨剑宇的《中国秘书史》(同济大学出版社 1988 年版)问世以来,中国秘书史的研究经过 30 多年的发展,已经有了比较明确的研究内容和相对固定的体系结构。而其他历史的研究,如秘书思想史等还处于起步阶段。

(二) 秘书工作的理论

秘书工作的理论是关于秘书工作和秘书学自身的理性认识,秘书工作的理论是秘书学科的灵魂,是我们必须重点建设的内容。

基础秘书学理论。也被称为元秘书学层面的理论,它是以秘书学自身作为研究对象,从整体上对秘书学自身进行全面研究的一种科学理论。如秘书学的学科对象、概念体系、学科体系、相关学科、学科性质、研究方法等等。秘书学的基础理论是秘书学研究的基石,但也是秘书学发展过程中的软肋,因为许多秘书学的基础理论问题还需要突破。

应用秘书学理论。应用秘书学理论是研究专门秘书工作及其构成要素的理论,由于行业的多样性,应用秘书学理论的研究领域十分广泛,如党政秘书学、企业秘书学、商务秘书学、司法秘书学、涉外秘书学、教育秘书学、科技秘书学等等。应用秘书学理论是普通秘书理论在各个行业的具体运用,具有较强的行业特色。其中,党政秘书学的研究水平明显高于其他行业。

交叉秘书理论。交叉秘书理论是研究秘书学与其他学科相互渗透而产生的边缘学科理论。秘书学是实践性较强的综合性学科,其发展必然会同有关学科发生一定的交叉,交叉秘书理论的出现反映了学科发展不断综合、不断分化的发展趋势,也展现了秘书学研究的广阔前景,如秘书心理学、秘书伦理学、秘书语言学等。

(三) 秘书工作的业务

秘书工作的业务是指专业的秘书工作及其方法。由于秘书工作内涵广泛,秘书工作的业务包含的范围较广,主要内容有文字工作、文书工作、信息工作、会议工作、协调工作、接待工作、办公室日常管理工作等等。秘书工作的业务是秘书学研究的重要领域,它对于实现秘书工作的规范化、制度化和科学化有重要的作用。由于该部分的研究与秘书工作实践关系非常密切,因此,自秘书学创建以来,该领域的研究在秘书学范围内是最活跃的。

(四) 秘书工作的技术

秘书技术是秘书人员完成业务工作必备的手段和技能。由于秘书工作综合性强,事务繁杂,需要掌握相应的技能和技术手段,才能提高工作效率。常用的技术手段有文字速录技术、文档处理技术、网络通信技术、办公软件的应用技术、办公设备的使用技术、接待的礼仪技巧等。随着时代的发展,秘书办公手段越来越先进,对秘书工作的技术提出了更高的要求。加强对秘书技术的学习和研究,有助于提高秘书活动的效率。

以上秘书学研究的基本内容,相对独立又紧密结合。秘书历史是总结秘书工作产生和发展的轨迹;秘书理论是阐明秘书工作(包含各行各业的秘书工作)的一些基本原理;秘书业务和技能则告诉我们秘书业务的具体内容及方法、技术要求。这些内容互相影响,共同组成秘书学的研究内容。

三、秘书学的学科体系

秘书学的体系结构,指的是秘书学的理论构成及其构成方式,即秘书学应该由哪些理论知识单元构成,以及这些理论知识体系如何按照一定的逻辑和层次组成统一的整体。这是推进秘书学建设,并使之成为成熟学科必须解决的科学问题之一。① 秘书学的学科体系问题是秘书学自身建设所要研究的一个重要课题。一方面,秘书学学科体系的研究可以为秘书学自身建设和发展提供明确的导向;另一方面,秘书学学科体系的研究也可以使学界对秘书学的整体发展状况有一个全面的了解。

(一) 秘书学的学科体系的主要研究成果

1. 郝文勉在《论建立秘书学学科体系和秘书专业体系》②中构架了微观秘书学和宏观秘书学。

郝文勉认为微观秘书学的学科体系可以按以下六方面考虑:研究秘书的地位、环境、性质及作用;研究秘书的基本职能;研究秘书机构的原则;研究秘书方法的理论;研究秘书的管理以及研究秘书应具备的素质、才能、作风。宏观秘书学的学科体系也可以从以下六个方面考虑:专业秘书学,如司法秘书学、党政秘书学等;理论秘书学,如秘书学概论等;历史秘书学,如中国秘书史等;管理秘书学,如会议学、调研学等;技术秘书学,如书法等;以及基础秘书学。

2. 傅西路在《怎样构建秘书学的学科体系》③中认为应该从五方面来构建秘书学的学科体系。

首先应研究秘书工作的综合理论,如秘书工作的对象、职能、特征、规律、原则、方法、关系等;其次是秘书工作的日常业务,如信息调研、督促检查、协调综合、公文处理、领导活动安排等日常工作运转;其三是秘书工作的专项业务,如档案管理、机要保密、信访接待、行政管理等;其四是秘书工作的高新技能,如办公自动化、通讯现代化等;其五是秘书工作纵横,如秘书工作的历史与发展、国外秘书工作的比较与借鉴等。

3. 方国雄在《谈秘书学学科体系》④中对秘书学的学科体系作了全面构想, 提出了按分支发展论、史论、工作管理论构建秘书学学科体系的意见。

方国雄认为,我国当代秘书学学科体系是一个开放的系统。随着时代和社会实践的发展,其内涵不断丰富,外延不断拓展。当代秘书学学科体系可以从多角度多层次的视角来构建:从分支发展论的角度出发,有从秘书各项业务内容发展出的分支学科,如会议组织学、秘书写作、秘书公共关系等;有从社会各行业秘书理论与实践发展出的分支学科,如党政秘书学、商务秘书学、司法秘书学等;有多学科融合发展出的分支学科,如秘书心理学、管理秘书

① 董继超:《秘书学问题数说》,《秘书》1998 年第 5 期。
② 郝文勉:《论建立秘书学学科体系和秘书专业体系》,《档案学通讯》1998 年第 6 期。
③ 傅西路:《怎样构建秘书学的学科体系》,《秘书工作》1999 年第 9 期。
④ 方国雄:《谈秘书学学科体系》,《秘书之友》2000 年第 6 期。

学等;也有从不同研究方法发展出的分支学科。从秘书史论的角度出发,可以构建中国秘书发展史和外国秘书发展史。从秘书工作管理论的角度出发,有秘书机理论(包括秘书、秘书机构、秘书工作规律、秘书工作特征、秘书及其机构等)、秘书环境论(包括秘书与领导的关系、宏观社会环境、中观组织环境、微观人际环境等)、秘书职能论(包括秘书事务辅助、秘书参谋辅助等)和秘书方法论(包括秘书思维方法、秘书工作方法)。

4. 钱世荣在按基础理论、技术理论、应用理论构架的"三层次分布论"的基础上,又按照《学科分类与代码》的编制原则和编码方法提出了秘书学(即钱世荣所提的辅助学,以下同)的一级学科、二级学科及部分三级学科的设想。[1]

钱世荣把秘书学定位为一级学科,秘书史、普通秘书学、比较秘书学、秘书社会学、秘书伦理学、秘书法学、秘书思维学、秘书心理学、秘书语言学、秘书行为学、秘书人才学、秘书未来学、技术秘书学、应用秘书学、部门秘书学、专项秘书学等为二级学科。部分二级学科下面还构建三级学科,如秘书史下有秘书工作史、秘书思想史、秘书学史等,专项秘书学下有公文写作、信息管理、文书管理、档案管理、会务管理、信访管理、办公室管理等。钱世荣呼吁理论研究者应加大对秘书学学科体系研究的投入,在管理学大框架中营构秘书学学科体系,并应特别注意秘书工作与领导活动、秘书学与领导学的内在联系。

5. 宋斌在《关于秘书学系统理论体系的构想》[2]中提出了秘书学系统理论体系——"五大系统"的构想。

宋斌认为,秘书学理论体系应按"系统"划分,包括"专门理论系统、环境与人才资源系统、普通理论系统、秘书工作系统、信息与档案管理系统"五类。

6. 谢世洋在《论秘书学的体系构建》[3]中提出了"九大子学科体系论"。

谢世洋认为,一门完整的社会科学必须包含史、论、应用三大部分。秘书学也应由史、论、应用三大内容组成。这三大内容应融入作为一级学科的秘书学所属九个二级学科的各个层面之中,可简称为"九大子学科体系论"。九大子学科体系论包括:行政秘书的史、论、应用;司法秘书的史、论、应用;企业秘书的史、论、应用;商务秘书的史、论、应用;财经秘书的史、论、应用;科教秘书的史、论、应用;军事秘书的史、论、应用;涉外秘书的史、论、应用和私人秘书的史、论、应用。

(二) 秘书学学科体系的基本内容

秘书学学科体系的研究和设计对秘书学的发展无疑具有全局性指导意义,我们认为,在秘书学学科地位尚未得到普遍认同的背景下,研究者需要一种脚踏实地、实事求是的精神,

---

[1] 钱世荣:《秘书系统:独特的管理辅助系统》,安徽大学出版社 2008 年版,第 88 页。
[2] 宋斌:《关于秘书学系统理论体系的构想》,《秘书工作》2000 年第 8 期。
[3] 谢世洋:《论秘书学的体系构建》,《秘书之友》2006 年第 12 期。

循序渐进地来建构秘书学学科体系。根据秘书学的发展和研究现状,我们认为,秘书学学科体系应该按历史、理论、应用的角度来建构。

1. 秘书学基础理论

秘书学的基础理论是关于秘书工作一般理论的研究。通过对秘书学基础理论的研究,可以阐明秘书工作的基本原理、基本概念和基本范畴,从宏观上揭示秘书工作的本质规律。秘书学基础理论对其他秘书学分支学科的建设具有原理和方法论的指导意义。目前秘书学基础理论研究对应的分支学科是秘书学原理,或者也可以称秘书学导论、秘书学概论。

2. 秘书史学

秘书学理论与秘书史学是两个既相对独立又有密切联系的研究领域。秘书史学的研究成果不能简单地归入到秘书学基础理论的范畴。秘书史学的研究范围主要包括秘书通史、断代秘书史、专项秘书史、秘书思想史和秘书学史,其中的中国秘书史作为秘书学的分支学科已比较成熟。

3. 秘书学应用理论

秘书学应用理论是以秘书工作中具有普遍性的具体问题、具体原则、具体方法为研究对象的秘书学分支学科。其理论内容与体系具有鲜明的实践品格,一般可以直接指导秘书工作实践。秘书学应用理论的研究必须与实践密切结合,否则将是空洞和苍白的。目前,从秘书学发展的实际状况而言,秘书学应用理论研究是秘书学学科体系的主体部分。比较成熟的分支学科有秘书实务、秘书写作、秘书文档管理和秘书公关与礼仪等。

4. 秘书学与其他学科的交叉理论

由于秘书工作具有综合性特征,秘书学在发展过程中,与许多相关学科之间存在交叉地带和边缘地带。加强对这些地带的研究,有助于秘书学的发展,比如秘书心理学、秘书文化学等。

秘书学科体系的构建是秘书学发展的关键性问题,也是非常艰巨的任务。我们必须注意克服浮躁和急功近利的心态。根据秘书学目前的发展现状,我们认为秘书学学科体系不应该过于细致和琐碎,秘书学学科体系的基本框架可以与秘书学的研究内容相适应,包含上述四块内容。

秘书学学科建设不可能一蹴而就,它需要广大理论和实际工作者通力合作,展开扎实细致的研究工作,从而构建起成熟和完善的秘书学学科体系。

(三) 构建秘书学分支学科体系的基本原则

秘书学分支学科体系构建在秘书学学科建设中举足轻重,是一项严谨而又具有开拓性的艰巨任务。虽然各分支学科的营建时间前后有别,营建风格各有差异,但都应围绕学科体

系总体规划、深层构思。根据秘书学分支学科的现状和研究特征,在构建秘书学分支学科体系时,我们应遵循以下原则:

实事求是的原则。秘书学的各门分支学科的建设与发展,必须从客观的秘书工作实践及秘书学自身的理论发展需要出发,防止有些研究者脱离实际、想当然的做法。在秘书学分支学科的研究过程中,有些学者往往主观地设想某一分支学科的概念,并轻而易举地为之冠以"某某学"的称谓,比如"服务学"、"应酬学"、"秘书保健学"、"农业秘书学"、"艺术秘书学",等等。

整体优化的原则。秘书学的分支学科应该形成一个体系,各门分支学科的建设必须在功能和结构方面,互相补充,互相协调,紧密配合,这样才能实现秘书学分支学科体系的整体优化。秘书学分支学科产生和发展是很不平衡的,有些分支学科已颇成气候,而有些分支学科却刚刚起步。学术界应集中力量,整体构建秘书学分支学科体系,努力确定现存的每一门分支学科的研究目标、研究任务和研究内容,只有这样,才能避免分支学科理论体系芜杂、内容相互重复的现象,从而使各分支学科合理组合,实现秘书学分支学科体系的整体优化。

动态开放的原则。秘书学分支学科体系建设,从一定意义上讲,是一项系统工程。它要求研究者、建设者必须具备一定的系统科学、信息科学、科学学及学科学的知识,将整个秘书学的分支学科体系作为一个动态开放系统来考察和研究。秘书学的分支学科体系建设不能封闭地、静止地进行,而应当从秘书工作实践中、从秘书学的理论探索中、从相关学科的发展中,不断地汲取能量和信息,以充实秘书学分支学科体系,使其不断获得充足的源头活水。

历史性原则。秘书学分支学科体系建设是一个历史的过程,我们应该以历史的态度来总结过去、预测未来。现代秘书学产生、发展30余年的历史是我们今天研究和设计科学的秘书学分支学科体系重要的参照系和镜子,我们应当很好地总结秘书学学科体系建设的成功经验和失败教训,总结相对成熟的分支学科的形成过程,把握其产生、发展的内在规律和特点,为新的分支学科的建设提供历史依据。

第三节　秘书学的学科性质和相关学科

一、秘书学的学科性质

秘书学的学科性质,就是秘书学区别于其他学科的本质属性。某一学科的学科性质通常是由该学科的研究对象的性质所决定的。

秘书学是以秘书工作及其规律为研究对象的。秘书学的学科定义就是对秘书学科性质的阐释。综合性、应用性和开放性是秘书学学科性质的具体体现。

(一) 综合性

秘书学学科性质的首要特点是综合性,无论是从其研究对象上、研究内容上和研究方法上,秘书学都具有明显的综合性特点。在科学进化的过程中存在着学科不断分化和学科不断综合两种趋势,而现代科学的特点是综合化趋势越来越占据主要地位。在当今社会发展中,人类不断面临各种具有综合性的问题,解决这类综合性问题,必须从不同方面进行研究,这就产生了各门学科相互协作的需要,当各门学科彼此界限被突破,就导致了学科的综合。

秘书学的学科对象是秘书工作,秘书工作具有典型的综合性特征,它不同于单纯的技术工作和业务工作。秘书工作的核心问题就是科学管理。而管理具有两重性,即具有社会属性和自然属性。管理学科具有典型的综合性特征,就此而言,秘书学也具有明显的综合性。

(二) 应用性

秘书学不属于抽象的理论科学,它有对理论问题的探讨与研究,更着重于实践和应用。且秘书学的理论也主要发端于秘书工作实践中的各种直接经验和间接经验,是对各种经验的概括、总结和提高。排斥了秘书工作实践这一中介,秘书学理论就会陷入无源之水、无根之木的境地。

秘书学学科性质的应用性主要表现为:首先,秘书学的理论来源于秘书工作的实践。秘书工作如文书工作、接待工作、调研工作、会议工作、日程安排工作等等,其内容十分具体,实践性和操作性都非常鲜明,秘书学理论不可能脱离这些具体工作,因而秘书学也必然打上应用性的烙印。其次,秘书学的理论知识直接指导着秘书工作实践,并且具有普遍意义。秘书学研究主要的目的就是摸索秘书工作的规律,指导秘书人员的工作实践。最后,秘书学的理论知识,直接受到秘书实践的检验,或者证实,或者修正,或者补充。

(三) 开放性

在学科的建设与发展中,由于社会需要和学科自身的原因,有些学科相对封闭,有些学科则呈开放状态。秘书学从产生之日起就以秘书工作的实际需要为其发展动力。随着秘书工作的发展,秘书学的研究范围不断扩展,导致其分支学科不断产生,学科体系日趋扩大。而社会的不断进步和科学技术的不断发展,也使秘书学必须不断开拓新的研究领域,丰富秘书学的研究内容,使秘书学向纵深发展。如以应用秘书学为例,近年来,出现了行政秘书学、司法秘书学、企业秘书学、商务秘书学、军事秘书学和涉外秘书学等等。因此,秘书学的学科体系是开放型的,是始终处于不断变化、不断充实、逐步发展、逐步完善的过程之中。

二、秘书学与相关学科的关系

秘书学与相关学科的关系问题,是指秘书学同哪些学科相邻近,以及它们之间的关系如何。研究相关学科问题,旨在汲取相关学科的研究成果,做到为我所用,又能避免相关学科的重复研究,做到你无我有。

由于秘书学具有综合性的特征,秘书学与诸多学科有着密不可分的关系。30 余年以来,研究者们从不同的角度出发,提出了十几门与秘书学相关的学科,如政治学、行政学、管理学、领导科学、决策学、文书学、档案学、写作学、信息学、公共关系学、心理学、语言文字学、计算机应用和速记学,等等。

我们认为,秘书学是一门综合性很强的学科,又是一门年轻的学科,它综合性的研究对象与任务决定了这门学科在它产生和发展的过程中必然要吸收、融汇许多学科的理论知识,秘书学与多门学科相关不足为怪,但需要用科学的态度来梳理和分析。上述所列举的学科从学科层面上就存在着缺陷,如政治学是一级学科,行政学属于政治学下的二级学科,而行政决策或决策理论又属于三级学科,将分属于不同层级的学科并举,同时成为秘书学的相关学科,并不十分妥当。另外,计算机、速记学等工具学科与秘书学是否相关,都值得我们研究和探讨。以下我们重点分析秘书学与管理学、档案学、写作学的关系。

(一) 秘书学与管理学

管理学是系统研究管理活动的基本规律和一般方法的科学。管理学是适应现代社会化大生产的需要产生的,它的目的是:研究在现有的条件下,如何通过合理的组织和配置人、财、物等因素,提高生产力的水平。管理学是一门综合性的交叉学科。管理学包括工商管理、公共管理、情报图书管理等主要学科。

有学者主张秘书学是管理学的分支学科。认为"管理学的研究对象是'管理活动',按管理组织功能划分,'管理活动'可分解为'决策活动'(包括领导活动和决策咨询活动)、'执行活动'(即狭义的管理活动)、'监督活动'、'反馈活动'以及有特定内涵的'辅助活动'。也就是说,有特定内涵的'辅助活动'(即'秘书工作')是管理活动的'一种'。这样的种属关系,正是确认所有分支学科与其主干学科内在联系的基本依据。秘书学与管理学既然存在着'分支'与'主干'的关系,从学科类型上说,它当然属于分支学科了"。[①]

尽管我们并不认为管理学与秘书学存在着完全的从属关系,但是从学科派生的理论基础上看,管理学确实是秘书学的上位学科。秘书学与管理学的交叉关系是毋庸置疑的。这一点,董继超在《普通秘书学》中已有明确的说明:"由于秘书工作是一种特殊的管理活动,即辅助管理活动。因此,秘书学的研究必须借鉴和吸收管理学的研究成果……这就是说,秘书学与管理学也存在着某种学科交叉关系。不同的是,前者研究的是辅助管理活动,后者研究的是一般管理活动。此外,两者在研究重点、研究范围和研究角度上也各有不同。"[②]

我们认为,秘书工作是为领导实施有效决策和管理所采取的辅助行为。这种辅助行为与管理活动紧密相关,或者说就是一种特定的管理活动,因此,秘书学的研究必须借鉴和吸收管理学的研究成果,管理学的研究经验及其所提供的理论、原则和方法,在秘书学的研究和建设方面,有着重要的参考价值。但是我们不能在管理学和秘书学之间划等号,管理学通常是从一般意义上对社会的各种管理现象进行研究,而秘书学研究的是一种特殊的管理,秘

---

① 钱世荣:《秘书学学科类型辨析》,《秘书工作》2000 年第 11 期。
② 董继超:《普通秘书学》,中央广播电视大学出版社 1997 年版,第 14 页。

书学和管理学的关系是特殊和一般的关系。

(二) 秘书学与档案学

档案学是以档案现象为研究对象,以揭示档案现象的本质和规律为目标的一门综合性学科。在国外,档案学的研究从 16 世纪开始萌芽,19 世纪末发展为比较成熟的学科,1898 年出版的由荷兰的缪勒、斐斯、福罗英合著的《档案的整理与编目手册》就代表了当时档案学的研究水平。我国的档案学产生于 20 世纪 30 年代,何鲁成的《档案管理与整理》、龙兆佛的《档案管理法》等著作的出现,使档案学迅速发展起来,特别是建国以后,随着档案事业的日益繁荣,档案学也日益成熟,其学科地位日益巩固,至今,档案学已经形成了众多分支学科,并构成了一个较完善的学科体系。

档案学和秘书学有各自的研究对象,但两门学科之间存在比较密切的相关性。

首先,两门学科的研究对象密切相关。档案是由文件转化而来的,而文件的形成处理是秘书人员的一项主要工作任务。特别是对机关档案工作来说,没有文书处理工作,就没有机关档案管理工作的存在,文书是档案工作的基础。同时,文件的质量也会直接影响到档案的质量。更何况,文件和档案在物质形态和社会属性上,以及所包含信息的本源性上都是统一的。可以说,文件和档案是同一物质形体在不同工作阶段的不同称呼,而秘书正是文件管理工作的重要主体之一。曾经有人提出过这样的设想:"档案学与秘书学、文书学、文件学均为新兴交叉学科,联系密切,但也有严格的学科界线。档案学、秘书学、文书学皆围绕文件做文章,应建立一门以研究文件基本理论为中心的文件学,然后确定各自的研究范围:秘书学研究文件撰拟,文书学研究文件运行,档案学研究文件保管,从而形成一个有机的大学科体系。"[①]尽管这种设想不一定切实可行,但是秘书学和档案学的交叉关系是不容置疑的。

其次,两门学科的研究领域呈交叉状态。文书档案的管理是秘书学研究的重要领域之一。秘书学的专业杂志如《秘书》、《秘书之友》、《秘书工作》中有"文书档案"的专栏,许多秘书学的教材及专著中都有涉及档案管理的章节。档案学研究期刊也有"文秘之友"专栏。这些都说明秘书学和档案学的研究具有密切的相关性。

最后,秘书学和档案学在专业设置和人才培养上也呈现出较大的相关性。在秘书学专业的课程设置中,档案管理学是其必设的专业主干课程,而许多院校的档案学专业中,秘书学概论也出现在其课程设置中。事实上,随着机构精简的实施和办公自动化的普及,文档一体化将成为发展的方向。秘书人员与档案人员的关系将更加密切。

尽管秘书学和档案学在文书工作、档案管理工作等研究领域存在交叉,但是两者必须有自己的研究角度和出发点。秘书学应该从秘书工作的特点出发,显示出秘书学的特点。

---

① 樊国强:《档案学与相关学科的关系》,《商丘职业技术学院学报》2003 年第 5 期。

(三) 秘书学与写作学

写作是以书面语言为工具表达作者对客观事物的认识和感受的复杂的创造性精神劳动,是在交流目的下认识和表达互相融合、互求统一的过程。写作学是研究写作对象、写作规律和写作方法的科学。

秘书学与写作学密切相关。首先,写作是秘书工作的重要内容,写作能力是秘书最重要的能力之一。秘书被称为"笔杆子",是单位的"写手"。秘书写作水平的高低将直接影响单位的形象和效益。陈合宜在其主编的《秘书学》(暨南大学出版社 1997 年版)中指出,"秘书工作的内容之一是撰写文件和其他文章……要又快又好地办文,学习写作学是必不可少的"。其次,写作学的研究内容与秘书学的研究内容存在着交叉。在写作学的分支学科中,应用写作的研究对象与秘书学的研究对象最具有相关性。应用写作是机关、企事业单位、社会团体、个人在工作、学习、生活中,按照惯用格式,运用朴实的语言处理事务进行的一种精神活动。① 对于单位而言,这种精神活动的承担者往往是秘书,因此,这种精神活动也是秘书学的研究对象。

写作学是秘书学的相关学科,两者有着共同的研究领域,但两者又是各自独立的学科,研究领域虽然有交叉,但是研究角度或者说立足点却应该是不同的。但是,事实上,绝大部分秘书学专著和教材,在涉及应用写作这部分研究领域时,几乎是千篇一律地照搬了应用写作学的研究成果,很少有自己独到的分析和特殊的结论。对此董继超在《浅论秘书学的研究领域——兼论秘书学研究的重复现象》中列举了秘书学与文书学、档案学、公文写作学、行政管理学的重复现象,在谈及秘书学与公文写作的重复现象时,董继超指出:"多数秘书学著作(教材),都把公文写作的部分内容作研究对象,而且多从微观操作上进行研究。其中有各种通用公文的写作,也有机关应用文的写作,还有经济文书、涉外文书和交际文书的写作,甚至学术论文的写作。"

那么,如何从秘书学的角度去研究应用写作的内容呢? 董继超有过比较概括的论述,即"秘书学只研究应用写作的一般理论和部分领域,而应用写作学则研究各类应用文体的写作及其训练"。但是,这种区分是比较苍白的,他只对研究领域进行了划分,并没有加入秘书这个主体因素。事实上,秘书学研究写作是离不开秘书这个主体因素的。秘书学在研究写作时,要突出秘书的身份。这种身份规定或制约了秘书学研究写作的特点,体现出秘书学研究写作的独特的角度。

以公文写作为例,有研究者指出,由于秘书工作的根本特点是辅助性和从属性,这两个特点决定了秘书写作公文的根本特点是代拟而非自撰。因此秘书学研究应用写作,必须解决三个问题:一是抓住领导机关及其负责人发文意图和秘书个人认知的矛盾,研究秘书如何

---

① 柳宏:《秘书写作》,高等教育出版社 2011 年版,第 8 页。

深入、全面、准确地把握写作意图;二是抓住领导机关及其负责人职位的全局性与秘书职位局限性的矛盾,研究秘书如何进行换位思考和表述;三是抓住领导人语言表达习惯与秘书写作风格间的矛盾,研究秘书在公文写作中如何适应创新。①

三、秘书学的研究方法

任何一门学科的建设和发展,都有一个方法论的问题。从某种意义上说,方法的选择和运用,往往比理论的发现和陈述更为重要。根据学科生成的一般过程及规律,秘书学的建设,同样需要解决方法问题。

(一)理论联系实际

理论联系实际是秘书学研究的指导思想和基本方法,也是秘书学创建后最早达成共识的秘书学研究方法。

1. 理论来源于实际

理论的基础是实践。"理性的东西,正是由于它来源于感性,否则理性的东西就成了无源之水,无本之木,而只是主观自身的靠不住的东西了。"②理论必定来源于实践,因此我们认为从实践到理论的模式是秘书学学习者和研究者在认识理论联系实际问题时所应该确认的。

秘书学是一门新兴学科,学科尚处于发展时期,理论体系比较稚嫩,学科地位尚不稳固,然而秘书工作实践却是源远流长,本着理论联系实际的原则,秘书学研究者应该从几千年的秘书工作实践中汲取养分,从实践中发现问题,透过现象,揭示事物的本质,建立起完善的秘书理论体系,由此我们应该认识到:

秘书学理论的来源不是虚无的,实践是理论之源,秘书学理论的来源不应当脱离秘书工作实际。有些研究者不重视调查研究,躲在书斋里,热衷于所谓"高层次"理论的研究,硬性移植和引进某些学科的新概念,如许多秘书学教材中全盘接受了行政管理学、档案学、心理学、公共关系学的理论和概念,在秘书学的研究中生搬硬套了信息论、控制论、系统论、运筹学的某种理论,这些理论大多与秘书工作实践相距较远,有些被引进的理论根本无法在秘书工作实践中寻找到适合其生长的土壤,研究者或生搬硬套、强行嫁接,或一味求新求异、华而不实,或一知半解、移植皮毛,这种秘书学的理论成果其来源显然脱离了秘书实际,如空中楼阁,必然没有什么生命力。

秘书学理论来源于秘书工作实践,同时,我们要注意不要把秘书工作实践仅仅理解为秘书工作的各个环节,秘书工作实践是广泛的,而且理论特别是基础理论来源于实践并不意味着是对实践的简单描述,理论的任务在于透过现象揭示事物的本质。理论研究者不是材料的收藏家,理论联系实际更主要的是透过秘书工作现象看到其本质,透过材料的分析把握秘

① 吴明忠、张振环:《试论公文写作研究中秘书学的特殊视角》,《淮海工学院学报》(自然科学版)1999 年第 S1 期。
② 毛泽东:《毛泽东著作选读》,人民出版社 1986 年版,第 129 页。

书工作的发展规律,而不是简单的经验总结。

2. 理论应用于实际

"认识从实践始,经过实践得到了理论认识,还必须回到实践去。"①理论来源于实践,理论又应用于实践,理论联系实际既包含理论来源,也包括理论运用。一项有价值的理论成果,既取决于该成果的科学性,也取决于它是否符合实际的具体需要。秘书学理论应该如何应用于秘书工作实际,对此,我们应该有以下认识:

一方面,实践是验证理论成果的重要标准,认识世界的目的是为了改造世界,理论应该应用到实践中去。秘书学产生发展30余年以来,通过广大秘书学研究者的共同努力,秘书学的理论基础已初步形成并开始应用于秘书工作实践,成为秘书工作实际的理论指南。

另一方面,理论要保持相对的独立性。理论只能以理论的方式应用于秘书工作实践,理论不能为了屈从于实际而放低理论的标准,如,关于秘书的价值问题,是一个具有一定抽象性的理论问题,它不一定适合解释某个具体的秘书的价值,不必要求每一层面的秘书理论都能直接解释某一个具体的实际现象。秘书学理论对于秘书工作实践不可能像影子对原形那样"形影不离",理论在接受实践检验的同时,也应该对实际工作进行指导。

另外,从理论到实践的过程,是一个理论成果运用的过程,而理论成果的运用除了理论本身的质量以外,还取决于秘书工作实际部门的认可、理解。现实显示,在某些秘书工作实际部门和一些实际工作者的心目中确实存在着经验排斥理论的现象,在他们看来,秘书工作本来就是具体化的、细碎的、实实在在的,千年以来有无数的传统和经验,根本不需要另搞一套所谓的秘书工作理论。因此,一些秘书工作者在工作中遇到新问题、新情况时首先考虑的是学习别单位的经验,而不是从理论上寻求出路和指导。这种认识对贯彻理论联系实际的思想是不利的,特别是在现阶段,秘书理论还处于稚嫩的状态,本身尚存在这样那样的问题和缺陷,更需要有理论素养和理论眼光的实践者加以甄别和弥补。因此秘书实际工作者不转变观念,不自觉形成注重理论的氛围,秘书学理论成果的推广、理论的运用和检验都只能是纸上谈兵。

3. 理论与实际之间需要构筑顺畅的通道

理论和实际是认识的两个端点,理论联系实际从字面上理解就是从理论和实际中构筑起桥梁,而这种桥梁的构筑需要理论工作者和实际工作者的共同努力。

首先,要端正认识,对理论联系实际的内涵有准确的理解。在秘书理论的探讨过程中,不必人为分为"学院派"和"经验派",对从事秘书学基础理论研究的理论工作者,实践工作者应该多理解和宽容,对从事实际工作者的秘书人员,理论研究者也应该充分认识经验的价值,理论和实践本来就应该是相互依存的。秘书界应该形成一种实际工作促进理论研究,理

---

① 毛泽东:《毛泽东著作选读》,人民出版社1986年版,第131页。

论研究指导实际工作的良性循环的局面。

给理论工作者创造实践的机会,同时提高实际工作者的理论素养。秘书理论研究有两个群落,一个是资深的秘书工作者,一般都有丰富的实践经验,与实际工作比较贴近;另一个是高校秘书学专业教师和学生,他们是秘书学理论研究的一支重要队伍,有较高的文化理论修养,知识面广,思维活跃,有接受新事物的敏锐感,善于借鉴相关学科的理论,但是,他们往往缺乏实际工作经验,容易犯从书本到书本、闭门造车的错误。要倡导理论联系实际,就要提倡这支研究队伍的主体走出书斋,开展广泛的调查研究,接触各种各样的秘书工作实际,直接了解和掌握秘书工作状况。而且要呼吁有关方面为理论工作者接触实际提供帮助。在倡导高校理论工作者接触实际的同时,我们也要努力提高实际工作者的理论素养,使之能更好地吸收、消化和运用理论成果。秘书实际工作者往往有具体岗位和职能,整天为各种各样的实际工作包围和困扰,很难从具体的事务中跳出来把具体的事务上升到理论的高度来评价,因此,他们不习惯基础理论的抽象性,比较容易接受秘书学的应用理论和应用技术,对一些抽象程度较高的基础理论就觉得难以理解。对此,有关部门应注意组织实际工作者的理论学习,提高他们的理论水平。

(二) 重视经验性研究

经验总结法是秘书学最基本的研究方法之一,自从秘书学创建以来,经验性研究一直在秘书学研究中占据着非常重要的地位。

1. 秘书学的创立缘于对秘书工作的经验总结, 没有对现代秘书工作的经验性研究, 便没有秘书学。

正如爱因斯坦所说:"一切关于实在的知识都是从经验开始,又终于经验。"中国的秘书学是伴随着改革开放的进程,为适应新形势下秘书工作的需要而产生的,其中最直接的原因就是为满足秘书人员实行岗位培训的需要。最早的秘书学的开拓者们大都来自秘书工作的第一线。为了满足当时秘书业务培训的需要,一些既富有实践经验又有较高理论水平的同志开始系统地总结秘书工作的经验,编写讲稿,走上秘书学专业教学的讲坛。也正是由于这些秘书工作的实践者对秘书工作的直接感受和认识作了系统的总结,才使秘书学的诞生成为可能。由此我们可以断言:没有经验性研究便没有秘书学,经验性研究是秘书学研究不能超越的必经阶段,经验性研究是秘书学研究的基本形式,经验总结法是秘书学研究的基本方法。

2. 经验性研究的成果充分体现了秘书学的应用性, 密切了与实践的关系, 增强了学科对现实工作的指导性。

经验性的东西大都是人们在实践中直接获得的对事物的感性认识。从大量的秘书学著作及秘书学专业杂志的文章看,涉及秘书工作的经验性成果大都具有直接感受性(即直接记录人们的感性印象)、可描述性(即对客观事物的特性、过程的如实反映)及可类比性等特征。例如,围绕如何提高办公厅的整体工作水平、如何搞好新形势下办公室的信息工作、如何提高会议服务工作的质量等问题进行的研究就具有以上特点。而且特定时期秘书工作的重点,往往成为经验性研究的热点。

3. 秘书学的经验性研究中渗透着理论的成分,经验性研究的成果既为秘书学理论提供了素材,又在很大程度上证明了秘书学理论的价值。秘书学作为一门与社会实践密切相关的应用科学,其理论不可能完全游离于具体的社会实践,特别是秘书学中的应用理论部分,更与秘书工作的经验性研究息息相关。

以上我们分析了秘书学的经验性研究在秘书学学科建设中的价值。在注重经验性研究的同时,我们也要注意经验性研究本身的局限,如盲目性、狭隘性、缺乏预见性,等等。科学研究不能超越经验阶段,但又不能停留在经验阶段。要发展秘书学,须在经验性研究中发挥理论思维的作用和科学方法的功能,努力将经验性的东西转化为理论性的东西,使秘书科学日趋成熟、完善。

【复习思考题】

1. 简述秘书学的产生和发展过程。
2. 简述秘书学的研究对象和研究领域。
3. 重点分析秘书学与某一门相关学科的关系。
4. 为什么秘书学的研究要贯彻理论联系实际的原则?
5. 案例分析

有学者提出秘书学应该改为辅助学,并提出了以下学科体系框架的构想,请分析该学科体系框架的合理性。

表 1-1

辅助学学科体系列表[1]

x	(管理)辅助学	x	(管理)辅助学
x.10	辅助史	x.70	应用辅助学
x.1010	辅助活动史	x.80	部门辅助管理
x.1020	辅助思想史	x.8010	党务辅助管理

---

[1] 钱世荣:《秘书系统:独特的管理辅助系统》,安徽大学出版社 2008 年版,第 88 页。

（续表）

x	（管理）辅助学	x	（管理）辅助学
x.1030	辅助学史	x.8020	行政辅助管理
x.20	普通辅助学	x.8030	企业辅助管理
x.25	比较辅助学	x.8040	军队辅助管理
x.30	辅助社会学	x.8050	教育辅助管理
x.32	辅助伦理学	x.8060	科技辅助管理
x.34	辅助法学	x.8070	社团辅助管理
x.36	辅助思维学	x.8099	部门辅助管理其他学科
x.38	辅助心理学	x.90	专项辅助管理
x.40	辅助语言学	x.9010	公文写作
x.42	辅助行为学	x.9020	信息管理
x.44	辅助人才学	x.9030	文档管理
x.46	辅助未来学	x.9040	会务管理
x.60	技术辅助学	x.9050	信访管理
x.6010	辅助决策技术	x.9060	办公环境管理
x.6020	辅助协调技术	x.9099	专项辅助管理其他学科
x.6030	辅助督查技术	x.99	（管理）辅助学其他学科
x.6099	技术辅助学其他学科		

【扩展阅读】

钱世荣:《秘书系统:独特的管理辅助系统》,安徽大学出版社,2008 年版。

何宝梅:《秘书学基础理论探究》,浙江大学出版社,2010 版。

第二章

秘书和秘书角色

第二章
秘书和秘书角色

本章概述

　　秘书是秘书学研究的逻辑起点,秘书的定义、分类、角色理论是秘书学基础的理论问题,也是我们学习秘书学首先应该明确的问题。古今中外对秘书的定义各不相同,我们应该深入领会秘书的职业定义。秘书的分类可以多角度地展开,纵横分类法是对秘书最基本的分类方法。秘书角色内涵丰富,社会公众对秘书角色容易产生认知偏差,因此我们应准确把握秘书的角色特征。

学习目标

1. 掌握秘书的定义。
2. 明确秘书的分类和层次。
3. 把握秘书的角色内涵。

重点难点

1. 秘书的职业定义。
2. 理解不同类型和层次的秘书。
3. 把握秘书的角色特征。

第一节　秘书的定义

一、"秘书"的含义

(一) 中国古代的"秘书"含义

中国古代的"秘书"含义,经历了从物名到官职名和机构名的演变过程。

　　据文献考证,"秘书"一词最早出现在汉代,但并非指现代意义上的秘书人员。古代"秘书"一词有多种含义。

　　1. 指宫中秘藏的各种图书典籍(或朝廷的机要文件)。两汉时期,朝廷比较重视图书典籍的收藏,在宫中建有麒麟阁、天禄阁等藏书之所,称为秘府,亦称兰台。所藏之书称为"秘书"。《汉书·刘向传》载:"诏向领校中五经秘书。"

　　2. 指谶纬图箓之书。"谶"指巫师或方士制作的一种隐语或预言,作为吉凶的符验或征兆。"纬"对经而言。谶纬图箓即用隐语来预决吉凶,对未来作预测的图书。《后汉书·郑玄传》载:"(郑玄)遂博稽六艺,粗览传记,时睹秘书纬术之奥"。

可见,中国古代最早的"秘书"是物名。

3. 指掌管图书的官职、机构。据《文献统考》记载,东汉汉桓帝延熹二年设秘书监,其职责是"掌管图书古今文字",这是中国历史上第一次以"秘书"二字命名朝廷官职。晋设秘书寺,梁改称秘书省,都是管理朝廷所藏图书典籍的机构。"秘书"也成为朝廷机构的名称。

所以,中国古代的"秘书",大多是宫廷藏书的代名词,冠以"秘书"称号的官员和机构,均为掌管宫廷藏书的人员和机构,与现代秘书的含义存在较大差异。

在中国古代,虽然很少有名副其实的秘书,但是秘书工作的产生却有久远的历史。记录帝王、长官言行与政事,拟制处理文书,保管档案,在宫廷、官署内应诏答对咨询,上传下达,协助官署主持者处理官署内日常行政事务等,都具有秘书工作的性质,从事这些工作的官吏名目繁多,且不断更迭,如史官、门客、尚书、中书舍人、翰林学士、主簿、书吏、幕友等等,都是中国古代具有秘书性质的官员或佐治人员。

(二) 中国近现代的"秘书"含义

中国近现代的"秘书"含义,经历了从职务到职业的演变。

"秘书"一词比较接近近现代秘书的含义始于清朝末年。宣统三年清政府颁布的《内阁属官官制》中有秘书厅、秘书科、秘书长的机构和职官,秘书名称已基本名副其实。辛亥革命时期,孙中山建立的南京临时政府设有秘书处,包括孙中山本人配备有现代意义上的秘书。

《辞源》中对秘书的解释有两个主要义项,一是秘密之书,二是掌典籍或起草文书之官。显然,这个解释代表了近代对"秘书"的基本理解。义项中的"起草文书之官"表明了"秘书"的含义已经与现代秘书相关联,同时,也印证了在传统观念中"秘书"是一种职官的说法。

《辞海》(1980 年版)中的"秘书",延续了秘书是一种职官的说法,提出秘书是"职务名称之一,是领导的助手"。同时对秘书工作的内容作了说明,认为秘书工作的任务是"收发文件,办理文书、档案和领导交办事项"。

由此可见,从 20 世纪初期到 20 世纪 80 年代,国内具有代表性的辞书对秘书的解释基本一致:其一,秘书是一种职务名称;其二,文书工作是秘书的主要工作,甚至是标志性工作。

随着改革开放的不断深入,中国的秘书开始了职业化的进程。20 世纪 80 年代中期有学者提出"秘书不是一种职务而是一种职业"。[①] 1997 年 8 月,国家人力资源和社会保障部颁发了《秘书职业技能标准(试行)》将秘书定义为一种职业。

由此,从 20 世纪初期到 20 世纪后期,中国现代秘书的含义完成了从职务到职业的演变。

(三) 国外的"秘书"含义

在西方国家,"秘书"一词源于拉丁文"secretarius",意思是可靠的职员,同时也具有秘密

---

① 张家仪:《也谈"秘书"的定义》,《秘书》1986 年第 2 期。

的含义。英语"secretary"，有两种译意，一是大臣，二是书记。前者原指在英国国王身边参与政务、掌握机密文件或玺印的辅臣，后沿用为英美和英联邦国家主管政府机构事务的部长或常务副部长，如"the Secretary of State"在英国是指（主管政府部门的）国务大臣，在美国则指国务卿；后者原指从事文字记录的人员，后来泛指从事文书和事务工作的辅助人员。

全美秘书协会对秘书的定义是：高级官员的助手，掌握机关职责并具有在不同上司直接监督下承担任务的才干，发挥积极主动性，运用判断力在其职权范围内对机关工作做出决定。

国际秘书联合会对秘书的定义是："秘书应是主管人员的一位特殊助手，她/他掌握办公室工作技巧，能在没有上级过问的情况下表现出自己的责任感，以实际行动显示出主动性和判断力，并且能在所给予的权力范围内作出决定。"①

欧洲职业秘书联合会也作出了相应的解释：秘书是对其上司的活动和工作范围有足够的了解，能够替上司分担很多工作，能在一定范围内做出决定和发出指示，并在做生意的场合代表其上司的人员。②

日本学者认为，秘书是"帮助领导与处理各种事务的工作人员"。还有一些通俗的说法，秘书是"领导的杂活"，是"全能运动员"。③

苏联的卡捷琳娜在《机关秘书》一书中指出："秘书是一项普通的职业，其职能主要是为机关提供称作秘书的辅助性、事务性和信息性的服务。"④

尽管世界各国对秘书的定义各不相同，但有两点是共同的：

一是秘书是领导或上司的助手。从职能上看，由于秘书的种类和层次不同，各国对秘书的素质要求和职责权限有所不同，但普遍认为秘书是领导或上司的助手，这一点是毫无疑问的。

二是秘书不仅是一种职务名称，还是一种社会职业。特别是在欧美国家，秘书作为一种职业早已得到普遍认同。

二、我国秘书学界关于"秘书"的定义

20世纪80年代，随着秘书学科的诞生，研究者们开始关注秘书学科的逻辑起点——秘书的定义，学者们认为，只有精确地界定"秘书"这一概念，秘书学的理论大厦才有可能建成。正是基于这一共同的认识，三十多年以来，研究者们从不同的角度对"秘书"的定义作了广泛的探索，有了数十种的表述。

对"秘书"定义探索的第一次高峰，出现在20世纪80年代中期。以教材的成果为先导，影响较大的有王千弓等编著的《秘书学与秘书工作》，提出秘书"是社会主义国家工作人员职

---

① 赵映诚：《秘书学新编》，东北财经大学出版社2013年版，第3页。
② 严华：《韦氏秘书手册》，国际文化出版公司1989年版，第2页。
③ 常崇宜：《秘书学概论》，线装书局2000年版，第22页。
④ ［苏］卡捷琳娜等著，刘祁宪、孟昭泉译：《机关秘书》，河南人民出版社1985年版，第1页。

务名称之一。其职责是协助领导综合情况,研究政策,密切各方面工作的联系,办理文书、档案、人民来信来访、会务工作以及其他日常行政事务和交办事项。在党政机关、企业事业单位从事这一类工作的干部,统称为秘书工作人员,或简称为秘书"。① 这一定义延续了秘书是一种职官名称的说法,根据当时我国的社会情况,把秘书限定在社会主义国家工作人员的范围之内,尽管这一限定已不合时代,但是,对秘书工作职责的认定却有了突破,它不再把文书的拟制和管理视作秘书工作的唯一标志。定义中的"协助领导综合情况、研究政策"与目前所强调的辅助决策、沟通信息,"密切各方面工作的联系"与目前所强调的协调关系,有异曲同工之处。

《秘书学》一书提出:"秘书,在我国现代主要指党和政府机关、企事业单位、社会团体、军队、院校内的一种行政职位。其主要职责是辅助管理,综合服务;主要工作是撰拟文稿、管理文书、接待来访、管理会议、调查研究、处理信息、办理事务、参谋咨询、联络协调等工作。"②这个定义在强调了秘书是一种行政职位的基础上,对秘书的职责和主要工作作了较为科学的界定。

《普通秘书学》一书认为,秘书定义有狭义和广义之分。狭义的秘书是指"掌管文书并直接辅助领导者全面处理事务的专门人员"。广义的秘书"是指在领导者身边或中枢机构工作,并以办文、办会和承办领导交办之事为主要辅助任务的专门人员"。③ 除了直接为领导工作服务外,还增加了在"中枢机构工作"的说法,从而把办公室的信息调研人员、督查工作人员也包含在秘书人员的范畴中。此后,该书主编在《秘书学问题数说》一文中又对秘书定义作了修改:"所谓秘书,即在主管身边或中枢机构工作,并以办文、办会和承办主管交办之事为主要辅助任务的专门人才。"并且对"主管"一词作了专门说明:"'主管'一词,既泛指一切法定组织的领导人,又泛指一切雇主,也就是说,这一概念的界定意在涵盖公务秘书和私人秘书,也包含不同国家和社会的秘书。"④

《现代秘书工作概论》一书中指出:"秘书是一种职务名称,正在成为一种社会职业,指处于领导近身,直接为领导从事事务性、信息性、综合性的服务工作的助手。"⑤其后,编者在全国高等教育自学考试指定教材《秘书学概论》中,又对秘书定义作了修改:"秘书是近距离直接综合辅助领导决策与管理的工作人员。"并解释,"近距离"也就是"近身"的意思。辅助决策与管理,说明秘书的职能作用。秘书的全部工作是为领导决策与管理服务的,而不是决策者。⑥

《秘书学新编》一书中认为:"秘书,是指一种职务名称,并已经成为一种社会职业。作为

① 王千弓等:《秘书学与秘书工作》,光明日报出版社 1984 年版,第 2 页。
② 袁维国:《秘书学》,高等教育出版社 1990 年版,第 1 页。
③ 董继超:《普通秘书学》,中央广播电视大学出版社 1997 年版,第 50 页。
④ 董继超:《秘书学问题数说》,《秘书》1998 年第 5 期。
⑤ 常崇宜:《现代秘书工作概论》,四川人民出版社 1995 年版,第 57 页。
⑥ 常崇宜:《秘书学概论》,辽宁教育出版社 2007 年版,第 63 页。

职务名称,它是指在领导者身边,辅助领导工作,为领导工作服务,辅助决策,承办文书、档案、会务、信息处理以及日常行政事务和交办事项的人员,是领导的参谋和助手。"他同时指出,"秘书在外延上有广义和狭义之分。广义的秘书包括助理和区别于机关职能机构的所有在机关办公室工作的人员;狭义的秘书主要指直接任职于秘书工作机构,具有秘书职务的人员,相对于机关办公室工作的机要员、档案员、打字员、办公室主任及副主任等。"[①]

此外,近年来新编的一些秘书学教材,也对秘书定义作了不同的诠释,但其基本含义大致相同。

三、我国官方关于秘书职业的定义

伴随着中国改革开放不断深入和秘书职业化的发展进程,1997 年 8 月,国家人力资源和社会保障部颁发了《秘书职业技能标准(试行)》将秘书定义为:专门从事办公室程序性工作、协助领导处理政务及日常事务并为领导决策及其实施服务的人员。2003 年,国家人力资源和社会保障部修订了《秘书职业技能标准》,修订后的秘书定义为:从事办公室程序性工作、协助上司处理政务及日常事务并为决策及实施提供服务的人员。从修订前后的比较中可以发现,两个定义并无实质性区别,只是将原来的"领导"改成了"上司",目的是增加秘书定义的适用范围。我们认为,《秘书职业技能标准》对秘书的定义具有较高的权威性和一定科学性,作为秘书职业定义,值得肯定和推广。

一是定义发布主体的权威性和职能性。秘书是一种社会职业,同时又是秘书学研究的基本对象。作为职业,秘书需要一个稳定的职业定义,这是秘书职业化建设的需要,也是秘书推进专业化进程的基本保证。由国家人力资源和社会保障部发布秘书职业的定义应该是最具有权威性和推广性的。作为职业资格认定的最高行政机关,由国家人力资源和社会保障部提出秘书职业的定义无疑是最恰当的。如果随着时代的发展和秘书学研究的逐步深入,该定义的内涵发生了某种变化,也应该由该部门以修订的形式予以发布。

二是定义内容的相对准确性。该定义对秘书工作内容的界定比较确切。许多人在秘书定义中对秘书工作的内容往往采用罗列的方法,但是秘书工作是一项综合工作,涉及的工作内容具有多样化特征,不同层次的秘书工作重心具有较大的差异性,罗列的方法不但使得秘书的定义变得冗长,而且也很难穷尽。而在许多"种差 + 邻近的属"的定义中,对种差的表述是"为领导工作服务"或者是"为上司服务"的。应该说,为领导或者为上司服务是秘书价值最根本的体现。然而,秘书定义不但应该体现秘书的存在价值,同时应该具有识别的特性,如果仅仅表述为为领导或者为上司服务,那么,警卫员、勤务员、司机等职业也具有这一特性。国家人力资源和社会保障部对秘书的定义作了比较明确的说明,即秘书的工作内容是协助上司处理政务及日常事务,为决策及实施提供服务。应该说,这样的表述既具有概括

---

① 赵映诚:《秘书学新编》,东北财经大学出版社 2013 年版,第 4—5 页。

性,同时也是明确的。

综上所述,《秘书职业技能标准》发布的秘书定义,比较明确地界定了其内涵和外延,较好地吸收了秘书学科的研究成果,基本揭示了秘书这一概念的本质特征,应该是其职业范围内可以普及的定义。当然,国家人力资源和社会保障部的秘书定义并非完美无缺,相信随着时代的发展和研究的进一步深入,相关部门会及时吸收最新研究成果并且予以推广。

第二节　秘书的分类

没有科学的分类就没有科学的管理。秘书是一个广泛而复杂的群体的统称,随着社会的发展,管理分工的细化,秘书分类的问题也就产生了,对秘书分类问题的探索和研究,自秘书学产生以来一直没有停止过。分类的目的是为了更准确地认识秘书,明确各类秘书的工作职责和素质要求,为领导者根据需要有针对性地选择、使用及培养秘书提供方便和依据。

一、根据秘书的职业性质划分

根据职业的性质不同,可将秘书分为公务秘书与非公秘书。

1. 公务秘书

公务秘书,就是在国家党政机关、军队和武警部队、国有企事业单位,以及官办社团中担任秘书工作的公职人员。公务秘书不同于非公务秘书:从所有制上看,公务秘书所在的组织一般为公有制单位;从人事制度上看,公务秘书的录用、考核、晋升、奖惩、工资和福利等,均由国家统一管理。公务秘书基本上属于国家公职人员的范畴,与职业秘书大为不同。由于我国实行中国特色社会主义政治制度,包括人民代表大会制度、民族区域自治制度、基层群众自治制度及中国共产党领导的多党合作和政治协商制度,同时实行公有制为主体、多种所有制经济共同发展的中国特色社会主义经济制度,在党政军机关和公有制经济组织中担任秘书职务的公职人员,虽然绝对数量远远赶不上我国的职业秘书,但它仍然也是一支数量可观的秘书队伍,在中国特色社会主义事业中发挥着不可或缺的重要作用。现阶段,公务秘书仍居我国秘书队伍的重要地位,对我国秘书队伍建设起着引领和导向的作用。

2. 非公秘书

非公秘书,是非公务秘书的简称,指公务秘书除外、在非公有制经济组织和其他雇主那里担任秘书工作的雇佣人员。非公有制经济组织包括私营企业、外资企业、个体经济和民办社团等,我们认为,在这些组织中担任秘书工作的人员称私人秘书不大合适,称非公秘书比较恰当。非公秘书不等同于私人秘书,而是包含了私人秘书。非公秘书的特点是:从所有制上看,非公秘书所在的组织一般为非公有制经济组织;从人事制度上看,非公秘书的录用、考核、晋升、奖惩、工资和福利等,通常由用人单位或雇主决定,受国家法律法规的指导和约束。

非公秘书属于典型的职业秘书,它与公务秘书有很大不同。在党和国家方针政策的指引下,我国非公有制经济从小到大、由弱变强,在稳定增长、促进创新、增加就业、改善民生等方面发挥了重要作用。与此相适应,为非公有制经济组织服务的非公秘书队伍也迅速发展壮大,成为我国秘书队伍中的一支职业大军,并呈现出不断发展的趋势,从而推动了我国秘书职业化的进程,在服务我国经济和社会发展中发挥着越来越重要的作用。

二、根据秘书的服务对象划分

根据服务对象的不同,可将秘书分为机关秘书与领导人专职秘书。

1. 机关秘书

机关秘书,是指为领导集体和机关各部门提供综合服务的秘书人员,是领导集体的工作助手。他们不是固定为某一位领导人提供秘书服务,而是在机关或组织的办公厅(室)及其下属的业务部门工作,为本级领导班子成员和机关各部门提供综合服务。在我国,绝大多数秘书为机关秘书,他们根据各自的业务分工和职责范围,从不同方面为领导集体和机关管理提供秘书服务,从总体上发挥着秘书工作的参谋和助手作用。机关秘书的服务对象具有多元性,职责范围具有差异性,工作内容具有专业性。这类秘书除具备一定的综合素质和专业技能外,还应当具有较强的集体意识和良好的合作精神。

2. 领导人专职秘书

领导人专职秘书,是指根据我国秘书制度专门为高级领导人配备的秘书人员,是领导个人的工作助手。在我国党政军高级机关、国有大型企业和民营企业集团,一般都有为高级领导人配备的专职秘书,如"主席秘书"、"总理秘书"、"部长秘书"、"省长秘书"、"董事长秘书"、"总经理秘书"、"总经理助理"等。领导人专职秘书在职责范围上与机关秘书有很大不同,他们往往跟随领导人开展秘书工作,并为其提供全方位的辅助和服务。领导人专职秘书具有服务对象单一、职责范围广泛、与领导人及其亲属关系密切、工作岗位特殊、社会影响较大、素质要求全面等特点,这些都对领导人专职秘书的政治思想、职业道德、组织纪律和知识能力提出了很高要求。

三、根据秘书工作的行业特征划分

秘书工作的行业特征分类,是根据秘书所供职单位的专业领域划分的,是为了适应不同行业、不同工作领域对秘书工作的不同要求。

1. 党政秘书

亦称行政秘书。主要指在中国共产党各级委员会、各级人民政府、各级人大常委会、各级政协委员会、军队各级机关和官方团体中从事秘书工作的人员,公务员往往是他们的另一种身份。我国早期秘书教育的对象主要针对党政秘书。由于党政秘书直接服务于各级党政机关及其领导者,工作岗位、工作任务和工作影响比较特殊,因此,目前党政秘书在我国秘书队伍中仍具有重要的地位,对其政治思想、职业道德和能力素质提出了很高要求。

2. 商务秘书

亦称企业秘书。主要指在企业中辅助上司实施管理,从事各种商务活动的秘书人员。他们除了掌握秘书业务知识外,还要熟悉商务知识和经营业务,具备一定的经济知识和法律知识,是企业领导经营管理的参谋助手。在经济全球化的大背景下,商务秘书已经成为我国秘书群体中的主流,同时也对商务秘书的职业素养提出了越来越高的要求。

3. 司法秘书

主要指服务于司法机关或律师事务部门的秘书人员。他们负责接待或陪同律师访问当事人,记录整理当事人口述,起草、打印法律文书,安排法律事务处理程序,保管法律文件或证明材料,执行律师交办的其他事务等。随着我国全面依法治国战略的贯彻实施,司法秘书在我国政治生活中的地位和作用会越来越重要。这类秘书应当具备良好的法律素养,并取得律师资格。

4. 教学秘书

主要指在各级各类教育机构中辅助领导实施教学管理的秘书人员。他们的主要职责是根据领导意图,做好教学计划、组织、指挥、协调、控制、监督、评价等工作,确保教学活动顺利进行,努力提高人才培养质量。这类秘书应当精通教学管理业务,具备较强的组织协调能力。

5. 医务秘书

主要指在各种医疗机构担任秘书工作的人员。主要负责协助医疗机构的领导处理日常行政事务,协调医疗机构内部的关系和对外联络;处理与病人的联络协调工作,如与病人约定诊疗时间,打印病人医疗记录等。这类秘书应当具备医学专业知识,最好取得医师资格。

6. 科研秘书

主要指在科研或学术机构中担任秘书工作的人员。主要职责是辅助领导从事科研规划制定、课题立项和审批、课题调研和审定、科研经费管理等。这类秘书应当具备较高的学术造诣和良好的研究能力。

四、根据秘书工作的业务分工划分

秘书的业务分类是根据秘书工作的不同业务为标准的分类。例如,清时期盛行的“私人秘书”——绍兴师爷就有刑名师爷、征比师爷、钱谷师爷、折奏师爷、书启师爷、挂号师爷等类型。这样的分类有助于提高秘书的专业水平。

1. 政务秘书

是指直接为领导决策提供服务，以从事信息、调研、督查、协调等政务工作为主要职责的秘书。办公室主任一般可以归入政务秘书的范畴。这类秘书应当具备强烈的参谋意识和辅助决策能力，才能发挥好领导的参谋作用。

2. 文字秘书

是指以文稿撰拟和校核为主要工作的秘书。古往今来，秘书的文字水平十分重要，被称为秘书的"看家本领"。特别是在国家机关工作的秘书，对文字水平的要求更高。在我国，人们习惯上称文字秘书为"秀才"、"笔杆子"，也说明文字秘书的写作能力很重要。毛泽东曾经指出："无产阶级一定要有自己的秀才。这些人要较多地懂得马克思列宁主义，又有一定的文化水平、科学知识、词章修养。"这对文字秘书提出了很高的素质要求。

3. 事务秘书

是指以办理办公室日常事务为主要职责的秘书。事务秘书的工作内容比较繁杂，主要负责日常值班、来客接待、印信管理、车辆调度，以及办理领导临时交办事项等，以协助领导处理事务为主要职责。这就要求秘书人员具备强烈的服务意识、快准细严的工作作风和精明强干的办事能力。

4. 外事秘书

是指专门从事外事工作的秘书。他们主要分布在专门的外事机关和某些高级领导机关以及对外事务活动较多的单位，其主要职责是负责国际交流，从事外宾接待、洽谈、签约、口头或书面翻译等一系列服务工作。此外，我国驻外使馆的一等秘书、二等秘书、三等秘书，也属于外事秘书的范畴。不过，驻外使馆秘书与我们所说的一般秘书在职责权限上有一定差别。

5. 其他秘书

由于工作单位性质不同，有些单位或部门还配备了一些专门的秘书。例如，党政军机关中有专门处理机要文件的机要秘书；有专门负责处理群众来信和接待群众来访的信访秘书；有专门负责会议筹划和组织实施的会议秘书；也有些组织设置了专门协助领导处理各种公众关系的公关秘书，在此就不一一列举。

随着秘书工作日益普遍化和社会化，秘书不仅存在于党政军机关、企事业单位和社会团体中，同时也渗透到社会的各个角落。这样就使得秘书工作的分工越来越细，并且对秘书的专业水平要求越来越高。秘书分类的意义在于，它不仅注重秘书工作所具有的一般特点，而且体现了秘书的专业分工和行业特色，有助于提高秘书人员的专业水平。

第三节　秘书的层次

秘书人员因其所服务机关、单位的层级、规模不同,因其工作的职务、性质、作用以及学历、资历、能力不同,在纵向上有层次之分。

传统的秘书层次是按我国行政级别划分的,具体地说,党政机关的秘书长和办公厅主任是高级公务员秘书,办公室主任和秘书局(处)长、科长为中级公务员层秘书,办事员、科员为初级公务员层秘书。

1997年,国家人力资源和社会保障部启动了秘书职业资格鉴定制度,根据秘书的学历、资历和经验、知识水平和技能将秘书分为高级秘书、中级秘书和初级秘书。2003年,国家人力资源和社会保障部又启用了新的国家职业标准。将秘书分为二至五四个等级,并把业绩考核引入二级秘书的考核范畴。具体是:五级秘书——初级技能,能够运用基本技能独立完成秘书的常规工作。四级秘书——中级技能,能够熟练运用基本技能独立完成秘书的常规工作;并在特定情况下,能够运用专门技能完成较为复杂的工作;能够与他人进行合作。三级秘书——高级技能,能够熟练运用基本技能和专门技能完成较为复杂的工作;包括完成部分非常规性工作;能够独立处理工作中出现的问题;能指导他人进行工作或协助培训一般操作人员。二级秘书——技师,能够熟练运用基本技能和专门技能完成较为复杂的、非常规性的工作;掌握秘书的关键操作技能技术;能够独立处理和解决问题;在工作方法和技能方面有创新;能组织指导他人进行工作;能培训一般秘书人员;具有较强的管理能力。近年来,随着秘书职业资格准入制度的取消,这一分类的社会影响力逐步减小。

秘书对于领导者和领导工作的辅助功能是不言而喻的。但是,秘书辅助功能的影响程度是不同的,从秘书辅助功能的角度区分秘书的层次,可以包含我国的党政秘书、商务秘书、非公秘书等各种职业性质的秘书群体。

一、初级秘书

初级秘书属于技术操作层的秘书,具体地说,是指在领导工作辅助系统中以直接办理某些具体事务为基本职责、主要为领导工作提供技术性服务的秘书。所谓技术服务,是以其简单、重复和琐碎的工艺操作为他人服务。打字、速记、接待、应对电话、文书处理、档案管理、各种办公机具的操作使用等,是其主要工作任务。[①] 这类秘书的主要特征是:

1. 从业内容单纯化

技术操作层的秘书工作内容比较单纯。这类秘书,或侧重于文书档案的管理,或侧重于文件资料的翻译、整理、保管,或侧重于电话应对、前台接待,工作任务大多简单明了。同时,

---

① 初级秘书的特征部分内容,参阅钱世荣著《秘书系统:独特的辅助管理系统》安徽大学出版社2008年版,第4—11页。

这类秘书的工作关系也比较单纯。这类秘书处于行政执行层的最外层,其工作位置一般距领导核心稍远,加之所做的又是相当具体的事,工作关系比较简单。

2. 从业手段技能化

技术操作层的秘书比较强调专业性和技术性,如文档的收发管理,各种办公用具的操作使用等。这类秘书要求能熟练使用计算机,用编制好的程序或自己编制程序来处理有关秘书事务。速录能力是技术操作层的秘书的典型能力。同时,这类秘书还需要有良好的服务态度和敬业精神,注重礼仪,有良好的沟通能力。

3. 从业对象女性化

这类秘书以女性居多,而且大多是年轻的女性。这不仅因为女性秘书与男性上司在工作上能发挥更好的互补作用,而且主要因为女性更能适应这一层次秘书工作对角色的要求。

从我国秘书职业化发展来看,技术操作层的秘书清晰而稳定地存在着。积极提供专项服务,保障领导工作及整个管理工作正常运行,是这一层次秘书的主要功能。熟练的专业技术能力,是这一层次秘书最显著的素质特征。

二、中级秘书

中级秘书属于行政执行层秘书,具体地说,是指在领导工作辅助系统中主要办理信息调研、文件撰拟、会务组织、信访接待、公关联络等综合性事务以辅助领导的秘书。之所以称之为"行政执行层",一是因为这类秘书在我国无论居于哪一领域哪一职级,其工作性质都有广义的"行政"色彩;二是因为这类秘书的位置在决策层和操作层之间——这一位置一般称之为"执行层"。可以说,"行政"、"执行"是这类秘书在管理系统中定位的标志性特征。这类秘书的主要特征是:

1. 操作性和管理性结合

中级秘书在工作过程中既要承担信息收集、文件撰拟、会务组织等具体的业务工作,同时又要发挥管理事务的作用,组织指导初级秘书完成文件打印、访客接待、会场布置和清理等工作。

2. 参谋性和事务性结合

与初级秘书相比,中级秘书的参谋作用更为明显,但仍呈现间接性的特征。中级秘书的参谋作用主要是通过某项具体的事务或者业务工作来体现的,是在执行过程中表现出来的。办文、办会、办事是这一类秘书的主要工作任务,中级秘书正是通过办文、办会、办事发挥秘书的参谋作用。

3. 经常性和随机性相结合

初级秘书的工作呈现经常性、重复性、琐碎性的特点,而中级秘书的工作除了要求准确、规范、有序地完成常规的办文、办会以及一般性办公事务外,还要随时受指派完成领导临时交办的事项。因此中级秘书除了具备较强的秘书专业能力外,还要具备较强的办事能力。

中级秘书从事的是协助领导实施管理的基础性工作。这类秘书在各类管理组织中不可缺少。可以说,办理秘书业务、间接辅助领导决策是这一层次秘书的主要功能。较强的专业能力和办事能力是这一层次秘书显著的素质特征。

三、高级秘书

高级秘书属于决策辅助层秘书。这一层次的秘书与领导最为贴近,辅佐领导决策、实施综合管理是其最主要的功能。这类秘书的主要构成主要有三类:

一是秘书部门负责人。秘书部门负责人是指党政军各级机关的办公厅(室)、企事业单位办公室的负责人,即办公厅(室)主任、秘书局(处)长、秘书科长等。秘书部门的负责人既是领导者的参谋助手,同时还要组织指挥整个秘书机构,在上下级之间、职能部门之间、组织与内外公众之间发挥着综合协调作用。

二是首长专职秘书。政界要员、企事业单位一般都配有专门为自己公务服务的秘书。如国家政府首脑的专职秘书、企业董事长或总经理的专职秘书(助理)等。这类秘书直接对其特定的领导人负责,工作围绕特定的领导人展开并直接由特定的领导人指挥。

三是董事会秘书。董事会秘书是指掌管董事会文书并协助董事会成员处理日常事务的人员。董事会秘书是上市公司的高级管理人员,主要负责公司股东大会和董事会会议的筹备、文件保管;负责公司股东资料的管理,如股东名册等资料的管理;负责办理信息披露事务。董事会秘书的产生有严格的程序。

高级秘书的主要特征是:

1. 辅佐决策的直接性

这类秘书常常参与领导决策活动,在领导决策前将种种信息综合成决策依据;在决策形成时,深入部门、下属单位或者领导者之间沟通协调;领导决策后,根据决策意见会同有关部门组织实施。领导决策前后,一般都由高层秘书直接驱动为领导服务的行为。

2. 与领导关系的紧密性

高级秘书与领导层最为贴近。特别是领导人的专职秘书,除工作上的主辅配合关系外,在近距离的思想交流和沟通中,容易形成更紧密的关系。因此,应注意避免蜕变为俱荣俱损的人身依附关系。

3. 工作内容的综合性

高级秘书操作性服务任务相对较少,工作内容具有综合性和参谋性的特征。他们大多有下一层秘书工作的丰富经验,同时又具有一定的领导能力。我们通常称这一层秘书为"领导的智囊""领导的左右手"。

高级秘书在较重要的领导人、领导机关或者上市公司充当高级参谋助手,在组织管理系统中有一定的职级。在决策过程中往往具有参与谋划的职权,并在领导的授权下有一定的组织、指挥、协调、监督、控制权。这类秘书的综合素质要求较高,既要精通各项秘书业务,又要有一定的组织管理能力和独当一面完成特定任务的才干。

初级秘书、中级秘书、高级秘书,虽然在业务能力、工作任务、地位、作用等方面有层级之分,但就个体而言,可能有虽划归上一层次却兼有其他层次某些特征的现象,特别是在规模较小的社会组织中,有可能出现初级秘书、中级秘书、高级秘书的职责由一人同时承担的现象。但是就秘书管理系统整体来看,上述三个层次的区分还是明显的,而且随着秘书管理的科学化、制度化、规范化,三个层次的区分将更加明确。

第四节　秘　书　角　色

社会角色,是人们在社会生活中形成的、与人们在社会关系体系中所处的地位相一致、社会所期望的一套行为模式。秘书角色是一种特殊的社会角色,秘书角色是由秘书在社会中的活动内容方式所决定的。秘书的社会地位通过秘书角色得到体现。

一、社会公众对秘书角色的认知偏差

秘书角色的认知是对秘书角色的判断和评价。社会认知即社会公众对秘书角色的评价。社会公众对秘书角色的认知会在秘书的周围造就一种舆论环境机制,这种机制若处于亚健康状态,会直接影响秘书个体的自我认知,进而影响秘书的角色行为。秘书角色认知与秘书职业形象有着密切关系。秘书职业形象是指人们对秘书工作者的所有行为和表现的总体印象和评价,它在本质上是一种秘书角色形象。目前,社会公众对秘书角色的认知偏差,对秘书职业形象产生了不良影响。

1. 认为秘书是"花瓶"。"花瓶"是部分社会公众对年轻漂亮的女秘书甚至男秘书的认识,在一些公众的心目中,秘书职业是一种"青春饭"或"花瓶"职业,秘书是领导身边的装点物,秘书就是专门陪同领导应酬的交际人员,因此形象亮丽、衣着光鲜、风度翩翩是对秘书主要的甚至是唯一的要求。更有甚者,由于个别秘书在金钱和权利方面不能自持,不惜牺牲自己的荣誉和青春,自甘成为上司的"小蜜"、"情妇"。有个别上司则心术不正,他们视秘书为"玩物",以拥有年轻貌美的女秘书或者英俊潇洒的男秘书为荣耀。凡此种种,更加深了社会公众对秘书角色的认知偏差。将秘书与不光彩的角色相提并论,严重扭曲了秘书的职业形象。

2. 认为秘书是"二首长"。秘书是领导最近身的工作伴侣。由于秘书所处地位的特殊性,社会公众往往感受到领导者对秘书的亲近、信任甚至依赖。并由此产生的晕轮效应泛化扩张,秘书受到领导者权力的辐射,致使部分社会公众将领导者的权利附加在秘书身上,把秘书看成是领导的代言人,认为秘书岗位不仅有利可图,而且是升官晋职的捷径,严重歪曲了秘书的职业形象。

3. 认为秘书是"家奴"。在有些公众的心目中,秘书往往无原则地服从领导,唯领导马首是瞻,在领导面前卑躬屈膝,被当作领导的附庸甚至家奴,甚至有人将秘书与旧社会中存在的"管家"、"账房先生"等社会形象联系起来,严重丑化了秘书的职业形象。

社会公众对秘书认知偏差产生的原因是多方面的,除了部分秘书缺乏应有的职业道德和职业素质之外,传统观念的影响和大众媒体的渲染也起了非常重要的作用。如在影视文学作品中,女秘书往往被描述成婚外畸情的主体,她们或插足上司的家庭,与上司的妻子争风吃醋;或以色取财、傍大款、依权贵,充当生意场中的交际花。而男秘书则大多是领导的"应声虫",他们往往没有独立的人格,缺乏崇高的人文精神。总之,在大众传媒的舆论宣传中,秘书很少有正面形象。

【案例】

几年前热播的电视剧《黑洞》中有一个秘书形象,天都市聂副市长的秘书黄盛,这位秘书虽是配角,但却是聂明宇犯罪链条中不可或缺的一环。黄盛贪得无厌、奸诈狡猾,借助聂副市长的力量,与聂副市长的公子聂明宇沆瀣一气,干尽坏事。当聂公子资金周转困难,银行又不肯贷款时,黄秘书策划聂副市长视察实际上由聂公子投资的公司,在新闻宣传的强大攻势下,原来不肯贷款的银行主动找聂公子联系,表示愿意贷款。顺利拿到银行贷款的聂公子,自然以重金答谢黄盛,而黄盛也毫不客气地笑纳。刑警队掌握了聂公子的证据,欲将其绳之以法,黄盛又施以计谋,游说聂副市长,使之坚定了偏袒儿子的决心,三番五次地给刑警队施压,干预破案,导致了自身的毁灭。

【分析】 秘书群体中存在着对角色把握不当的现象,但是,秘书群体的主流是忠于秘书职业操守、兢兢业业做好秘书本职工作的。文学作品和大众传媒的过度渲染,会使社会公众对秘书角色的认知产生偏差。

社会公众对秘书职业的认知偏差会对秘书的角色行为产生负面影响。心理学认为,职业角色是现代人获得物质利益和精神满足的肯定性形式,而职业角色的丢失,则会导致人们物质和精神的双重失落。

其一,社会公众对秘书职业的认知偏差会影响秘书职业的社会地位。在许多公众的心目中,秘书职业往往缺乏崇高的人文精神。鄙视秘书职业者,认为秘书没有独立的人格,是附庸,或者是"花瓶"。在社会的主流观念中,秘书职业的社会地位并不乐观。

其二,社会公众对秘书职业的认知偏差会影响秘书队伍的全面建设。如前所述,社会公众对秘书职业的认知偏差会影响秘书的社会地位,而应有的社会地位的缺失,不但会影响公众对秘书职业的选择,同时会对现有的秘书从业人员的职业荣誉感产生负面影响,进而怀疑秘书群体的劳动价值和社会价值,动摇秘书群体的从业信心,直接影响秘书队伍的全面建设。

其三,社会公众对秘书职业的认知偏差会影响秘书工作的规范性。秘书工作有其相应的工作准则、工作要求和工作规范。而社会公众对秘书职业的认知偏差会不自觉地影响秘书工作的规范性。例如,"花瓶论"会使有些领导对秘书的任用和要求上过分地注重外表;"二首长论"会使秘书在工作中以决策者自居,超出自己的职权范围,导致秘书工作失范,甚至滋生腐败;"家奴论"会使秘书工作的指导思想发生异化。

二、秘书角色的特征

秘书角色可以从多角度多层面进行观察。但是,对"秘书应该是怎样的角色",应该有一个核心的解释,而这个核心应该从秘书职业在社会结构中的特定地位中去探究。秘书职业存在的根本价值是辅助领导实施管理,秘书与领导的关系是秘书首要的、最基本的社会关系。秘书在组织中所承担的角色,集中体现在辅助领导的活动中以及秘书与领导的关系中。从秘书在领导活动中的角色功能看,秘书角色特征具有多重性。

1. 秘书是领导的"助手"

所谓助手,是协助别人进行工作的人。而秘书职业的产生正是出于满足领导管理的需要。秘书是作为领导的助手而产生的。所以,人们对秘书具有助手作用的认识最为统一,但也最为笼统,"领导的助手"是秘书这一特定的社会角色中最核心的元素。

作为领导的助手,办事是秘书的基本职能。秘书正是通过办文、办会、办事等经常性的基础工作,发挥办事效能,提供事务性的基础服务。这些看似琐碎繁杂的秘书工作,能使领导者从事物工作中解脱出来,提高工作效率。秘书只有处理好事务性工作,其助手作用才真正得以发挥。

2. 秘书是领导的"参谋"

秘书,特别是高层次的秘书要积极主动地为领导出谋献策,承担参谋的角色。秘书是领导的参谋者。我国自改革开放以来,秘书作为领导参谋者的角色得到了强化,特别是党政机关的秘书部门。1985年1月,全国党委秘书长、办公厅主任座谈会提出了"四个转变",其中之一就是从偏重办文办事转变为既办文办事,又出谋献策,这一"转变"充分肯定了秘书作为领导的助手要发挥好参谋职能。这种参谋职能根据层次不同,既表现为充当领导者的"顾问"和"智囊",解决领导者的疑难问题;也表现为调查研究,为上司收集、整理和提供信息;还表现为在日常工作中随时为领导提供参谋性服务。秘书在扮演好"参谋者"的同时,要切记自己的职责范围,做到谋而不断。

3. 秘书是领导的"配角"

在探讨秘书工作的角色时,人们常用主角与配角来形容领导与秘书的关系,认为秘书是领导的"配角",这个比喻是比较恰当的。杨剑宇在《中国秘书史》中分析秘书产生的社会历史条件时提出,"秘书工作是领导部门的辅助性工作,因此,只有出现了领导部门,才会随之而产生秘书和秘书工作"。从领导和秘书工作中的地位看,领导对工作具有决策权和处置权,在工作中处于领导地位,是"主角",秘书处于配合和辅助地位,是"配角"。

20世纪90年代初,《秘书》杂志曾经展开过秘书角色大讨论。"主角论"和"配角论"之争是当时讨论的焦点内容之一。盘点"主角论"和"配角论"的主要论点,"主角论"和"配角论"或者说既是主角又是配角的说法,并没有实质性的差异。主角与配角是相对的。从秘书工作的角度出发,秘书自然是主体,也是主角。但是从秘书与领导的关系来看,秘书毫无疑问又是配角,在社会组织结构的位置中,秘书作为辅助人员,也应该是配角。

三、秘书角色的把握

恰当把握秘书角色,是做好秘书工作的基本前提,也是秘书工作实践必须解决的基本问题。

首先,应该具备明确秘书的角色意识。所谓角色意识,是指社会成员在社会交往中,对社会规定的自己所扮演的角色行为模式的认识。而秘书的角色意识是秘书对领导的助手、参谋、配角等角色行为的社会地位以及由社会地位所规定的职责的理解与体会,秘书的基本角色是领导的参谋和助手,为领导服务是秘书的基本职能。

领导活动规定了秘书工作的基本范围和利益指向,秘书与领导的关系成为秘书首要的、最基本的社会关系。秘书在组织中所承担的角色,集中体现在辅助领导的活动中以及秘书与领导的关系中,如果淡化了秘书的角色意识,就不可能成为一个优秀的秘书。可以说,秘书人员能否形成鲜明的角色意识关系到他能否做好秘书的本职工作,能否积极发挥其主观能动性。只有具备了明确的角色意识,角色的扮演者才能认真地进行角色学习,并能够自觉地用学到的内容指导自己的行动,才能把角色义务、权利、规范、态度、情感等等内化为支配个体行为的角色观念。

其次,协调好秘书的角色冲突或者说角色矛盾。秘书的角色冲突主要表现为角色外冲突和角色内冲突。所谓角色外冲突主要指的是发生在两个或两个以上的角色扮演者之间的角色冲突。这里,两个角色扮演者,指的就是处于社会互动两端位置上的两类社会成员。就秘书的角色外冲突而言,主要是秘书与领导的角色冲突。角色内冲突指的是发生在角色扮演者所扮演的同一个角色内部的矛盾。这种冲突是由角色本身所包含的内在矛盾所造成的。如对秘书角色有着来自不同方向的角色期望,领导对秘书的角色要求、社会对秘书的角色要求、各职能部门对秘书的角色要求都存在着差异性,甚至领导甲和领导乙对秘书的角色的要求也是不同的,不同的角色要求和角色期望会造成角色主体行为的无所适从。另外,理想角色、领悟角色与实际角色存在着差距。理想角色是社会对角色的理想期望,领悟角色是个体对角色的认识与理解。领悟角色与理想角色不一致,同样会引起角色内部的冲突。对秘书角色的多样化认识,也使得角色内部的冲突更容易发生。

第三,根据角色规范合理调适角色,避免角色失当、失责。

(1) 角色失当,就是主体对秘书角色的把握出现的偏差,由于"领导的参谋和助手"内涵丰富,且具有较强的综合性,秘书角色的失当现象比较典型,具体表现为角色越位。秘书工作是为领导工作服务的,直接为领导服务是秘书工作的实质,也是构成秘书角色的前提。但是由于秘书所处位置的特殊性:不是领导者,却贴近领导者,辅助领导者工作;不在领导之位,却参谋其政,为领导决策服务;没有领导者权力,却附着领导者的权力、按领导者的意图办事。所属员工或者其他公众对秘书身上附着的领导者权力所表现出的服从,很容易使秘书迷失自我,对角色的领悟出现偏差。于是,在工作中发号施令,指手画脚,以领导自居,不该表态的时候随意表态,干预或者替代领导决策,造成秘书角色的越位。因此,秘书人员应该明确领导角色与秘书角色的本质差异,防止自己不自觉地进入领导角色领域,发生角色错位。

【案例】

李华大学毕业后,应聘到一家大型公司的杭州分公司工作。因为人聪明能力强,工作又积极肯干,李华很快被分公司的张经理看中,调到经理办公室当秘书。这些天总公司的王副总要来杭州分公司视察工作,张经理考虑李华工作出色,人也机灵,就点名让李华随同他一起向王副总汇报工作。李华很兴奋,暗下决心:好好表现,绝不辜负领导的期望。

王副总视察时,李华总是争着回答王副总的问题,从公司经营现状到未来发展规划,从具体工作到宏观把控,俨然一副当家人的模样。王副总在传达指导布置任务时,李华也一一地承诺。送走王副总,李华对自己的表现沾沾自喜,回头却发现张经理的脸色不太好看,李华自然没有得到自己预计获得的表扬。几天后,李华拿到一纸调令,到销售部做业务员去了。

【分析】　李华其实很尽心,结果却事与愿违。究其原因,就是因为李华对秘书角色把握不当造成的后果。秘书是领导的助手,虽然不能失责,但是也不能越位。李秘书出现了明显的越位现象:一是汇报工作越位,本来应由领导来汇报的情况,他抢先汇报;二是表态越位,超越自己的身份,胡乱表态。在工作中因为没有合理的角色定位而遭遇类似李华这样尴尬的事例并不少见。因此,现代秘书必须掌握一定的角色定位策略,恰到好处地扮演好自己的角色,才真正成为令上司满意的秘书。

----

(2) 角色失责。角色失责是角色的主体没有尽到角色的职责。秘书的基本角色是领导

的参谋助手,是直接、全面辅助领导管理的人员,这种辅助不是纯粹事务性的,也不是纯粹被动的。秘书在工作中要勇于承担自己的客观责任,主动为领导提供各种辅助和服务,工作的不到位是一种角色失责,对领导管理工作中的缺陷视而不见同样也是角色的失责。

【案例】

某上市公司一位高管因故失联,引起社会有关方面关注。新闻媒体欲采访报道,联系了办公室主任,办公室陈主任怕说不好承担责任,就推辞道:"我们董事长在办公室,有事你找他去吧。"董事长在没有准备的情况下,硬着头皮接受了采访。

【分析】 秘书是领导参谋和助手,维护公司和董事长的形象是秘书的角色职责。董事长何时面对公众? 如何面对公众? 应该有一个成熟的考虑。案例中的办公室主任存在着明显的失责行为,没有承担好助手的角色。

新的历史时期,秘书工作被赋予了许多新的内涵,也相应地需要承担更多新的责任。因此,秘书人员必须明确把握秘书角色的特定内涵,合理定位,并根据角色规范不断调适自我,努力扮演好秘书这一特定的社会角色。

【复习思考题】

1. 选择两种秘书定义进行比较,评价其优劣点。
2. 简单分析我国秘书职业社会地位的现状。
3. 阅读案例并回答问题。

总公司的几位最高领导者决定在杭举行宴会,除了杭州公司的总经理及一些要员外,总部的要员当然也少不了,再加上有合作关系的大客户,宴会非常盛大。作为杭州分公司总经理秘书的肖思思乐于以女强人自居,在任何方面,她都要求自己干得非常出色,这也是她引以自豪的。她在一些宴会中,展露的风头有时甚至超过总经理。总经理是一位"好好先生",在不损及自己利益的情况下,每每让她展现风采。总公司与分公司联合宴会的机会很少,肖思思还是头一次经历这样的场面。宴会当晚,她周旋于宾客间,确实令现场气氛甚为欢乐。总公司的高层主管及分公司的总经理致词时,她在旁边逐一介绍他们出场。轮到她的上司,即子公司总经理,她在介绍之前,先说了一番致谢辞,感谢在场客户一贯的支持。虽然只是三言两语,却已让总公司的主管皱眉,因为肖思思负责的只是介绍上司出场,而非独立发言。在宴会中,总公司主管与她交谈,发现她提及公司的事时,总是以个人主见发表自己的看法,全没有提及总经理的意见。给人的感觉是,她才是分公司的最高主管。结果,分公司总经理被上级谈话,考量他是否忠于自己的职位,是否懒散到由秘书代为处理日常业务。自此之后,总经理也对她的态度有所转变。最后,她终于自动辞职,原因是她认为被总经理削权,却不知道是自己没有把握好身份,喧宾夺主。

【思考题】

1. 肖思思在宴会上有哪些行为不符合秘书人员的角色特征?

2. 如何理解秘书角色的内涵?

3. 秘书人员在职场中,应如何避免秘书越位和秘书失责?

【扩展阅读】

常崇宜:《关于我国秘书职业定义的再探讨》,《成都大学学报》2007 年第 1 期。

颜卿鸿:《影子领导与背后助手:秘书角色认知心理分析》,《领导科学》2016 年第 19 期。

张晓婷、杨叶:《角色理论在办公室秘书工作中的应用》,《管理观察》2015 年第 2 期。

第三章

秘书机构

第三章
秘书机构

本章概述

　　我国的大部分秘书人员存在于秘书机构中,秘书机构是各党政机关、企事业单位、社会团体等组织的有效组成部分。组织性质不同,秘书机构设置也呈现出各自的特色。明确秘书机构的性质,合理地设置和管理秘书机构是充分发挥秘书职能的重要保障。

学习目标

　　1. 了解各级各类秘书机构的设置。
　　2. 明确秘书机构的地位和性质。
　　3. 了解秘书机构的管理。

重点难点

　　1. 秘书机构的设置原则。
　　2. 秘书机构的性质。

第一节　秘书机构的设置

一、秘书机构的名称

　　当秘书工作以集团方式进行时,就形成了秘书机构。秘书机构是各级各类领导机关的综合性办事机构。一般认为,秘书机构有广义和狭义之分。

　　广义的秘书机构是处于机关枢纽地位,具有参谋助手、沟通协调、督促检查等功能,并为领导工作和机关工作服务的办事部门。机构名称如办公厅(室)、行政管理部等,主要负责秘书、文书、档案、信息、调研、协调、督查、信访、接待和值班等。

　　狭义的秘书机构是指担负文牍性工作,并直接为领导和机关工作服务的办事部门,如办公厅(室)中的秘书、文书、机要等部门。

　　秘书机构的广义和狭义最典型的表现是党政机关。具体地说,各级党政机关中的办公厅(室)是广义的秘书机构,办公厅(室)下设的秘书局(处、科)是狭义的秘书机构。而企事业单位特别是基层的企事业单位很少存在狭义的秘书机构,而且名称也比较灵活,除了办公室以外,综合部、行政部等也是常用的秘书机构的名称。

　　因此,我们所指的秘书机构,一般指的是广义上的秘书机构,即是各级各类领导机关的综合性办事机构。

二、各级各类秘书机构的设置

(一) 党政机关的秘书机构

党政机关的秘书部门,是指党的机关、人大机关、行政机关、政协机关、审判机关、检察机关等的秘书工作机构,主要负责党政机关的领导中枢与各业务部门、决策机构与执行机构之间的沟通协调、咨询参谋等各项辅助性工作。此类秘书部门的设置,必须依据有关法律法规的规定,配置职责和核定编制,并按照一定法定程序依法成立,如各级中国共产党的机关中设置的中共×××党委办公厅(室)、各级政府机关中设置的××人民政府办公厅(室)、各级人大机关等设置的××人大常委会办公厅(室)等,均属于此类秘书部门。

以政府部门的秘书机构为例:

我国政府机构从中央到地方有 5 级,分别是国务院(中央人民政府)、省政府(同级:直辖市政府、民族自治区政府)、地区级市政府(同级:地区行政公署、民族自治州)、县政府(同级:县级市政府、县级区政府)、镇政府(同级:乡政府、街道办事处),秘书机构的设置情况如下:

1. 国务院

国务院的秘书机构是国务院办公厅。办公厅为部级机构,是为协助国务院领导同志处理国务院日常工作的机构。目前,办公厅有 9 个内设机构,分别是:秘书一局、秘书二局、秘书三局、国务院应急管理办公室(国务院总值班室)、督查室、电子政务办公室、人事司、行政司、财务室。

2. 省政府

省、部的秘书机构也称办公厅。如浙江省人民政府办公厅、教育部办公厅等。省政府办公厅是协助省政府领导处理省政府日常工作的机构。以浙江省人民政府办公厅为例,根据《浙江省人民政府办公厅关于印发浙江省人民政府办公厅主要职责内设机构和人员编制规定的通知》(浙政办发〔2009〕122 号),浙江省人民政府办公厅有 26 个内设机构,分别是秘书处、省政府督查室、信息处、综合一处、综合二处、综合三处、农业处、工业处、涉外处、发展处、社保处、教卫处、反走私处、海防管理处、口岸管理处、电子政务处、行政处、保卫处、应急综合协调处、应急预案管理处、接待秘书处、接待一处、接待二处、接待三处、人事处和离退休干部处。

3. 地市级政府

地市级政府和省政府职能部门的秘书机构一般称为办公室。如绍兴市人民政府办公室、浙江省教育厅办公室。以绍兴市人民政府办公室为例,目前,绍兴市人民政府办公室有秘书处、综合一处、综合二处、政治处、城交处、工业处、教卫处、商贸处、农业处、市政府督查室、信息处、接待办公室、市政府信息公开办、行政处、法规处、行政复议处、立法处、预案管理处、行政涉法处、综合协调处、调研一处、调研二处、调研三处等内设机构。

4. 县、区级政府

县级政府和市政府职能部门的秘书机构一般称为办公室。如越城区人民政府办公室、绍兴市教育局办公室。以越城区人民政府办公室为例，目前设有秘书科、综合信息科、督查调研科、农业政法科、工业涉外科、流通保障科、科教文卫科、城管建交科、政策法规科、行政复议科、应急协调科等。有些市政府职能部门的秘书机构不再有内设机构。

5. 乡、镇政府

乡、镇、街道政府和县政府职能部门的秘书机构一般也称为办公室。与县政府的秘书机构不同的是，乡镇政府办公室下面一般没有内设机构，而且大部分乡镇会采用党政合一的机构模式，即既是乡镇政府办公室，又是乡镇党委办公室。

政府秘书机构的职能是进一步发挥参谋助手和运转枢纽作用。以国务院办公厅为例，国务院办公厅的基本职责是：(1)负责国务院会议的准备工作，协助国务院领导同志组织实施会议决定事项。(2)协助国务院领导同志组织起草或审核以国务院、国务院办公厅名义发布的公文。(3)研究国务院各部门和各省、自治区、直辖市人民政府请示国务院的事项，提出审核意见，报国务院领导同志审批。(4)督促检查国务院各部门和地方人民政府对国务院决定事项及国务院领导同志指示的贯彻落实情况，及时向国务院领导同志报告。(5)负责国务院值班工作，及时报告重要情况，传达和督促落实国务院领导同志指示。(6)协助国务院领导同志做好需由国务院组织处理的突发事件的应急处置工作。(7)指导、监督全国政府信息公开工作。(8)办理国务院和国务院领导同志交办的其他事项。

其他各类党政机关的秘书机构根据实际情况确定，但在职能的发挥上，与国务院办公厅在本质上是一致的。

(二) 事业单位和社会团体的秘书机构

事业单位的秘书机构，是指由政府利用国有资产设立的从事教育、科技、文化、卫生等活动的社会服务组织设立的秘书工作机构。此类秘书部门一般由单位按照国家有关事业编制管理规定、结合自身工作需要自主设置。其工作职责是负责协助本单位领导处理各项事务并为其决策与实施提供服务。例如，××大学办公室、××医院综合办公室等，均属于此类秘书部门。

社会团体的秘书机构，是指公民自愿组成的为实现会员共同意愿而按照其章程开展活动的非营利性社会组织设置的秘书工作机构。社会团体的秘书机构的职能是协助本团体负责人处理各项事务并为其决策实施活动提供服务。例如，××学会秘书处、××联谊会秘书处等，均属于此类秘书部门。

由性质所决定,事业单位和社会团体的秘书机构介于政府机构和企业之间,大部分以办公室为秘书机构的名称,有些则使用秘书处作为秘书机构的名称。例如:中国红十字会作为社会团体,其秘书机构为办公室,办公室的主要职责是:负责总会工作综合协调、会议组织、文电处理、秘书事务、机要保密、安全保卫、档案管理、来信来访、计算机网络建设等工作;负责总会机关机构编制和人事管理;负责总会资产和财务管理,指导、监督直属单位的财务工作;依法管理中国红十字会总会接受的国内、国外组织与个人捐助款项。

(三) 企业组织的秘书机构

企业组织的秘书机构,是指以营利为目的独立核算的法人或非法人单位设置的秘书机构。企业中的秘书部门是公司企业内部的行政管理机构,是在经理、厂长领导之下设置的履行辅助管理和综合服务职责的综合机构。由于企业组织实行自负盈亏,通过自身的盈利解决其机构及人员费用,因此企业可以根据自身管理制度来设置秘书机构。由于企业的规模和性质不同,秘书机构的设置也多种多样。例如,××公司总经理办公室、××公司行政管理部等,均属于此类秘书部门。例如:

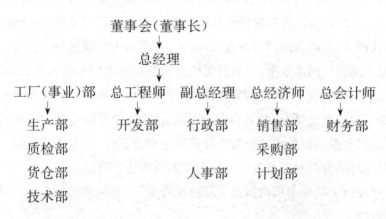

在上述机构模式中,行政部就是秘书机构的名称。以某某医药集团为例,某某医药集团的秘书机构的名称为行政管理部,管理总裁秘书、机要秘书、收发员、办公事务主管、车队司机等人员。其主要职责是:(1)协调总部各部门、各权属公司行政工作。(2)负责集团对外公共关系管理工作。(3)负责集团公司各项接待活动。(4)负责集团公司会务组织工作。(5)负责集团大型活动的组织与服务工作。(6)负责集团公司档案管理工作(人事档案除外)。(7)负责集团公司证照、印章、介绍信的管理和使用工作。(8)负责集团公司文秘工作,做好公文处理。(9)协助集团领导确定工作日程和开展日常工作。(10)负责集团公司信件收发。(11)负责集团公司办公用品的采购、保管及领用。(12)负责行政文件的收发、登记、传阅、督办、立卷等工作。(13)负责集团公司行政管理相关制度的制订与完善,并组织实施负责公司的安全保卫工作。(14)负责对会议决议和公司领导交办工作的落实进行督办。(15)负责集团公司车辆和车队管理。(16)负责公司史志的编纂工作。(17)完成领导交办的临时工作。

（四）临时性秘书机构

临时性秘书机构是指各级各类领导机关在实际工作需要时所设置的非常设性秘书机构，主要是为解决临时发生的重要事件、临时组织的重要活动或会议等所成立的，为临时性领导机构服务的秘书机构。它主要有两种类型：

一种是为临时性领导机构服务的秘书工作机构。在遇到某些紧急情况或重大活动时，常常要成立一些跨单位、跨行业、跨地区的临时性领导机构，如"防汛指挥部"、"抗震救灾指挥部"等，这时便需要抽调各方面人员组成秘书班子。这种秘书工作机构在组织形式和人员配备上一般没有统一的要求，灵活性比较大，工作一结束便随即撤销。

另一种是为各种重要会议或者重大活动服务的秘书工作机构。其规模、形式、人员配备也比较灵活，随需要而定。如大型会议通常在大会主席团领导下设秘书长和秘书处，由秘书长统管秘书处及会务、保卫等工作，在特定的任务完成以后，临时性秘书机构随之撤销。

三、秘书机构的组织形式

秘书机构从组织形式上分析，可以分为因人设置、因事设置、混合设置。

（一）因人设置

因人设置是根据领导者的职务分工，分设相应的秘书机构。以绍兴市人民政府办公室内设机构为例，其中城交处、工业处、教卫处、商贸处、农业处等具有明显的行业特征，是直接为分管副市长提供服务的，如教卫处就是直接为分管文教、卫生、体育的副市长提供服务的。

因人设置的长处是能为领导提供专业性服务，便于领导者的直接指挥与调遣，有利于满足分管工作者的需要。不足之处是容易出现机构庞杂的情况，不适合基层单位。

（二）因事设置

因事设置是根据秘书工作的业务范围，设置专门的秘书机构。如某事业单位办公室下设秘书科、机要科、接待科、信息科，每个科室分别负责相应的秘书工作业务，通过各自的业务活动为整个领导班子和机关工作提供辅助。

因事设置长处是便于秘书机构的科学化管理，有利于秘书工作的规范化建设。不足之处是为领导服务的直接性和针对性相对弱一些。从总体来看，与因人设置的模式相比，因事设置更为普遍。

（三）混合设置

混合设置是同时兼有因人设置和因事设置两种特征的机构设置。这种模式既考虑到为领导服务的直接性，又兼顾了秘书工作的不同内容。但是机构的庞杂性更为明显。

四、秘书机构设置的原则

设置秘书机构必须遵循一定的原则。中华人民共和国建立之初,中央人民政府政务院根据第一次全国秘书长会议作出的《政务院关于各级政府机关秘书长和不设秘书长的办公厅主任的工作任务和秘书工作机构的决定》,曾对政府机关秘书机构的设置作出了明确规定:"秘书工作机构应根据精简原则,尽量减少层次。办公厅一般可分设两层,最多不超过三层"、"适应业务分工,组织机构可适当向横的方面发展……条件许可时,可把秘书业务、研究工作、机关事务管理工作划分开来"、"尽量减少事务人员,充实业务部门……以达精简节约提高工作效能的目的"。[①]

六十多年过去了,随着我国行政管理体制改革和市场经济体制的建立,领导机构对秘书机构的要求发生了较大的变化,加之上述秘书机构的设置原则主要针对党政机关,因此,秘书机构的设置原则也应该有所调整,针对多主体的秘书机构,秘书机构设置应遵循适应性原则和精简高效的原则。

(一) 适应性原则

秘书工作的辅助性质,决定了秘书机构设置时首先要遵循适应性原则,也就是说,秘书机构的设置必须适应领导机构的需求,适应领导决策与管理的需要。这是秘书机构设置的首要原则。

首先,一个单位或部门必须根据需要来决定是否设立秘书部门。一般来说,凡具有法人资格的独立单位往往需要设置秘书机构。独立单位能独立行使一定的权力,需要独立对外行文,所以有必要设置秘书机构。各部门或单位的内设机构可以根据需要决定是否设置秘书机构。

其次,秘书机构规模的大小和内部的层次取决于不同单位或部门领导机关级别的高低以及工作任务的需求。高层的领导机关,秘书机构规模较大,分工细致。例如中央机关办公厅可设厅、局、处等多层机构,乡镇办公室只设一层机构。

最后,秘书机构的内设部门是根据单位的性质决定的。比如,党政机关的秘书部门,由党政机关的性质决定,为了加强秘书机构的参谋职能和督查职能,大多在办公厅(室)内设有信息处(科)、督查处(科)、调研室等处室,而企业单位的秘书机构一般没有这些内设机构。

(二) 精简高效的原则

现代科学管理要求任何机构都力求用最少的人办好最多的事。秘书机构的设置,必须在适应领导工作需要的前提下,尽量精简人员、减少机构数量和内部层次,提高工作效率。

首先,秘书机构的人员要精干。要因事设人,定编定员,建立岗位责任制,明确职责,克

---

① 杨树森:《我国秘书机构的设置原则》,《秘书》2007 年第 3 期。

服人浮于事的现象。

其次，要减少秘书机构的内部层次，内部结构要科学，保证秘书机构的规范和有效。秘书部门在确定工作职责和服务范围时，一定要注意科学性。目前，有些组织在设置秘书机构时存在着名称随意、变更频繁、层次交叉、分工不明等弊端，要注意避免此类现象的出现。

最后，合理分工，重视秘书机构的群体优化，充分发挥秘书机构的整体效能，提高秘书工作的效能。秘书机构在团队的配备上，一定要考虑到团队的群体特征，不但要明确团队的职能目标，更要明确每个成员的职能和义务。

第二节　秘书机构的地位和性质

一、秘书机构的地位

秘书机构在其所属的体系中，处于承上启下、协调左右、沟通各方的枢纽地位，且贴近领导中枢，是综合性的辅助机构。

秘书机构的地位体现出服务领导中枢最直接、联系各方面最广泛、在机构运转中最核心、保障领导中最关键的特征。

秘书机构与本级单位的职能机构及外部单位呈现以下关系：

1. 与本级职能机构的关系

职能机构是具体地组织和管理属于自己职权范围内某一方面的业务或事务而设立的相应的工作部门。如企业中设置的研发部、财务部等都属于典型的职能机构。秘书机构不同于一般的职能机构，它具有特殊的地位、性质和作用。一方面，从工作范围来看，秘书机构具有综合性，其工作无法分解到具体的业务部门；职能机构承担的是某项具体的业务工作。另一方面，从职能和地位来看，秘书机构在全局范围内起着提供辅助服务和综合协调的作用，处于承上启下、联系左右、沟通各方的枢纽地位；职能机构根据分工专管某项业务，承担某项业务职责，职能具有局部性。

秘书机构与本级职能机构隶属于同一个领导机构，二者是分工与合作的关系。秘书机构是本单位领导机构与本级职能机构之间的桥梁，秘书机构应当与本级职能机构协调好关系，保障领导机构各项决策的落实。

2. 与外部组织机构的关系

秘书机构通常代表本单位与外部组织机构发生各种工作关系。秘书机构与外部组织机构商洽联系各项工作，通常是被授权而为，体现了本单位及其领导者的工作思路。秘书机构与外部组织机构的关系一般有两种情况：

当外部组织机构是本单位的上级或下级机构时，相互之间是隶属关系，具有领导与被领导的工作关系。例如,市教育局办公室向所属县教育局传达市教育局有关领导指示时,实质上是秘书部门代表市教育局对县教育局布置工作,县教育局必须切实办理,二者体现为领导与被领导的工作关系。

当外部组织机构与本单位是不相隶属关系时,二者之间是相互合作的工作关系。例如,某大学校长办公室因联系校园网开发和维护工作与某信息技术有限公司产生了工作关系,其工作关系则是合作关系。

秘书机构在与外部组织机构开展工作时,并不具有自身独立性,它是经授权代表本单位或单位领导与外部组织机构开展相关工作的。因此,秘书机构要明确自身定位,准确掌握好与外部组织机构开展工作的原则和方法,组织协调好各方的关系,树立良好的组织形象,实现本单位与外部组织机构的合作共赢。

二、秘书机构的性质

秘书机构的特殊地位,决定秘书机构的性质是:

(一) 综合辅助性

秘书机构是综合性的办事机构,综合辅助是秘书机构的本质属性。秘书机构是辅助机构,其主要任务是直接辅助领导者和领导机关全面处理各项日常工作,使领导者有更多的时间和精力去思考和处理重大问题。秘书机构作为单位内设的辅助机构,其功能的综合性是十分明显的。它既要发挥参谋助手作用,又要发挥沟通协调作用,这些作用的发挥都具有全面性和全局性,这也是其他职能部门和咨询部门所不具备的。

1. 辅助决策中的综合性

在领导决策的过程中,秘书机构的综合辅助性既体现在过程的全程参与,也表现在内容的全面性上。

在决策方案形成前,秘书机构要综合各方面的情况资料,为决策提供及时、全面、准确、有效的依据;在决策过程中,秘书机构要综合各方面提出的可行性方案、意见和要求,对决策方案进行优化;在决策实施中,秘书机构要综合各方面反馈信息,修正和优化决策。

与职能部门只为领导机关提供某一方面的辅助不同,秘书机构要为领导集团提供综合性的辅助,不能只顾一方面而舍弃其他方面。

2. 管理职能的综合协调

在管理实践中,组织的各项职能,分别由各职能部门承担,而秘书机构属于综合部门,要为这些职能部门相互配合提供服务,要把各项职能要求通过办文、办会、办事,综合到领导机关的领导行为中去。

秘书机构在行使管理职能时,处处表现出综合的特性,组织如果没有秘书机构的综合性作用,将是各自为政的一盘散沙,组织的整体功能也就难以发挥出来,也正是因为秘书的综合特性,才使秘书机构在其组织运转中占据着无可替代的地位,发挥着无可替代的作用。

(二) 系统中介性

秘书机构在组织结构系统中处于中介地位。它是决策层和执行层的中介,它既不是决策者,也不是执行者,而是介于两者之间起贯通上下、沟通左右的中介和纽带作用,是领导层和职能层之间的纽带和桥梁。同时秘书机构又是组织内外信息沟通的中介。秘书机构既是从外界吸收信息能量的重要窗口,也是释放信息能量的门户。在组织运转过程中,它是组织内部各子系统协同配合的调节中介,又是组织和环境间适变与应变的中介。

1. 系统中介的兼顾性

根据系统中介的特性,秘书机构在其职能活动中必须兼顾各方,如果顾此失彼,必然会导致失误和失调,产生消极影响。如在草拟单位的工作计划过程中,秘书机构只注重贯彻上级的意图,忽视单位的实际情况,就很容易犯形式主义的错误,难以让基层单位理解和接受。如果只重视群众的意愿,而没有领会上级的指示和要求,也会出现偏离组织目标的情况。在参谋咨询、协调沟通中,秘书机构系统中介的特性要求其兼顾各方的关系,寻求各方的平衡。

2. 系统中介的沟通性

根据系统中介的特性,秘书机构在其职能活动中要保持畅通,否则会影响整个组织系统的运转。秘书机构既要保障本单位上下级之间上情下达和下情上传过程中的畅通,保持决策层、管理层和执行层之间的信息沟通,又要保障本单位与相关单位和目标公众以及其他社会组织之间的有效沟通。处于枢纽地位的秘书机构必须保持上下、左右信息的畅通。

3. 系统中介的协调性

根据系统中介的特性,秘书机构能发挥其协调的效应,协调和缓和各方面的关系。当组织各方面出现矛盾和纠纷时,处于中介地位的秘书机构应该重视各方面的要求,客观地分析,冷静地寻求各方都能接受和解决问题的办法。同时要缓和各方的情绪,避免矛盾的激化,发挥其良好的协调效应。

(三) 组织关系的相对封闭性

所谓组织关系的相对封闭性,是指秘书机构直接隶属于领导机关,只接受本级领导机关的领导,与其他职能部门相比,其组织关系存在相对封闭性。

从组织关系来看,秘书机构不同于其他的职能机构。职能机构有明确的职责范围,上下级职能机构之间存在着专业上的领导与被领导的关系。秘书机构直接对本级领导机构负责,既不接受上级秘书机构的直接领导,也不对下级秘书机构行使领导权。因此秘书机构的组织关系呈现出相对封闭的状态。当然,这种封闭是具有相对性的,秘书机构之间的关系还是存在的,只不过不是隶属关系。

1. 上下级秘书机构之间具有业务指导关系

由秘书工作的专业性决定,上级机关的秘书机构有义务对下级机关秘书机构进行业务工作上的指导。业务指导的方式表现为制定业务规范、开展业务培训、进行业务检查等。比如可以由总公司办公室举办文书档案业务培训班,组织各分公司的秘书人员开展业务学习,等等。

2. 横向秘书机构之间的相互交流关系

横向秘书机构之间,不存在业务上的指导关系,它们之间的关系主要表现为业务上的交流和合作关系。秘书工作的交流和合作,有利于秘书工作的规范化和科学化,能促进秘书工作的发展。

第三节　秘书机构的管理

一、秘书机构的队伍建设

秘书机构要达到高效运转,首先要优化秘书队伍,提高综合素质。秘书群体结构的优化组合,可以从以下方面着手。

(一)要有梯形的年龄结构,能发挥师承功能

秘书工作涉及面广,内容繁杂,不经过较长时期的熟悉和磨炼是难以胜任的。即使是秘书学专业毕业的学生,也并不是一走出学校就能够很好地胜任工作的,而是需要在实践中不断学习,才能逐渐提高实际工作能力。目前国内某些组织机构,盲目地将年轻作为秘书人员的必备条件,一味地追求"唯年轻化",从总体上看,这种做法不利于秘书工作整体水平的提高。从秘书群体队伍的建设来看,我们要注意形成合理的年龄结构,既要有经验丰富、业务权威的年长者,又要以各种方式及时吸收培养年轻力量,同时更需要业务熟练的中年骨干。有了这样的年龄结构,老、中、青结合,就会使秘书群体内部师承相继、不断发展,才会使秘书队伍充满生机和活力。

(二)要有多元的智能结构,能发挥互补功能

秘书知识结构的多元化,是指秘书群体内人员的知识结构不应该是单一的,而应该是多元的,要有合理的配置。而互补的能力结构是指在秘书机构中要有多种类型的各有专长的人才,达到智能结构的优化。

秘书工作内涵丰富,涉猎广泛,需要多方面的知识和专长。既要有通晓文字者,也要有熟悉管理者;既要有通晓文史哲者,也要有熟知数理化者;既要有善于出主意者,也要有善于

办实事者；既要有理论研究者，也要有实际经验者；既要有懂经济者，也要有熟悉政策、法律者等等。因此，在构建秘书机构时应根据需要罗致有不同特长的人才，形成合理的智能结构，各展所长，互相补充，协调一致，妥善处理好各方面的工作，完成各项任务。如果智能结构过于单一，就不能够适应复杂多样的情况变化，给秘书工作带来很大的局限性。

（三）要有合理的性别和协调的气质结构，能提高整体效能

男性和女性有着不同的生理和心理特征，在秘书群体中，对工作的适应性也不是完全一样的。一般说来，女性比较温和、谨慎、耐心、细致、善解人意、富有同情心。秘书是女性最适宜从事的职业之一。同时由于秘书职责的综合性，男性在秘书领域也大有用武之地，特别是随着秘书参谋职能的强化以及秘书高强度的工作节奏，也需要男性秘书的参与。有关实验还证明，同一职业的群体中男女比例适当，有助于改善人际关系，增进内部团结，提高工作效率。

气质是人的相当稳定的个性特点，是高级神经活动在人的行动上的表现。比如有的人活泼，有的人豪爽，有的人沉静，有的人迟缓。如果在同一个秘书机构中，都是粗犷的个性特点，就容易情绪冲动；都是迟缓内向的个性特点，则容易缺乏朝气和活力。在秘书机构中，各种气质的协调互补是秘书群体优化的一个方面。

二、秘书工作制度的建设

制度是要求组织成员共同遵守的、按一定程序办事的规程。加强秘书工作制度的建设，对于充分调动和发挥秘书工作人员的积极性、主动性、创造性，实现秘书机构和秘书工作的科学化管理，具有十分重要的意义。

各组织根据我国有关的法律以及法规性文件，形成比较成熟的秘书工作制度，如公文拟写与处理制度、保密工作制度、信访工作制度、信息工作制度、督查工作制度、印章管理工作制度等。这些制度都以相对应的法律法规为基本依据，比如，公文拟写与处理制度是以《党政机关公文处理工作条例》为依据，保密工作制度是以《保密法》为依据的，信访工作制度是以《信访条例》为依据的，等等。

【案例】

＊＊＊＊＊＊＊有限公司文件管理规定

为加强公司文件管理工作，建立健全各种文件管理制度，进一步提高文件使用效率，实现文件管理制度化、规范化，特制定本规定。

一、本规定所指文件

1. 以"＊＊＊＊＊＊有限公司"为字头的各种规定、办法、制度，会议纪要、通知、通报、人事资料，各类合同、协议、工程项目图纸等（包括实施办公自动化后的电子文件）。

2. 公司下设总厂内部的各种规定、办法、意见、通知、通报、会议纪要、函等其他资料（包

括实施办公自动化后的电子文件)。

二、责任部门

1. 公司文件管理工作由行政部统一归口管理,受公司常务副总经理、总经理领导。

2. 公司下设总厂内部文件由相关职能处室制定,由企管部归口管理,受各总厂厂长、公司常务副总经理领导。

三、发文管理

(一)文件管理必须做到准确、及时、安全、保密,以充分发挥其指导工作、交流经验、上传下达的作用。

(二)发文程序

1. 文件起草

公司及总厂文件由发文部门起草确定待发文稿,文稿要全面、准确地反映客观实际情况;完整、准确地体现公司决策部署和领导意图;重点突出,观点鲜明,结构严谨,条理清楚,文字简明通畅。

2. 文稿签字

(1)公司级文件由公司常务副总经理确认待发文稿并签署意见后,呈报总经理审批。

(2)总厂文件由主管副厂长确认待发文稿并签署意见后,呈报总厂厂长审批。

3. 文稿审核

由行政部对待发文稿进行文字审核,按正式文件格式拟制。文稿如需作较大修改,应与原起草部门协商或请其修改。

4. 文稿签发

(1)公司级文稿审核无误后,行政部将文稿呈报总经理审阅,总经理审定同意后签署发文意见。

(2)总厂文件由办公室文字审核把关后,呈报总厂厂长审阅同意后签署发文意见。

5. 文件立卷、归档

行政部将文件底稿、正式文件两份按档案管理制度立卷归档。其他单位要有专人(兼职)专档专柜保管公司文件及总厂文件,对所有文件要做到分类登记造册,按年度、类型、性质,妥善装订保管。

(三)发文规则

1. 凡以公司名义下发的文件,均须严格履行审批手续。

2. 公司下设各总厂、各部门对内下发的各种规定、办法、汇报、会议等材料,均不允许用红字版头,可不编文号,但需履行审批手续。

四、各单位文件的内部传阅要履行手续,杜绝无序传递,如发生文件遗失、损坏等问题时,公司将追究管理人员和单位主要负责人的责任。非人为原因损坏的要及时上报公司办公室补齐(复印件)。否则,每丢失或损坏一份文件,罚管理人员50—200元,罚单位主要负责人 100—500 元。因文件丢失，保密文件外泄，给公司造成利益损害时，给予责任者及相关责任人严肃处理，直至追究法律责任。

五、文件管理人员要严格遵守文件管理制度，按规定传阅、上交、存档，任何人不得外借公司文件，因工作需要，复印文件资料必须经单位"一把手"签单，专人到公司办公室审核后复印，不得截留任何复印的文件。同时要自觉遵守文件的保密原则，确保文件管理万无一失。

六、公司行政部将不定期监督、检查各单位文件保管、使用情况，对制度不健全、管理使用不完善等情况，对管理人员和单位负责人进行考核，兑现奖惩。

七、本规定自发文之日起施行，＊＊＊＊号文件同时废止。

【分析】 本制度是某公司根据相关法规，结合本公司的实际情况制定的文件管理规定，对本公司的文书工作具有指导性和约束性，是该公司文书工作的基本依据。这一规定能使该公司的文书工作实现规范化和科学化。

另外，根据各组织管理工作的目标和要求，常见的秘书工作制度还有请示报告制度、会议工作制度、接待工作制度、值班工作制度、协调工作制度，等等。

秘书机构的科学管理应该依靠相关的工作制度，制度的建立保证了秘书工作有章可循。建立秘书工作的制度应遵循相关的法规性文件并结合本单位的实际情况，充分发动群众讨论，按照一定的手续公布（如经领导批准、职工代表会通过等）。制度一经建立，就要"制度面前，人人平等"，不要随意更改，不因人而异搞特殊照顾。当然，制度也要根据实践的需要，不断地修改、补充和完善。

三、加强目标管理

目标管理就是通过确定本单位的工作奋斗目标，以激励和引导全体人员更加有效地进行工作并对整个过程实施控制，最终实现既定工作目标的一种管理方式。

目标是在一定时间预定达到的效果。尽管秘书机构的工作目标要服从领导机构的工作目标，但它自身也必须有清晰的目标管理机制。

（一）实行"三定"

"三定"是指定岗、定员、定责。定岗，要根据办公室的职责任务科学合理地设置工作岗位。定岗要做到：一要高效精干，岗位明确，尽可能减少不必要的岗位；二要科学合理，尽可能将性质相近的工作归属分类，便于操作；三要职责相对宽泛，专兼结合，既突出岗位的主要职能，又要将其主要职能相对延伸和拓展，形成科学合理的岗位结构。定员，要做到人数适当，结构合理，既注意人员职业素质，又注意其特长和个性特点；既注意其年龄，又要注意其工作实绩和工作经验，做到各得其所，各尽所能，扬其所长，避其所短。定责，要对每一个岗位的工作性质、任务大小进行认真研究,对其职责力求表述准确、恰当、具体,避免含糊不清。

....

【案例】

某企业部分秘书岗位工作职责

一、办公室主任岗位职责:

1. 全面领导办公室工作并具体主持行政事务工作;

2. 召集公司办公室每周例会,制定每周工作计划;

3. 审核批准公司1000元以下行政费用开支报告;

4. 审核上报公司1000元以上行政费用开支计划;

5. 负责公司防火、防盗及交通等安全管理工作;

6. 公司员工及住房管理;

7. 对外经济合同的审核签章及公司法律事务协调;

8. 总经理办公室人员编制管理;

9. 对外联系的工作计划制订与实施。

二、行政主管岗位职责:

1. 按合同实施物资采购和小型用品采购;

2. 员工午餐的具体安排;

3. 电话费缴纳;

4. 环境卫生管理;

5. 外来宾客的住宿安排;

6. 车辆年检、年审、保险、维修的具体办理及与管理部门联系;

7. 办理公司员工暂住证及与治安委员会联系;

8. 其他工作的配合。

三、前台文员岗位职责:

1. 交换机电话转接;

2. 传真收发与登记;

3. 前台接待、登记;

4. 来宾引见、招待、接送;

5. 监督与考勤汇总;

6. 请假及加班申报单的保管、汇总、造表;

7. 锁门、电梯管理、检查灯光和门窗;

8. 报刊函件收发及报纸的整理保管。

【分析】 办公室主任、行政主管、前台文员是不同的秘书岗位。该公司针对不同的岗位规定了各自不同的职责,责权明确。既可以增强秘书人员的责任感,也便于考核管理。

(二) 建立目标体系

制定目标要科学、合理,既不能设置过高,以致目标无法达到而流于形式,又不能过低,以致目标失去鞭策效应和约束力。具体来讲,目标的确定要坚持"四性":一是可靠性,所定目标的各项要求,经过努力是全部可以达到的;二是明确性,即目标提出的各项要求表达要具体明确,便于操作;三是可衡量性,目标、任务尽可能用数字表达,尽可能量化,使目标、任务的落实更具严密性和可控性;四是可协调性,目标所提各项要求与其他部门的工作职能相关时,各自的权、责、利也要明确具体,以利于互相协调与配合。

如中国共产党××县委办公室在制定《办公室文秘工作目标管理办法》时把整个文秘工作分为一般文字(包括起草、审改各种文件、讲话稿、工作汇报等文字材料)、调研(包括工作研究、经验介绍、考察报告和为领导起草的各类署名文章)和信息等,实行量化考核,按百分切块,并把每块的工作再划分为数量和质量两个部分,分别确定分值,规定打分标准和具体的考核办法。其目标做到了量化可控,如一般文字工作的数量分为 30 分,采取记工分的办法考核,划分成几个档次:起草会议通知每件 1 分;1 000 字以下的文字材料(以定稿后字数为准)每件 2 分;1 000—6 000 字每件 6 分;6 000 字以上每件 10 分;向书记提供的综合资料每件 8 分等。

(三) 加强考评检查

一般来说,定量目标较容易考核,因其工作进度和工作质量具有直观性,因此只需要进行阶段性检查,每季度或半年一次即可;而定性目标则需要进行经常性的考核检查,并做好记录,以便及时发现工作中存在的问题,掌握目标进度,并及时反馈实现目标过程及状况的信息。

(四) 进行考评奖惩

实施目标管理的目的是激励和调动工作人员的积极性,从而促进人们自觉地完成任务。总结交流经验教训,就是对实现了目标的个人和单位分等级给予奖励、表扬;未实现的给予批评、减少或扣发奖金等。如上所述,××县委办公室就为每位文字秘书建立一本账,10 天登记一次,每季度公布一次,年终累算总分,考核结果作为评选先进、奖金分配和职级晋升的重要依据,纳入办公室整体考核体系。

考评当中必须坚持实事求是的原则,客观分析目标的科学性和可行性,统一考核标准,并将季度、半年和年终考核结合起来,采取听、查、看、算、评等方法展开考察。通过考评,做到总结经验,肯定成绩,激励先进,鞭策后进,推动各项工作的健康发展。

【复习思考题】

1. 分析秘书机构的性质。

2. 调查几个不同类型组织的秘书机构的设置和职能,分析它们各自的特点。

3. 案例分析。

某企业的两位秘书同时去找总经理裁断,这两位秘书一个是拟写文书的,另一个是制作和发文的。为了是把文件送过去还是过来拿,两个人各执一词。一个说:"你来拿。"另一个说:"你给我送过来。"总经理对这两位秘书说:"你们先回去,一个小时后我来帮你们拿。"

对这个案例人们的说法不尽相同。有人说应该先确定一种制度;有人说这两位秘书应该各打五十大板;还有人说一次拿与送没关系,但以后呢?

结合案例,谈谈如何加强秘书机构的管理。

4. 以下为某区人民政府办公室的内设机构及其职能,请分析该机构的职能和设置模式。

秘书科。负责区政府和区政府办公室发文文稿的审核、送批及收文的分办、拟办、转办和催办工作;负责机要电报、传真电报办理工作;负责区政府、区政府办公室印信管理、机要文案、资料管理和查阅工作;负责办公室日常值班及安排区直机关轮值和节假日值班工作;负责区政府各类会议的通知工作;负责接转上级机关的电话通知、基层单位的电话报告以及区外各县市区与区政府电话联系工作;负责区政府办公室财务工作、物资采购、固定资产管理等工作;负责市、区人大代表建议和政协委员提案的办理、综合、协调及督促检查工作;负责全区外事工作的统筹、规划、协调和管理;承办领导交办的临时性工作。

综合信息科。负责政府工作报告和区政府全体会议等全区性重要会议综合性材料及区长讲话稿;参与区政府召开的全区性会议会务工作;负责政务信息的收集、筛选和处理,指导全区政务信息工作。

督查调研科。做好区长秘书工作。负责检查督促各镇街、区政府各部门贯彻上级政府和区政府重要指示、批示、重大决策的落实情况并及时反馈,定期督查区政府全年性、阶段性重点工作;负责组织综合性调查研究。

农业政法科。做好分口副区长秘书工作。负责对口联系工作范围内分管副区长召集会议的材料准备、会议通知、记录、纪要整理以及决定事项的督查;参与起草对口联系工作范围内分管副区长的讲话;负责对口联系工作范围内区政府领导批示的传达、落实、督查及办理情况反馈;参与涉及对口范围内工作的调查研究、部门之间的政策协调和对外联络等服务工作;负责处理有关阅件和公文办理。协助处理人民群众来信来访和人大代表建议意见、政协委员提案,提供对口联系工作范围内的政务信息。

工业涉外科。做好分口副区长秘书工作。负责对口联系工作范围内分管副区长召集会议的材料准备、会议通知、记录、纪要整理以及决定事项的督查;参与起草对口联系工作范围内分管副区长的讲话;负责对口联系工作范围内区政府领导批示的传达、落实、督查及办理情况反馈;参与涉及对口范围内工作的调查研究、部门之间的政策协调和对外联络等服务工作;负责处理有关阅件和公文办理。协助处理人民群众来信来访和人大代表建议意见、政协委员提案,提供对口联系工作范围内的政务信息。

流通保障科。做好分口副区长秘书工作。负责对口联系工作范围内分管副区长召集会议的材料准备、会议通知、记录、纪要整理以及决定事项的督查;参与起草对口联系工作范围内分管副区长的讲话;负责对口联系工作范围内区政府领导批示的传达、落实、督查及办理情况反馈;参与涉及对口范围内工作的调查研究、部门之间的政策协调和对外联络等服务工作;负责处理有关阅件和公文办理。协助处理人民群众来信来访和人大代表建议意见、政协委员提案,提供对口联系工作范围内的政务信息。

科教文卫科。做好分口副区长秘书工作。负责对口联系工作范围内分管副区长召集会议的材料准备、会议通知、记录、纪要整理以及决定事项的督查;参与起草对口联系工作范围内分管副区长的讲话;负责对口联系工作范围内区政府领导批示的传达、落实、督查及办理情况反馈;参与涉及对口范围内工作的调查研究、部门之间的政策协调和对外联络等服务工作;负责处理有关阅件和公文办理。协助处理人民群众来信来访和人大代表建议意见、政协委员提案,提供对口联系工作范围内的政务信息。

城管建交科。做好分口副区长秘书工作。负责对口联系工作范围内分管副区长召集会议的材料准备、会议通知、记录、纪要整理以及决定事项的督查;参与起草对口联系工作范围内分管副区长的讲话;负责对口联系工作范围内区政府领导批示的传达、落实、督查及办理情况反馈;参与涉及对口范围内工作的调查研究、部门之间的政策协调和对外联络等服务工作;负责处理有关阅件和公文办理。协助处理人民群众来信来访和人大代表建议意见、政协委员提案,提供对口联系工作范围内的政务信息。

政策法规科。负责编制区政府依法行政工作规划和年度计划;承办区政府规范性、政策性文件的审核、上报备案、解释和清理工作,承办上级法规、规章及规范性文件草案征求意见工作,负责办理镇街、部门制定的规范性、政策性文件和重大具体行政行为的备案审查工作;组织、参与法律、法规、规章执行情况监督检查,负责镇街、部门行政执法责任制和过错责任制追究实施情况的检查考核,参与或受委托协调行政机关在行政执法中的矛盾和争议,指导、监督全区行政执法部门法制机构依法开展工作;负责起草法制办公室重要文稿、印章管理等有关行政事务。

行政复议科。受理并审理由区政府办理的行政复议和行政赔偿案件,办理涉及区政府的行政诉讼案件,审核并办理以区政府名义作出的具体行政行为;指导、监督、统计和分析研究全区行政复议、行政应诉、行政赔偿工作;负责区政府领导交办件和行政执法投诉案件的调查处置工作,组织开展行政执法办案情况检查和提出改进、加强行政执法的意见和建议;负责对全区行政执法主体,行政执法人员的资格审核、证件核发等工作。

应急协调科。 执行区政府突发公共事件应急管理的决定事项，督促落实领导批示、指示；承办区政府应急管理专题会议、活动和文电等工作；协调、监督、检查区政府有关部门、各镇、街道的应急机构、队伍建设和应急处理措施的落实情况；协助区政府领导分析、处置较大以上级别的突发公共事件；综合协调较大以上级别的突发事件预防预警、应急处置、事件调查、事后评估和信息发布等工作；协调、指导应急预案的编制、修订和实施工作；组织、指导应急预案的演练；组织开展应急管理知识的宣传、教育、培训工作；承办区政府交办的其他事项。

【扩展阅读】

黄寒月：《关于秘书机构设置原则的几点探讨和思考》，《秘书》2017年第11期。

杨树森：《论我国秘书机构的名称》，《秘书》2005年第12期。

第四章

秘书的职业素养

第四章
秘书的职业素养

本章概述

　　秘书的职业素养是秘书从事职业活动所需要的优良的职业道德、扎实的专业知识、较强的职业能力和健康的个性心理的总和,是从事秘书职业活动的基本条件。研究秘书的职业素养,对于秘书的自我成长、秘书人才的培养和管理,都具有重要意义。

学习目标

　　1. 明确秘书的职业道德规范。

　　2. 熟知秘书的知识结构和能力要求。

　　3. 了解秘书的个性心理。

重点难点

　　1. 秘书的职业道德规范。

　　2. 秘书的能力要求。

　　3. 秘书常见的心理障碍及其调适方法。

第一节　秘书的职业道德

一、秘书职业道德的涵义

　　道德是社会意识形态之一,是以善恶评价的方式调整人们之间以及个人和社会之间关系的行为规范的总和,是人们共同生活及其行为的准则和规范。

　　职业是人们在社会中所从事的作为谋生手段的工作。职业分工的产生与发展,使职业道德的形成有了需要与可能。各种职业逐渐建立了一些本职业人员应该遵守的职业行为规范,就形成了职业道德。

　　所谓职业道德,是人们在一定职业活动中应遵循的,体现一定职业特征的道德准则、道德情操与道德品质的总和。例如被尊为"医学之父"的希波克拉特斯,以誓言的形式提出的医生应遵守的道德规范,对后世医德产生了巨大影响。1948 年世界医协大会通过的日内瓦宣言,就是以此为蓝本起草的。1949 年世界医协大会又通过决议,把日内瓦宣言作为国际医务道德的规则。

　　与医生一样,秘书也是一种特定的社会职业,也有自己本行业的职业道德。所谓秘书的职业道德,是在秘书职业活动中所必须遵循的,与秘书这一特定职业相适应的行为规范,是社会道德在秘书职业活动中的具体体现,是秘书职业活动长期实践的产物。

在秘书素质体系中,职业道德是最根本、最重要的构成因素,是知识、能力、心理等其他构成因素的核心和灵魂。其一,秘书的职业道德具有对秘书职业认识功能,职业道德是以道德行为表现出来的,因而,职业道德规范往往能形象地反映或表述职业职责,是认识职业职责的重要途径。比如"忠诚领导"是秘书的职业道德规范,也是秘书职责的具体体现。其二,加强秘书职业道德建设,有利于促进秘书职业的发展。良好的职业道德所形成的责任感、义务感,会促使秘书从业者积极掌握专业的知识技能,提高秘书工作专业水平,促进秘书职业的发展。其三,由于职业道德是区分善行与恶行的,因而,职业道德在人们执行职业职务时起着激励和警示的作用。

二、秘书职业道德规范

(一)忠诚守信

忠诚、可靠、守信是良好的社会道德规范,是为人处世之本。由秘书参谋助手的职业角色和秘书工作的职能特点所决定,忠诚守信也是秘书职业道德规范的重要组成部分,并且有其特定的职业内涵。

秘书的忠诚守信有比较丰富的职业内涵。其一,表现在忠于职守方面,要求秘书人员具备敬业精神,热爱本职岗位。其二,表现在对领导的忠诚守信。忠诚守信是领导选拔和评价秘书的主要标准,也是秘书获得领导认可和肯定的重要品性。对领导的忠诚守信具有典型的秘书职业特征。其三,表现在忠诚于国家、法律和人民。对于国家、人民和法律的忠诚,是秘书忠诚守信的基本准则。毋庸置疑,秘书应该忠诚于领导,但是当领导的行为违背了国家和人民的利益,触犯了法律法规,秘书人员应该毫不犹豫地选择"大忠诚"。

【案例】

春秋时,齐庄公与大臣崔杼的妻子有染。崔杼知道后,便设计杀了庄公,立庄公的异母弟杵臼为君,是为景公。崔杼自封为相国,飞扬跋扈,专断朝政。但他对弑君之罪十分惶恐,特别担心被史官记录在史册上,留下千古骂名。于是他下令将专管记载史事的太史伯找来,说道:"昏君已死,你就写他是患病而亡。如果你按我说的意思写,我一定厚待于你,如若不然,可别怪我不客气!"说罢,崔杼拔剑在手,杀气逼人。齐太史抬头看了看崔杼,不慌不忙地拿起竹简,提笔而书。书罢,他将竹简递给崔杼。崔杼接过竹简一看,上面赫然写着"夏五月,崔杼谋杀国君光"。崔杼大怒,挥剑杀了太史伯。按当时的惯例,史官是世袭的。于是,崔杼又召来太史的二弟太史仲,指着太史伯的尸体,恶狠狠地说:"你哥哥竟然不听我的命令,我已处决了他,今后由你来接任太史之职。你就写庄公是病死的,不然,那就是你的下场。"他满心以为太史仲会慑于他的淫威而从命的。可是只见太史仲冷静地摊开竹简,提笔写道:"夏五月,崔杼谋杀国君光。"崔杼怒不可遏,又拔剑杀了太史仲。接着他又将太史的三弟太史叔召来,凶狠地说:"你两个哥哥都已经死了,难道你也不爱惜自己的生命吗?如果改变写法,还能有一条活路。"但太史叔平静地回答:"按照事实秉笔直书,是史家的天职。与其失职,还不如去死。"结果还是在竹简上照直而书。崔杼被气得七窍生烟,咬牙切齿地把太史的三弟碎尸万段,令太史季补缺。太史季把竹简摊开来递给崔杼,崔杼一看,依旧是那几个字,叹息一声,让太史季退下。齐国的另一个史官南史氏听说太史兄弟皆被杀害,抱着竹简急匆匆赶来,准备前赴后继,接替太史兄弟将崔杼的罪状记载于史册,见太史季已经据实记载,才返回去。

【分析】　以上是秉笔直书的典故。在中国秘书史中,由于史官具有记录皇帝的言行的基本职能,因此,我们往往把它作为秘书现象来讨论。从案例中,我们可以发现史官追求的忠诚,不仅仅是对主官个人的忠诚,还有对凌驾于主官之上的"礼"的忠诚。史官这种不隐瞒事实,忠诚于事实的精神,值得现代秘书尊敬。

(二) 甘居幕后

秘书工作的根本性质是辅助性,秘书工作具有从属性和潜隐性的特征,秘书的劳动成果具有隐蔽化的特点,秘书与领导的关系是工作上的辅与主的关系。由秘书工作的性质、特点、基本任务,以及秘书与领导的关系等因素决定,甘居幕后,甘当配角是秘书职业道德规范核心之一。

著名政治学家、行政学家怀特说过:"成功的幕僚人员应具有较多的商榷能力,而非高度的指挥性格;要有忍耐与坚持力,不可有迅求决定的倾向;宁愿居于幕后地位,不求闻达,不可注重个人名利。"曾为美国总统艾森豪威尔担任过秘书的谢尔曼·亚当斯也说过:"衡量一个好的秘书,要以他的献身精神,艰苦奋斗和工作效率为标准,而不是他的成就,一切成果属于总统。"[1]

秘书工作辅助性的本质属性,要求秘书人员必须具备甘居幕后的职业道德。秘书起草的公文,署名的是组织;秘书撰写的工作报告,上台的是领导;秘书的劳动价值往往以领导成果和集体成果的形式出现,由此获得的一切荣誉,归功于领导与组织。有人曾经做过统计,在各级各类的评奖活动中,授予"劳动模范"、"有突出贡献者"的很少是秘书。所以甘居幕后的职业道德规范要求秘书从业人员要摆正自己的位置,心甘情愿地当好领导的配角,不得争名夺利、喧宾夺主,更不能以"二首长"自居。

---

[1] 转引自张思扬:《试论秘书职业道德》,《湖南社会科学》1998年第6期。

(三)廉洁自律

尽管秘书是幕后人物,但是秘书也是领导的"身边人"。秘书身上有领导权力的光环,有领导威望的辐射,有时还会成为领导的代言人,这就使秘书手上有了一定的派生权力。这些派生权力既有助于秘书更好地工作,但也为秘书以权谋私提供了便利。这就需要秘书具备廉洁自律的职业道德。

廉洁自律是秘书人员履行职业行为的重要保证,它要求秘书人员在职业活动中坚持原则,不利用职务之便假借领导名义以权谋私,不能以领导的名义批条子、打电话、拉关系,自觉抵制各种利益的诱惑。

【案例】

2005年,一家德资企业的外籍老板让秘书涂某联系房地产公司,为其购置四合院进行投资。当时,在公司工作了3年的涂某,深知老板不了解中国的购房政策,便萌生了从中做手脚侵占购房款的念头。很快,涂某通过房地产公司的介绍,在东城区物色了两套总价680万元的四合院。在向老板报价时,她称在支付房款的同时,公司还需向住户支付额外的腾房费、安置费等补偿费用,总共需要1200万元。十分信任秘书的老板同意了该报价。涂某伪造了一份协议,将520万元据为己有。后来她故伎重演,又侵占了420万元。老板发现后报警,涂某被公司开除并被追究司法责任。

【分析】 秘书是领导的助手,他们的权力是"无形"的。特别是被领导信任的秘书,所提供的信息往往能直接左右领导的重要决策。如果秘书心术不正或者没有廉洁自律的道德规范,就很容易走上违法犯罪的道路。案例中的涂某就是利用了老板对秘书的信任,钻了老板不熟悉中国国情的空子,给老板和公司造成了损失。这也从反面证明了廉洁自律作为秘书职业道德规范的重要性。

(四)谦和谨慎

谦和谨慎是我国传统的美德,也是秘书人员必须具备的道德修养之一。由秘书的地位和工作特点所决定,谦和是秘书人员在职业活动中处理人际关系的基本原则,谨慎是对秘书工作提出的道德要求。

秘书在人际交往中的角色较为复杂,在领导面前秘书是下级,在下级部门、员工面前,秘书又往往被看作"上级"。这就要求秘书人员摆正自己的位置,对上级尊敬主动,对下级礼貌谦和,对同事热情坦诚。

谨慎要求我们的秘书从业者要有严谨的工作作风,有严肃认真的工作态度,在办理秘书事务时,做到严密、细致,疏而不漏。不管是起草文件,还是做校对、保密、档案工作,都出不得半点纰漏,上情下达、下情上达也不能有半点差错。同时,秘书要要注意自己的职责权限,谨慎从事,绝不越权、弄权。

(五) 严守机密

由秘书人员的中枢性地位所决定,秘书是涉密最多的从业人员之一。秘书部门是文书工作的经办部门,能够接触到机密文件,秘书经常作为记录人员或随员参加领导的会议,知晓许多不宜公开的事情。总之,秘书部门的特殊地位决定了秘书人员接触、了解的秘密比其他人员要多。因此,秘书人员要有极强的保密观念,熟悉文件、会议、通信技术方面的保密业务,养成良好的保密习惯,不该说的绝对不说,真正做到守口如瓶。

【案例】

皇朝贸易公司总经理办公室的秘书李丽聪明能干,在公司深受重用。她经常与罗浪斯的总经理秘书陈珍妮一块游玩。两家公司都进行皮革出口贸易。虽然两人的性格完全不一样,李丽热情开朗、乐于助人,陈珍妮温柔沉静、内向含蓄,但两人几乎是无话不谈的好朋友。

一次闲聊时陈珍妮说最近的心情不太好,因为公司的生意一直不佳,总经理急得茶饭不思,并且常常把气出在她身上。李丽说:"你也不要太在意,我们做秘书的要自己调节心情,我们公司的成绩倒不错,我们经理在今天早上就签订了一个合作意向书,有上千万元。如果这笔生意做成,可以赚进一百多万元。我没法告诉你详细情况。但这次谈判确实非常顺利。"李丽一边说,一边沉浸在谈判成功的喜悦之中。

过了几天,李丽跟随总经理去白天鹅宾馆与德国某贸易公司代表团签订正式合同时,过了约定时间,还不见代表团的影子。后来德国某贸易公司长驻中国的代表打电话过来说:"代表团已于昨天回国,就在昨天上午与贵市的罗浪斯公司签订了购货合同,价格低于贵公司百分之十。"

【分析】　由于秘书岗位的中枢性,秘书掌握着组织和领导人大量的不宜公开的事项,这就要求秘书人员具备守密的职业道德。案例中的秘书李丽尽管不是全无保密意识,但是还是没有严格遵守"不该说的绝对不说"的保密纪律,给公司酿成了损失。

【知识链接】

职业守则

(1) 谦虚谨慎,文明礼貌。

(2) 办事公道,热情服务。

(3) 实事求是,讲究时效。

（4）兢兢业业，甘当无名英雄。

（5）忠于职守，自觉履行各项职责。

（6）钻研业务，掌握秘书工作各项技能。

（7）奉公守法，不假借上司名义以权谋私。

（8）树立承诺意识、时限意识、精准意识、保密意识、权责意识、服务意识。

——《秘书国家职业标准》（2006 年 7 月 20 日起施行）

三、加强秘书职业道德的建设

秘书职业道德建设是一个长期的过程，目前秘书从业人员职业道德的主流是值得肯定的。同时，随着经济体制改革和市场经济的深化，大大激发了人们对物质利益的追求。一些秘书人员受"拜金主义"思想的影响，遵纪守法意识淡薄，缺乏自律慎独的精神，无视秘书职业道德规范，因此，加强秘书职业道德的建设显得尤为重要。

（一）汲取传统文化的精华，丰富秘书职业道德的内涵

传统秘书道德中的"忠言直谏"、"廉洁清正"、"淡泊明志"、"秉笔直书"、"鞠躬尽瘁"的精神，儒家文化中的"敬事而信"、"仁者，爱人"、"不知礼，无以立也"的思想对建构现代秘书职业道德具有直接的借鉴意义。我们在建构秘书职业道德体系时，要做到既继承中华民族的优秀文化传统，又做到不断发展，不断创造。

（二）突出秘书的职业特征

选择了秘书岗位，就要清楚地认识秘书职业的性质、特点、地位、作用。作为秘书职业道德要突出秘书的职业特点，在秘书职业道德建设的过程中要明确对秘书的要求，要遵循秘书工作性质和原则。

（三）有意识地引导

秘书从业者在实践中按照职业道德规范要求不断修正自己的道德行为，并且完善监督约束机制。应该通过各种形式开展秘书职业道德教育，通过经常性的强有力的监督推动职业道德建设步入良性循环。

【知识链接】

习近平《秘书工作的风范——与地县办公室干部谈心》（节选）

第一个希望：要有高度的责任感。办公室的工作牵动全局。这就要求办公室干部要具备强烈的事业心、严肃认真的工作态度和一丝不苟的工作作风。办公室工作涉及大量机密，每一份文件传达到什么范围，都有具体规定，决不能马虎从事。特别是有些事情涉及政治、

经济情报，就更要有高度的责任心，养成保持沉默的习惯，不得出去乱传乱说。办公室工作一定得细致。古人云"一字之失，一句为之蹉跎；一句之误，通篇为之梗塞"。办公室起草的文件，并不要求文字要多优美，但一定要严谨，这要求绝不过分，因为这直接关系到工作决策问题。因此，我们还得培养、选调一些文秘写作能手，使领导在遣词造句上不用再花费脑筋，这是最起码的要求。今后送领导看的东西，除时间紧另当别论外，都应该是经过誊清的。这一道手续不要认为是多余。一篇文稿如果七删八改，乱到谁改最后一稿也弄不清楚，这里就有个负责任的问题。所以一定要有一套基于高度责任心和强烈的事业心的严谨作风。

办公室是一个单位的首脑机关，时时处处要起表率作用。各方面工作包括待人接物、清洁卫生、机关面貌都要注意。领导同志的秘书是办公室成员之一，经常传达领导意图并代表领导处理一些事情。他们的工作如何、作风好坏，直接反映了领导机关的精神面貌。因此，办公室要关心他们的政治、工作表现。表现不好的要批评教育，要让他们经常汇报思想，汇报工作。作为领导的秘书，只是工作的需要，并没有政治上的特权。总的来讲办公室是一部完整的机器。这部机器要有明确的责任制、严格的管理、科学的办法，使办公室干部静有其位，动有其规，各司其职，各负其责，做到反应灵敏、运转迅速，适应各方面的需求。

第二个希望：要高效率开展工作。办公室每天都要处理许许多多的日常工作事务，解决上下左右、方方面面的各种矛盾和问题。这就需要我们不断提高工作效率。否则，就不能很好地搞好"三个服务"，影响全地区工作的大局。如何提高工作效率，我认为必须学会运用辩证法，分清层次，认真思考，"审大小而图之，酌缓急而布之，连上下而通之，衡内外而施之"。这就是说，要发挥办公室的整体效能，权衡大事小事、急事缓事，抓大事不放，抓急事先办；沟通上下左右，做到上情下达、内外有别，使各项工作有条不紊地进行。

办公室还有一个重要工作就是发挥参谋作用，及时提出决策建议，并能把领导的决策化为具体意见。如果我们办公室能够综合四面八方的情况，并进行分析，像国外"智囊团"那样，经常提出一些重大的决策建议，就能为领导迅捷进行决策选择提供便利。当前，我们经济建设和社会工作上的难点、热点问题很多，很需要加强调查研究，有针对性地提出分析问题以及解决问题的方法措施，提供各级领导决策参考。

第三个希望：实行高水平服务。服务是办公室的一项重要工作。首先要增强超前服务和事后服务意识。例如召开地、县重要工作会议，办公室同志要提前到位，尤其是办公室主任、会议记录人员、勤杂事务人员一定要先到场做好会前准备工作，会议结束后还要撰写纪要、文件，检查落实反馈情况等。其次，服务要及时周到。做到能够为领导释流减荷，分忧解困。第三，服务还要高度负责，一丝不苟。例如办公室实行 24 小时值班，这是个严格的制度，每分钟都不能离开，不能有空档，否则在这空档出现了紧急情况或重大突发性事件就会酿成责任事故。第四，服务不仅要勤、要诚，而且要灵活。例如接待工作，就得下一番功夫。要建立一套接待制度，组织一套接待班子，还要有一套统一的对外宣传材料和汇报口径。今后可以由专人负责汇报情况，陪同参观；伙食按规定标准，突出地方特色，每个县都可以搞个地方菜谱;既有特色又省钱;既不超过规定,大家又吃得满意,了解了地方饮食文化,何乐而不为呢? 地县领导按规定安排出面活动,尽量减少一般性应酬;对宾客生活服务要周到热情,努力做到设身处地,急人所急,解人所难。

第二节　秘书的知识结构

一、知识和知识结构

知识是人们在社会实践中积累起来的经验。其初级形态是经验知识,高级形态是系统的科学理论。知识按其获得方式可区分为直接知识和间接知识;按其内容可分为自然科学知识、社会科学知识和思维科学知识。哲学知识是关于自然、社会和思维知识的概括和总结。知识的总体在社会实践的世代延续中不断积累和发展。

知识结构是指一个人掌握的全部知识的门类及其结合方式,它既反映一个人的知识总量、知识成分,又反映这些知识成分之间的关系,包括知识的比例关系、相关程度,以及由此形成的整体功能。

合理的知识结构,就是既有精深的专门知识,又有广博的知识面,具有事业发展实际需要的最合理、最优化的知识体系。合理的知识结构是担任现代社会职业岗位的必要条件,是人才成长的基础。现代社会的职业岗位,所需要的是知识结构合理,能根据社会发展和职业的具体要求,将自己所学到的各类知识科学地组合起来的,适应社会需求的人才。

二、秘书知识结构的合理构成

秘书工作具有综合性和专业性对立统一的基本特点,这一特点决定了秘书从业者必须具有广博的知识面和扎实专业知识。

(一) 基础知识

基础知识是现代秘书从事秘书职业所必须具备的最基本的素质要素,它是秘书从业的立身之本。它构成了现代秘书知识结构中的基石部分,处于基础地位。广博的基础知识对于现代秘书职业能力提升,构成了至关重要的前提条件。可以说,基础知识越扎实,就越能发挥秘书的潜力。

秘书的基础知识主要是指科学文化基础知识、哲学和政治经济学知识。

1. 科学文化基础知识

主要包括语文、历史、物理、化学、生物、历史、地理、外语、计算机等在基础教育阶段所学的文化基础学科知识。这是从事秘书职业的最基本的知识,它构成了现代秘书知识结构的最基础的部分。

不同领域和岗位的秘书,对科学文化基础知识的要求有一定的差异,如随着国际经济交往活动的增多,中资企业与外企、外商的业务往来日益频繁。在涉外活动中,商务秘书要从事外事接待、涉外信函处理,为领导准备涉外企业的背景材料、业务资料,因此,对于涉外秘书来说,外语知识要求会更高一些。

2. 哲学和政治经济学知识

秘书是领导的参谋和助手,需要具备较强的理论素养和思辨能力,因此,秘书人员要具备一定的哲学知识和政治理论知识,如马克思主义基本理论,党的基本路线、方针政策和时事常识等。同时在以经济建设为中心的时代,经济学知识成为现代秘书的必备常识。

(二) 专业知识

专业知识是从事秘书工作必须具备的专门知识,是秘书职业标志性的知识要素,在现代秘书知识结构体系中,职业知识构成了其中的支撑和依托部分,处于核心地位。专业知识可分为秘书专业知识和行业业务知识两大类。

1. 秘书专业知识

秘书专业知识主要指秘书学框架范围的知识,包括秘书工作的历史知识、秘书工作基本理论知识、秘书实务知识、文书写作知识、文书处理知识、档案管理知识、秘书公关礼仪知识、秘书心理知识、办公设备使用知识等等从事秘书职业所必须具备的专业学科知识。

在现代秘书知识结构体系中,秘书专业知识处于核心地位,也是现代秘书知识结构体系中的特有成分,构成了秘书从业资格的核心要素。现代秘书只有精通并能熟练运用秘书专业知识,才能胜任秘书岗位,才能成为合格的秘书人才。

2. 行业业务知识

行业业务知识是指秘书人员服务的机构所从事的行业的具体业务知识,如司法、教育、医疗卫生、金融、贸易、建筑、房产、纺织等,每一个不同的行业都有特定的业务内容和性质,因此也有其特定的业务知识。这是在具体行业从事工作的秘书的职业依托。现代秘书只有了解、掌握这些行业相关的业务知识,才能胜任本职工作,才能真正发挥其参谋和助手作用。

行业知识千差万别,不可能在大学秘书学专业设置全部的相应课程,需要秘书从业人员选择和确定行业后在实践工作中自主学习。

(三) 相关知识

相关知识是指与现代秘书工作有着直接或间接联系,或是对秘书工作有着直接或间接影响的知识领域。在秘书知识结构体系中,相关知识属于高层次平台部分,处于延展地位。它是现代秘书提高职业素养、强化业务能力、积累发展后劲的"必修"知识。现代秘书的相关知识主要包括以下几个方面：

1. 法律类知识

在法治社会中，秘书人员如果具有较高法律、法规方面的知识修养，就能更好地维护好秘书所服务的机构的利益，更好地保护好秘书所服务对象的权益。

现代秘书所需要掌握的法律类知识主要包括宪法、刑法、民法、行政法、公司法、合同法、国际经济法、劳动法以及 WTO 规则等在内的法律法规以及其他与现代秘书工作有关的法律法规。

2. 管理类知识

秘书工作是管理工作的有效组成部分，管理类知识对于现代秘书提高工作效率和管理水平具有重要意义。秘书应掌握的管理类知识，包括管理学原理、领导科学、决策科学、行政管理学、企业管理学、组织行为学等等。

3. 心理学知识

秘书在工作中要与各种人打交道，在与这些交往对象的沟通、交流、协调、互动的过程中，都会涉及秘书与交往对象之间的心理活动及其调适的问题。同时，秘书也需掌握自身的心理调适方法，从而使自己保持健康的心态和良好的心理素质。因此，学习和掌握包括人际交往心理学、管理心理学等在内的心理学知识，对于现代秘书改善自身心理素质，把握他人心理需求，实现团队互动合作等都有明显的实践意义。

4. 其他知识

秘书属于"通才"，需要广阔的知识面，只要对秘书工作有用的知识，都可以纳入视野。如外交、军事、科技、文化、艺术，乃至风土人情、美食时尚等等，都可以成为秘书人员的有效知识。[①]

【案例】

与季市长接触过的中外朋友，没有一个不敬佩他学识渊博。和他见面后，文学艺术家会把他看做知己；工程技术专家把他看成同行；井下工人和他见面后说他是贴心人；就是那些在自己研究领域里入痴入迷的"怪人"，也会与季市长有共同语言。不少人称季市长是全才、天才。只有他的妻子知道，老季不过是个比别人勤奋些的凡人。这位出了名的、勤奋的凡人后面，还有一个不出名的、更勤奋的人——市长的秘书老许。

季市长上任伊始，就发现办公厅秘书处老许学识渊博，功底深厚。俄罗斯曾派出一个宇航科技代表团来市里访问。市长要出面接待，许秘书为此准备好了谈话提纲。会谈中，季市

---

① 谈青：《试论现代秘书的知识结构和能力结构》，《中南民族大学学报：人文社会科学版》2006 年第 S1 期。

长不仅对世界宇航领域的发展状况作了透彻的分析,而且展望了未来的发展,对人类共同开发宇宙资源提出了一些很有见解的看法。来访的宇航专家一个个伸着大拇指赞不绝口,说季市长的见解精辟,有独到之处,对宇宙尖端科学了解如此深刻的政府官员是不多见的。后来,季市长又接见了一个考古代表团。季市长从许秘书准备的材料中,不仅掌握了本省本市的古文化遗产,而且对我国最新考古成果也了解得比较全面,特别对该考古代表团成员的成果都知晓得十分具体。有位专家私下问季市长是否是考古学者出身,当他得知市长原是搞建筑的专业人员时,他惊得目瞪口呆。

【分析】 由于领导工作的综合性,要求具备广博的知识,秘书作为领导的助手,同样要求学识渊博,这样才能跟得上领导的工作节奏,像本案例中的老许,就能适时地为市长提供各类不同的知识,从而为领导提供了更有效的服务。这样的秘书无疑是受领导欢迎的。

三、秘书合理知识结构的构建

秘书专业人才知识结构的建构应是一项系统工程,在合理构建秘书的知识结构的过程中,应该注意掌握以下原则:

(一) 知识结构的系统性

秘书专业人才知识结构的建构应是一项系统工程,必须注重知识结构的系统性。知识结构有各种类型,如横式结构、纵式结构、交叉式结构、纵横式结构、金字塔结构。根据秘书工作综合性的特点,秘书专业人员的知识结构应呈现为纵横式结构或者金字塔结构。纵横中的横向或者金字塔的塔底是秘书从业人员广博的基础知识,纵横中的纵向或者金字塔的塔尖是秘书从业人员扎实的专业知识。秘书专业知识结构的系统化建构要求从下往上循序渐进,底宽顶高、稳固扎实。秘书从业人才既要夯实基础,又要不断进取与提高,系统构建符合秘书职业需要的知识结构。

(二) 知识结构的动态性

随着社会的发展,科技的进步,知识更新速度惊人。根据联合国教科文组织的专项研究,在 18 世纪时,知识更新周期为 80—90 年;20 世纪 60、70 年代,一般学科的知识更新周期为 5—10 年;到了 20 世纪 80、90 年代,许多学科的知识更新周期缩短为 5 年;而进入 21 世纪时,许多学科的知识更新周期已缩短至 2—3 年。在这样的背景下,秘书人员如果不及时调整和更新知识,必然跟不上时代的步伐。因此,秘书人员必须具备开放的心态和强烈的进取心,保持对新知识的渴望,及时调整和更新相关的知识,让自己的知识结构处于动态和开放的状态之中。

(三) 知识结构的适应性

适应性原则指的是秘书的知识结构应该符合秘书职业活动的需要。处于信息爆炸时代,秘书知识结构的建构应尤其重视适用的问题,盲目、无选择的学习,即使花费再多精力也难以胜任秘书工作。秘书从业人员应选取那些在本职工作中最需要的知识作为学习的首要目标,学以致用。秘书知识结构的适应性在秘书工作实践中体现为要适应岗位职责,符合所属单位业务特点,顺应周围的社会环境。

第三节　秘书的能力结构

一、能力和能力结构

能力通常指完成一定目标和任务所体现出来的综合素质,是一个人成功地完成某项活动所必需的主观条件。

能力是以知识为基础的综合素质和基本修养的具体体现,但是知识不等同于能力。一方面,知识与能力是相辅相成的,掌握知识是发展能力的基础,能力发展又是掌握知识的重要前提,传授知识与培养能力是相辅相成的。另一方面,知识与能力之间的转化需要具备一定的条件,能力的发展不是在传授知识的过程中自发地进行的。认为学习了知识就自然而然地发展了能力,或有了能力就自然掌握了知识的看法都不符合实际。

能力结构是指一个人所具备的能力类型及各类能力的有机组合。秘书的能力结构是完成秘书工作所必须具备的各种能力及其有机组合。

二、秘书的能力结构

根据现代秘书的职业特点我们把秘书的能力结构分解为基本能力、职业能力和操作技能。

(一) 基本能力

秘书的基本能力,主要是指秘书人员的智力。它是指人认识、理解客观事物并运用知识、经验等解决问题的能力,主要由观察力、思维力、记忆力、想象力、注意力等构成。基本能力,是秘书人员所必备的基础能力。

1. 观察力

观察力是指人们发现事物的特征或者变化的能力。敏锐的观察能力是秘书从业人员的基本能力之一。秘书工作每天都会面对大量需要解决的实际问题,分析、研究、解决这些问题,首先必须从观察开始。针对客观对象的有目的、有重点的观察,是帮助现代秘书收集有关问题的信息,获得对有关问题感性认识的基本手段。敏锐的观察能力能够帮助秘书工作更具有目的性、针对性、主动性和自觉性。

2. 思维力

思维力是人脑对客观事物间接的、概括的反映能力。思维力包括理解力、分析力、综合力、比较力、概括力、抽象力、推理力、论证力、判断力等。每个人的学习、工作和生活都离不开思维力。秘书作为领导的辅佐人员，必须具备各种思维能力。没有较高的思维力，则难以多谋善助。作为秘书，只有养成多路思维、求异思维、发散思维的习惯，才能不断增强思维的广阔性、深刻性和创造性。

3. 记忆力

记忆力是识记、保持、再认识和重现客观事物所反映的内容和经验的能力。良好的记忆能力是秘书从业人员的必备能力之一。秘书部门是信息的枢纽站、集散地，信息的收集、贮存、加工、输出、反馈等处理过程，都需要秘书具有良好的记忆能力，以确保信息的保真度和传递的有效性。如果没有良好的记忆能力，就会产生信息沟通障碍，也可能错失良机。

4. 注意力

注意力是指人的心理活动指向和集中于某种事物的能力。注意力有四种品质，即注意的广度、注意的稳定性、注意的分配和注意的转移，这是衡量一个人注意力好坏的标志。良好的注意力有助于秘书集中时间和精力，专心致志地开展工作，从而提高秘书工作的整体效率。

5. 想象力

想象力是人在已有形象的基础上，在头脑中创造出新形象的能力。想象力是创造活动不可缺少的要素。秘书工作并不是刻板的、一成不变的，而是富有挑战性和创造性的。不管是对信息进行加工处理，还是给上司出谋划策等，都需要创造性思维。尽管秘书工作不需要过度的想象，但离开了想象力，秘书工作的创新就失去了基础。

（二）职业能力

秘书的职业能力是指从事秘书工作所应该具备的职业能力，它是秘书能力结构中的核心部分。秘书具有辅助决策、参谋咨询、沟通协调、处理事务的基本职能，需要完成办文、办会、办事的基本工作内容。因此，秘书的职业能力必须能保证履行秘书的基本职能，完成秘书的基本工作。

1. 表达能力

表达能力是指人们通过语言、文字、体态来表现客观事物和主观感受的能力，它主要表现为书面表达能力和口头表达能力。可以说，表达能力是一个称职的秘书的标志性能力。

书面表达能力。书面表达能力也就是写作能力，写作能力是秘书的基本功。秘书必须要具有扎实的文字功底，要能够自如地驾驭文字，准确、严谨、恰如其分地通过书面语言表达观点、态度、立场。同时，秘书工作的独特性质决定了秘书人员的写作具有典型的受意写作和应用写作的特征，这就要求秘书人员不仅要具备一般的书面表达能力和写作技巧，而求要准确领会领导的意图,熟知各类应用文体的写作规律和行文规则。同时写作能力也是一种综合性的能力,如果没有必要的理论修养和实践经验,很难具备良好的应用写作能力。

口头表达能力。口头表达能力是运用口头语言表达思维的能力。秘书在上传下达、沟通左右的过程中都离不开口头表达,如汇报工作、请示问题、传达指令、沟通情况、组织协调、接待客人等都要求秘书具备较强的口头表达能力。秘书良好的口头表达能力主要表现为口齿清楚、目的明确、条理清晰、准确扼要、符合身份等,同时要注意运用好表情、动作、姿态等态势语。

【案例】

一外地客商到某地某公司商谈投资合作事宜,公司上下非常重视,早早做出了各种安排。公司经理在会客室专候,并准备了烟茶水果,还派自己的秘书提前在公司门口等候。客商进公司大门后,迎候在门厅的公司经理秘书马上上去和客商握手,可能是知道事情的重要性,心里紧张,竟然对客商说:"我们经理在那边(指会客室),他叫你过去。"客商一听,当即非常生气:"他叫我去? 我又不是他的下属,凭什么叫我? 你们现在就是这样对待合作者的? 那以后还了得? 合作应当是关系平等的。"于是这位客商回答说:"贵公司如有合作诚意,叫你们经理到我住的宾馆去谈吧。"说完拂袖而去。

【分析】 言语得体是秘书良好的口头表达能力的体现,也是对秘书从业人员的基本要求。本案例中的经理秘书一句"他叫你过去"显然用词不当。秘书一语不当,险使公司失去了合作良机。

---

2. 办事能力

办事能力就是快速、高效地处理各种日常事务的本领。事务工作是秘书的基本工作,秘书工作的内容要求秘书人员应该具备较强的办事能力。秘书的办事能力主要体现在以下方面:(1)明确职责范围。秘书工作内容虽然繁杂,但也有一定的职责范围。在处理事务过程中,秘书首先要明确自己的职责范围,知道哪些事该办,哪些事不该办。(2)熟悉办事渠道。了解有关部门的职权范围,知晓办理某项事务的渠道和途径。(3)掌握办事程序。(4)提高交往能力,了解人事关系,善于待人接物。(5)有较强的应变能力。秘书在办事过程中应注意原则性与灵活性相结合,增加对社会环境变化的应变能力,增强对突发事件的处理能力。

3. 信息处理能力

信息处理能力是认识到适合需要的信息,并准确定位、评价及有效利用所需信息的能力。秘书处于组织信息的枢纽位置,要求秘书必须有强烈的信息意识,善于通过多种方式、途径捕捉信息,并进行鉴别、加工、筛选、处理,从而及时、全面、真实、准确地为领导正确决策和处理问题提供依据。信息的采集、发掘、分析、辨析、提炼、整合是秘书工作的基本内容。具体地说,秘书处理信息的能力包括信息获取能力、信息分析能力、信息整合能力、信息传播能力以及信息安全能力。

4. 人际交往能力

人际交往能力是指妥善处理与组织内外相关人员关系的能力,包括与周围环境建立广泛联系以及正确处理上下左右关系的能力。秘书工作需要和不同的人打交道。秘书在上传下达、协调关系、迎送接待、约见拜访、调查研究、筹备会议等工作中会与各种不同的人打交道,因此,学会处理人际关系,提高社交能力,也是秘书必备的职业能力要求。

5. 管理能力

管理能力从根本上说就是提高组织效率的能力。管理能力可以分解为计划能力、组织能力、领导能力和控制能力。国际秘书联合会认为"秘书具有熟练的办公室工作能力,不需上级敦促即能主动负责、积极进取、干练果断、能在授权范围内作出决定的经理助手"。秘书工作归根结底是一种辅助管理的工作,秘书人员要具备较强的执行能力,要具备在领导者授权下独当一面的管理能力。

(三) 操作技能

秘书的操作技能指的是从事秘书工作应该具备技术本领,也有表述为秘书的操作能力。与专业能力相比,操作技能更偏向于技术性,比如打字能手是强调操作技能,写作高手就是强调表达能力。秘书的基本技能主要有:

1. 现代化办公设备的操作技能

所谓现代化办公设备,是指办公使用的打印机、复印机、扫描仪、投影仪、碎纸机、数码相机等等。秘书应熟练掌握常用的现代化办公设备的操作、使用和日常维护方法。

2. 书法和快速记录技术

书法技术主要指秘书书写应该规范、整洁、美观。即使是在现代的办公环境中,电脑打印也不能完全替代人工书写,秘书的书法技能还是大有用武之地的。快速记录是秘书准确记录信息的技术,速记和速录技术能对秘书工作带来很大的帮助。

3. 计算机及网络技术

计算机是秘书最重要的办公设备,秘书人员要熟练掌握计算机的基本操作技巧。首先要掌握计算机中英文输入的技能;同时要熟悉常用的各种办公软件(如 Word、Excel、PowerPoint 等)的使用,具备网络办公的基本技能。

4. 文案处理技能

秘书经常要从事文字工作,除了书法、速记技术以外,文案的编辑、校对、印刷、装订也是秘书人员必不可少的基本技能。编辑技能要求秘书人员能按语言文字的规范化要求来修改错别字,对文字内容进行润色,并对文字进行编辑排版。校对技能要求秘书人员掌握对校法、折校法、读校法等校对的基本方法,使用标准的修改符号。装订技能要求秘书人员根据阅读习惯和规范要求将印刷好的单页纸张加工成文件成品,掌握涂胶装订、钉针装订、线装等装订技术。

三、秘书能力的培养

秘书的能力结构是一个多层次、多因素的综合体。它是各种知识、智力与实践活动的综合结晶,秘书能力的培养也是一个长期的过程。

首先,秘书教育要注重职业能力的培养。自 20 世纪 80 年代以来,各类高等院校开设了秘书学专业,开展秘书教育。高校秘书教育是培养秘书人才的重要途径。秘书教育不仅应该传授秘书知识,而且更应该注重能力的培养和训练。提升秘书职业能力是培养应用型秘书人才的核心问题。作为高校秘书教育工作者,应以能力为导向,不断改进教育教学方法,积极探索学生职业能力的培养途径,培养出社会需要的、高素质的秘书人才。

其次,在工作实践中磨练提升。能力的培养需要实践,除了在秘书教育阶段注重能力培养以外,更重要的是在工作岗位上的锻炼和磨练。秘书只有经过不断的工作实践,并且在实践中善于总结和提炼,才能把自己培养成为张口能讲、提笔能写、动手能干的优秀管理人才,成为领导得力的辅佐人员。

第四节　秘书的个性心理

一、秘书的个性心理

(一) 秘书的兴趣

兴趣就是人们常说的爱好,是指人们探索某种活动的认识倾向。兴趣会引起人们持久的注意力,从而不断获得新知识。兴趣以需要和动机为基础,伴随着一定的情感体验。无论做什么工作,都要有浓厚的兴趣,才能取得成功。

秘书的兴趣应注意广泛兴趣和中心兴趣的结合。兴趣的广泛性能使秘书的从业人员对许多新鲜问题保持敏感,有利于形成秘书广阔的知识面。而中心兴趣则指向秘书的职业兴趣,职业兴趣是秘书从业人员应该着重培养的。秘书的职业兴趣包括对秘书专业知识的兴趣、对秘书工作经验的兴趣、对秘书工作过程的兴趣、对秘书工作成效的兴趣。一个认为工作索然无趣、只是被动地接受任务的秘书,是难以满足领导工作的需求的。秘书人员要热爱自己的职业,愿意为它努力工作,才能形成浓厚的兴趣。而兴趣本身具有持久性,一旦形成,便会对工作产生持久的动力,产生克服一切困难、干好工作的恒心和耐心。

（二）秘书的情感

情感是人对客观事物是否满足自己的需要而产生的态度体验。人的情感复杂多样，我们可以从不同的观察角度对情感进行分类。根据价值的正负变化方向的不同，情感可分为正向情感与负向情感。正向情感如愉快、信任、感激、庆幸等，负向情感如痛苦、鄙视、仇恨、嫉妒等。根据价值的强度和持续时间的不同，情感可分为心境、热情与激情。心境是指强度较低但持续时间较长的情感；热情是指强度较高但持续时间较短的情感；激情是指强度很高但持续时间很短的情感。

秘书的情感应该有一定的成熟度，情感成熟指人在个人需要无论是否得到满足的情况下，能够自觉地调节情感使之适度的一种心理状态。在秘书工作中，情感既可以起到正向的推动作用，也可以起到反向的减力作用，秘书人员在工作时要注意平衡和控制自己的情感。用冷静、沉着的态度，严格按照制度办事，实事求是地调查和处理问题。同时要加强情操的修养，具有高度的理智感，高尚的道德感，健康的审美感。

（三）秘书的意志

意志，是人自觉地确定目的，并根据目的调节支配自身的行动，克服困难，实现预定目标的心理过程。它是人的意识能动性的集中表现，是人类特有的心理现象。意志使认识活动更加广泛、深入，意志对人的自我修养具有重要意义。

秘书要培养自己坚强的意志和毅力，在确定目标和接受领导的任务时，要加强自觉性，克服盲目性；在工作中要坚持既定的目标，遇到困难和挫折时要坚韧不拔、不要半途而废；在协助领导处理问题时，要多谋善断、有自信心，不要优柔寡断。

二、秘书的性格

性格是指表现在人对现实的态度和相应的行为方式中的比较稳定的、独特的心理特征的总和。性格是在后天社会环境中逐渐形成的，是人的核心的人格差异。性格有好坏之分，能最直接地反映出一个人的道德风貌。秘书人员除了达到职业道德、知识和能力的要求外，最好具备以下的性格特质。

（一）稳健

性格稳健的人思维缜密，作风踏实；观察细致，考虑周详；办事稳妥，不冒失从事，也不敷衍了事；待人稳重，温和文雅；遇事不慌，不手忙脚乱，给人一种可信任感。稳健是秘书人员心理成熟的标志。

（二）乐观

秘书要有乐观、自信的精神。面对繁复的工作任务不抱怨，不垂头丧气；面对困难，要学会调整心态，在正视自己缺点的同时，也要坚信"天生我材必有用"。具备乐观的性格，就会对自己的工作和人生充满信心。

(三) 内敛

内敛,可以说是我们为人处世的传统方式。不以物喜、不以己悲是一种内敛;凡事不张扬,得意不忘形是一种内敛;富足不骄奢,贫穷不谄媚更是一种内敛。作为一种辅助性的职业,内敛的性格比较符合秘书职业的特征。内敛也是秘书具备较强的自制力的表现。

(四) 豁达

由于秘书人员的特殊位置,常常会在工作中遇到内部或外部的一些干扰。如在工作中会处于复杂的人际关系之中,难免与领导人、同事及群众之间发生矛盾,产生利害冲突;在处理事务时,常会引起误解和不满,甚至充当无辜的"受气筒"。因此,秘书人员的性格中很重要的一方面就是对人对事需要豁达,即在坚持原则的前提下采取宽容、忍耐的态度。

(五) 幽默

幽默风趣能给人带来欢乐。在生活和工作的诸多困惑面前,幽默风趣能帮助你化被动为主动,变尴尬为愉悦,以轻松的微笑代替沉重的叹息。具有幽默感的秘书,能以出众的机智和巧妙的语言化解困境,超越挫折,获得良好的心境,保证工作的顺利进行。秘书在交往活动中运用幽默,可以使人感到轻松,易于沟通情感,取得理解,消除陌生和紧张,营造和睦的交际氛围。

三、秘书常见的心理障碍

秘书的心理障碍,是指秘书在职业行为过程中存在消极的、比较稳定的、影响正常行为的心理因素或心理状态。它是一种消极的心理走向,一旦产生要及时调适。

秘书地位的特殊性、工作的繁杂性、人际关系的广泛性以及角色的多重性,经常会使秘书的心理处于紧张、疲惫的状态,再加上个人对秘书职业、角色认知的偏差,以及社会上一些世俗的偏见和舆论的压力,若不加以调整,就会造成秘书的心理失调甚至引起心理障碍。秘书常见的心理障碍表现为压抑、依赖、厌烦、自负等等。

(一) 压抑

秘书工作具有被动性和潜隐性的特征,有时付出了很大的努力,出色地完成了某项工作任务,比如说帮助领导起草了一篇很精彩的发言稿,但掌声似乎总是送给领导的。秘书的角色地位决定着他必须服从领导的意图,甚至在某些时候还得忍受领导不切实际的批评和不公正的对待。时间一长,容易产生压抑的心理。

秘书在工作中表现出来的压抑心理一般多为情绪低落、工作积极性不高、行动执行力差、工作态度冷淡生硬、工作缺乏主动和热情等。这些表现不仅会严重影响秘书工作的正常开展,长此以往,其本人还可能变得颓废和消沉。

（二）依赖

由于秘书工作的辅助性及从属性，使得秘书人员在通常的情况下，是按照领导的意图和指示而展开各项工作和任务的，此时的秘书人员是处在被动的状态，也可以说是"要我做"，而不是"我要做"。久而久之，容易禁锢自己的积极主动性及开拓创新的精神。

秘书在工作中的依赖心理大多表现出唯上是从，与领导相处唯唯诺诺，一味地顺从、依从或盲从领导，即使领导错了，也不愿或者不敢提出异议。工作上表现为要我做，我就做；不要我做，我就不做，即"你推我动"的工作方式，这种不良心理往往使秘书不思进取，丧失学习的主动性，工作被动、消极。

（三）厌倦

秘书工作具有事务性、琐碎性、重复性的特征。"打不完的电话、磨不完的嘴，写不完的材料、跑不完的腿"就是秘书日常工作的形象写照，日复一日的工作容易使秘书人员产生厌倦心理。

秘书在工作中的厌倦心理会使人工作热情减退，工作态度冷淡，会减低秘书的驱动力，降低秘书的工作效率，不把从事秘书工作当作终身追求的职业，这些情绪都将会大大阻碍秘书工作的顺利开展。

（四）自负

秘书在领导身边工作，其职业角色往往会被领导的权威性所笼罩，在心理上有较强的优越感，在秘书工作中往往不能摆正自己的位置，而做出一些超越职权范围的行为，产生角色错位的现象，从而出现自负的心理。

秘书的自负心理在工作上表现为自命不凡，为领导提供决策服务的过程中容易片面强调个人的主观思想，在其他工作人员面前，把自己当成领导，对下指手画脚，给人居高临下的感觉，有时甚至对领导的工作和形象产生干扰。

四、秘书心理障碍的调适

压抑、依赖、厌倦、自负是秘书从业人员消极心理冲突的典型表现，这种心理状态若不能及时调整，不但对工作不利，对秘书的身心健康也会带来损害，甚至会影响其终生的发展。那么如何调适和清除秘书的消极心理冲突呢？

（一）正确认识秘书职业，培养职业兴趣

秘书从业人员对秘书的职业性质、职业特征、职业价值要有正确的认识，并积极培养对秘书职业的兴趣。秘书工作的辅助性决定秘书价值的隐匿性，即秘书作为秘书价值的主体，对价值对象——领导者及所在组织的作用和影响，仅表现为辅助的价值。秘书角色的特征要求秘书从业人员应甘于在配角地位上保持清贫、淡泊名利、宁静致远。要耐得住寂寞，守

得住清贫,不求显赫于人前,但求尽心服务于领导。在默默无闻的幕后工作中磨练和锻炼自己的能力,从提高领导工作效率的角度去认识自己的工作价值。

(二)提高自我心理调节能力,完善自己的心理品质

秘书个人性格、品行、情感等方面的缺陷是导致其产生心理障碍的重要原因。如意志不坚定,缺乏吃苦耐劳、开拓进取、爱岗敬业的精神,经不住挫折打击和物质诱惑,性格内向、怯懦、自卑、孤僻,脾气急躁,嫉妒心强等。自我心理调节能力,即改变个人心理活动的绝对强度,通过对个人情绪、意志、个性的调节,改变心理状态,提高心理承受力量。秘书应该正视自己的个性心理,掌握正确的心理调适方法。健全的心理品格不仅能使秘书人员在工作中有的放矢,得心应手,还能使秘书人员有效地预防和消除心理障碍,拥有健康的心态。

(三)掌握人际交往的方法,建立良好的人际环境

秘书部门处于一个单位的中枢位置,很容易受"夹板气"。一方面,上司会对你产生信任危机,尤其是上司之间本身存在不和谐的状况,秘书与上司的关系就更加微妙;另一方面,你可能很难感受到同事情谊,因为你是领导身边的人,同事容易产生戒备心理。面对着广泛而复杂的人际关系,秘书人员如果不能正确处理,就会导致人际关系恶化,并引发各种心理矛盾,影响个人身心健康,同时对组织产生潜在危害。因此,秘书人员应该有积极的人生态度,良好的团队合作精神,善于与人交往,多学习一些人际交往的方法和技巧,建立良好的人际环境。

(四)寻求合适的途径,消除心理压力

秘书健康的心理状态应该是积极乐观的,能够用合适的方法宣泄自己的不良情绪。如自我解嘲法、情境转移法、自我暗示法、情绪宣泄法、松弛疗法等都是消除心理压力的有效方法。以情境转移法为例,情境转移法是指为避免心理压力累加而将注意力转向别处,以减轻和消除心理压力的方法。情境转移在目标上要有新的注意点,即必须以新的事情来替代旧的,以新的兴趣来扰乱旧的烦恼。秘书遇到不顺心的事情时要学会情境转移,进行身心放松。如外出散步、听听音乐、聊聊天或参加某项感兴趣的活动,分散注意力,让长期受压抑的心境得到转移,以此淡化心中的挫折感、悲伤感、摆脱精神负担。

【案例】

所谓"自我意象",就是自己在自己心中是个什么样子!它代表着你对自己的评价。体现了一个人自尊的程度。自尊度高,潜力就发挥得充分;自尊度低,潜能就受抑制。

人们在工作中出现失误后,往往会情绪消沉而难以自拔,这是因为他形成了一种消极的自我意象。

如何尽快改变自己的情绪呢?

一位总裁秘书，晚上加班处理资料，在送给总裁时，把很重要的一页丢在家里了。虽然总裁没有责怪她，但她却不断地责怪自己是"笨猪"。她对这个消极的自我形象可能采用三种态度：

1. 整体认定："我的确是只笨猪，因为我把重要的文件丢在家里了！"结果："笨猪"完全进入潜意识，彻底形成消极自我意象。

2. 整体否定："反正我不可能是笨猪！"结果：虽然理念上否定了"笨猪"，但这种否定很笼统，往往"笨猪"形象并没消失，还将在潜意识中对人产生消极影响。

3. 步步排除："第一，我顶多是有点丢三落四；第二，也不是从来就丢三落四，仅仅在这件事上有些丢三落四；第三，即便如此也情有可原。以后该提醒自己：再累再忙，也要把东西最后检查一遍。这一次仅仅是偶尔的失误，我绝对不是笨猪。"结果：说服了自己，恢复良好的自我意象，也接受了工作失误的教训。

【分析】 这位秘书的工作经历很常见，每一位秘书都有可能碰到。完全若无其事固然不是我们所倡导的，但对自己的过分责怪容易形成焦虑和压抑的不良心理，也不利于今后工作的开展。案例中整体认定和整体否定都不是正确的态度。对于此类事件，秘书应该吸取教训，但是也不能完全否定自己。

【复习思考题】

1. 秘书的职业素质由哪几部分构成？各部分之间存在怎样的联系？
2. 秘书职业道德规范的基本内容是什么？
3. 秘书的知识结构包括哪些方面？
4. 请分析秘书人员的能力结构。
5. 如何调适秘书人员的心理障碍？
6. 案例分析。

某某有限公司党办在招聘秘书过程中，以个人与岗位匹配为出发点，通过编制有效的能力素质测试题，将个人特长与岗位需求较好地统一起来，达到了为岗位选拔合适人才的目的。

以下是试题和参考答案要点，请分析该公司重点考察了应聘秘书的哪些素质要求？

试题（1）：有人认为，谨言慎行是秘书岗位的职业要求，有人却有不同的看法。请表明你的观点，并就此进行论述。字数在 400 字左右。

参考答案要点：首先表明自己的观点——秘书人员必须做到谨言慎行。然后围绕这一观点展开论述：秘书是为领导服务的，秘书的一言一行不仅关系到领导者个人和组织的形象，而且直接影响到各项工作的开展。因此，一要做到"慎言"，即不该说的不说；二要做到"慎闻"，即不该听的不听；三要做到"慎行"，即不该做的不做；四要做到"慎出"，即不该露的脸不露。秘书只有从小事做起严格要求自己,规范言行举止,加强修养,提高素质,才能不断提高综合服务的水平。

试题(2):请快速阅读下面一段文字,并就其主旨简要口述你的看法。

有一次,海尔集团总裁张瑞敏和副总裁杨绵绵率高层人员前往西安分公司视察工作。当飞机在咸阳机场降落时,海尔集团营销中心西安分公司的经理已在机场迎接他们。在驱车驶往西安分公司的路上,杨绵绵提议:请西安营销经理做一回海尔产品在西安市场的导游,介绍一下营销情况。于是,西安分公司经理开始用数据说明销售情况。当问到一个敏感问题时,他却为自己找了很多借口想搪塞过去。

张瑞敏立刻打断他的汇报,说:我想给大家讲一个故事——美国西点军校是世界名校,该校有个久远的规定,即长官问话时,学生或者下级军官只能选择四种标准答案中的一种:"报告长官,是!""报告长官,不是!""报告长官,我没有借口!""报告长官,我不知道!"如果选定其中的任何一种回答,就要对此回答承担责任,除选择一种答案外,别的话都不要说。

参考答案要点:该文的主旨是,秘书人员对没有做到或做好的工作不要找任何借口,找借口就等于推卸责任。张瑞敏讲这个故事,是对营销经理的善意批评。在战场上,一个找借口欺骗长官的士兵,就意味着对生命不负责任,就意味着流血牺牲;同样,秘书向领导汇报工作时也不能找任何借口,因为认可任何一种借口,就意味着给对手一个打败自己的机会。

【扩展阅读】

史玉峤:《秘书素质与修养通论》,中国社会科学出版社2011年版。

何坦野:《中国秘书文化学》,浙江大学出版社2016年版。

第五章

秘书的基本职能

第五章
秘书的基本职能

本章概述

　　秘书职能是秘书职业活动的任务、职责、作用和效能的统称。各种教材对秘书职能的认定各不相同,我们认为秘书的基本职能应该是辅助决策、参谋咨询、沟通协调、处理事务。四大职能各有侧重,但是相互联系、相互渗透,共同构成秘书职能的基本内涵。

学习目标

　　1. 明确秘书的基本职能。

　　2. 熟知秘书辅助决策的职能。

　　3. 熟知秘书参谋咨询的职能。

　　4. 熟知秘书沟通协调的职能。

　　5. 熟知秘书处理事务的职能。

重点难点

　　1. 秘书辅助决策的职能基础和特征。

　　2. 秘书参谋职能的体现。

　　3. 秘书沟通协调的特征。

　　4. 秘书处理事务的类型。

第一节　秘书职能概述

一、秘书职能

　　所谓职能,根据《现代汉语词典》,是指"人、事物、机构应有的作用、功能"。秘书的职能,是秘书应具备的职责、作用和功能的总称。

　　秘书职能的概念和内容问题,早在20世纪80年代后期已为秘书学界所重视。但是很少有人用逻辑方法对这一概念予以界定,使之成为秘书学的基本概念;也很少有人用抽象方法对其内容予以划定,使之成为秘书学的重要知识单元之一。因此,在秘书学的研究内容上,有人将常规性的秘书工作视为秘书职能,也有人将操作性的秘书实务视为秘书职能,更有人将秘书长的任务视为秘书职能。①

秘书职能不同于秘书实务和秘书业务。尽管这三个概念的内涵有较大的交叉面,但并不完全一致,有着各自的侧重点和使用习惯。

秘书实务是与秘书理论相对的一组概念,比较多地出现在课程名称和教材名称上。它既包含了秘书工作的具体内容,也包含着秘书工作的方式方法。业务指"有关一种事业或学问的事情"。② 如果说实务强调操作性,弱化理论性的话,秘书业务则主要强调秘书工作的专业性,它突出了秘书工作中专业色彩比较明显的部分,或者说从专业上强调了秘书工作,它是秘书工作的主体部分。董继超在《普通秘书学》中就把文字工作、文书工作、信息工作、协调工作、督查工作、信访工作、接待工作、会议工作、值班工作作为秘书业务的基本内容。③

以上所述,秘书职能是秘书职业活动的任务、职责、作用和效能的统称。秘书职能与秘书实务、秘书业务相比,更具有概括性、普遍性和通用性。"它从宏观上规定秘书的工作方向,活动范围和办事标准。而秘书实务和秘书业务,则是操作层面上的具体秘书事务,且因主管或组织的需要不同而各有不同"。④ 秘书职能不但要概括地体现秘书工作的基本内容,同时也要体现出秘书职业的功能和作用。

二、秘书职能的基本内容

由于对秘书职能的基本概念有不同的认识,近年来,各种秘书学教材对秘书职能的基本内容有不同的认定,现列表如下:

表5

各种秘书学教材中秘书职能的基本内容

序号	主编	教材名称	秘书职能的基本内容
1	陈贤华	秘书工作论	办事职能;参谋职能。
2	董继超	普通秘书学	基本职能:辅助政务;处理事务。 一般职能:辅助决策;协助管理;沟通信息;协调关系;保守秘密。
3	袁维国	秘书学	基本职能:为领导工作服务;综合处理机关事务。 具体职能:参谋咨询;辅佐决策;沟通协调;管理事务;检查督办。

---

① 董继超:《秘书学问题数说》,《秘书》1998 年第 5 期。

② 《辞海》,上海辞书出版社 1980 年版,第 1661 页。

③ 董继超:《普通秘书学》,中央广播电视大学出版社 1997 年版,第 12 页。

④ 董继超:《秘书学问题数说》,《秘书》1998 年第 5 期。

（续表）

序号	主编	教材名称	秘书职能的基本内容
4	傅西路	秘书学论纲	秘书部门的基本职能：办理文书；信息管理；督促检查；综合协调；"不管部"的职能。
5	徐瑞新、安成信、李欣	秘书学导论	秘书工作的基本职能：为领导当参谋、助手。
6	方国雄、方晓蓉	秘书学	秘书职能范畴：办公事务辅助（办文、办会、办事）；参谋智能辅助；管理协调辅助。
7	朱传忠、叶明	秘书理论与实务	秘书机构的职能：参谋助手；督促检查；协调综合。
8	任群	中国秘书学	秘书机构的基本职能：1. 处理事务；2. 辅助政务。秘书部门的职能按性质分，可分为七个方面的工作：1. 文书处理；2. 信息加工；3. 事务管理；4. 综合协调；5. 督促检查；6. 参谋咨询，辅助决策；7. 其他，包括"不管部"性质的事项的办理。
9	吕发成、方国雄	秘书学基本原理	秘书工作的综合职能：处理信息；辅助决策；协调关系；督促检查。
10	司徒允昌、陈家桢	秘书学教程	秘书机构的职能：辅助决策；管理信息；参与协调；协助控制；处理事务。

三、秘书职能基本内容的认定

以上列表所见，对秘书基本职能的认定，存在多种认识。我们认为在认定秘书职能时应该注意：

其一，应明确职能的行为主体。上表中可见，各家在论述职能问题时，其行为主体并不相同，分别有秘书、秘书机构或部门、秘书工作三类。尽管有人认为，秘书职能的基本内容对上述三类都有适应性，可以不加区分，但是我们认为在研究职能的基本内容时，其行为主体应该是明确的。不同的行为主体，其职责内容尽管相近，但是其角度和侧重点应该有一定的差异，根据职能的定义和研究范畴的大小，我们认为研究秘书的职能或者说研究秘书的职业职能比研究其机构职能和工作职能更为典型。

其二，秘书职能不等同于秘书工作。秘书的基本职能不能纠缠在具体的秘书工作之中。大部分教材对秘书工作内容和秘书工作职能的关系认识比较含混，有的认为"在秘书工作的全部内容中，既有撰写文稿、管理文书、组织会议、操办事务这样一些任务确定、外延明晰、具体而又实在的专项实务，又有一些伸缩性较大，外延不太确定但有重要作用的综合职能……

综合职能与专项实务是构成秘书工作基本内容的两大方面"。[1] 也就是说,综合职能和专项实务是两个具有并列关系的概念,共同构成了秘书工作的基本内容。有的教材认为就秘书工作的基本职能或基本任务而言,应是对秘书工作 15 项具体内容的概括。[2] 也有教材将秘书工作的基本职能与秘书工作的总体内容等同起来。[3] 或者认为秘书工作的基本职能是处理事务和辅助政务,将职能按性质分,就是具体的秘书工作任务[4]等等。

根据秘书工作的本质属性和秘书角色规定,我们认为秘书的基本职能应该是辅助决策、参谋咨询、沟通协调、处理事务。四大职能各有侧重,但是相互联系、相互渗透,共同构成秘书职能的基本内涵。

第二节　辅　助　决　策

一、决策和辅助决策

(一) 决策

决策就是作出决定,严格地说,决策是为实现某一特定目标,借助于一定的科学手段和方法,从两个或两个以上的可行方案中选择一个最优方案并组织实施的全部行为过程。从广义上看,它既包括决策的制定,又包括决策的实现。正确理解决策概念,应把握以下几层意思:

1. 决策要有明确的目标

决策是为了解决某一问题,或是为了达到一定目标。确定目标是决策过程的第一步。决策所要解决问题必须十分明确,所要达到的目标必须十分具体。没有明确的目标,决策将是盲目的。

2. 决策要有两个以上备选方案

决策实质上是选择行动方案的过程。如果只有一个备选方案,就不存在决策的问题。因而,至少要有两个或两个以上方案,人们才能从中进行比较,最后选择一个满意方案为行动方案。

3. 选择后的行动方案必须付诸实施

如果选择后的方案,束之高阁,不付诸实施,这样,决策也等于没有决策。决策不仅是一

---

① 吕发成、方国雄:《秘书学基本原理》,兰州大学出版社 1996 年版,第 137 页。
② 陈贤华:《秘书工作论》,四川大学出版社 2000 年版,第 59 页。
③ 徐瑞新、安成信:《秘书学导论》,高等教育出版社 1993 年版,第 11 页。
④ 任群:《中国秘书学》,重庆出版社 1999 年版,第 50 页。

个认识过程，也是一个行动过程。

（二）辅助决策

任何管理工作都离不开决策，决策贯穿于管理工作的各个方面，管理工作中遇到的各种问题，都有赖于通过决策去处理、去解决。从某种意义上说，领导实施管理的过程，也就是形成决策和实施决策的过程。所以，决策是领导者的基本职能之一。

如果说决策是领导者的基本职能之一，那么辅助决策就是作为领导助手的秘书的基本职能之一。所谓辅助决策，就是在决策的全过程中，在知识（即理论）、能力（即技术）、经验和经历等方面给予决策主体全面的补充以提高决策的科学性和时效性。领导者要制定和实施科学的决策，就必然要依靠各种辅助力量，包括各种专业研究机构、职能部门以及秘书部门或者人员。

二、秘书辅助决策的职能基础

在领导者决策的过程中，秘书人员是一支常备的辅助力量，具有特殊的、不可替代的作用。秘书辅助决策这一职能发挥的基础在于：

（一）秘书辅助决策的职能是领导工作的需要

现代决策面临着信息量急剧增加、各种矛盾千变万化、涉及面越来越广的局面，单靠领导者个人的经验和智慧是难以胜任的。领导者必须善于借助他人的优势，弥补自身的不足。秘书人员作为领导的助手，其地位和性质决定在领导的决策过程中，应积极发挥全面辅助作用，成为领导者决策思维的"外脑"。作为领导的助手，辅助决策是其必须承担的工作职能。

（二）秘书综合性地位能为领导决策提供有效的依据

秘书处于承上启下、联络左右的地位，便于为领导决策提供有效的依据。秘书掌管着文件资料，便于为领导提供规范性、理论性的信息；秘书的调查研究工作能为领导提供切合本单位实际的信息材料；秘书与各职能部门的联络沟通，便于为领导提供职能系统的综合信息。

同时，由于秘书综合性地位的特征，与其他职能部门的工作人员相比，所掌握的情况不受职能管理的局限，提供的参谋建议也不受职能管理的局部目标的制约，不带有部门倾向性，因而对负责全面工作的领导来说，就更具有特殊的意义。

（三）秘书的中枢性特征能为辅助决策提供便利条件

秘书特定的角色和中枢的地位，决定了其经常被领导授权行事。秘书的授权督办、查办与催办有利于加速执行系统实行决策并反馈决策的结果。秘书授权协调，可以调解决策过程中各方面的关系，保证决策的顺利进行。

秘书辅助决策职能的发挥，常常会起到积极的作用，有的甚至具有至关重要的作用，但是，不管起到的作用有多大，秘书一定要清楚地认识到自己的辅助地位，一定要有正确的角色意识。决策过程中的一切辅助活动,都必须在领导的指导下进行,既不能越位,也不能擅权;既辅助领导决策,又不能代替领导决策。要始终明确自己辅助决策的职能,秘书在辅助决策中找准自己的角色定位,是有效地进行辅助决策的关键。

三、秘书辅助决策的过程和内容

秘书辅助决策的职能是围绕着领导决策程序展开的。在大量的实践过程中,通过不断积累、总结经验教训,已逐步形成了一个科学决策的基本过程:决策目标——决策准备——决策论证——选择决策方案——决策实施——决策检验。根据这个科学决策的基本过程,秘书应该分三个阶段来发挥其辅助决策的基本职能。

(一) 决策准备阶段的秘书工作

决策准备阶段的秘书工作是指确定目标、拟定方案直到领导决策前的整个过程。秘书这个阶段的主要职责,是根据领导决策目标广泛收集决策信息,提供决策依据。收集有关法律条款和法规性文件,使决策符合法规要求;收集组织内外各相关方面的信息,使决策符合组织的实际需要;收集组织内外各相关方面的参谋建议和要求,使决策符合民主化要求。

以企业而论,在瞬息万变的市场环境中,企业要使自己的决策符合市场竞争的需求,必须及时根据市场不断出现的新情况作出相应的调整,这就需要企业秘书部门组建起一个具有活力的信息网络,尽可能全面、准确、快捷地收集信息,随时为领导的经营管理决策服务。

【案例】

马钢是一家生产速冻蔬菜的民营企业的总裁秘书,快到年底了,老板一反常态,既不与财务经理讨论今年的决算,也不与销售部讨论明年市场的销售问题。相反,带着研发部的经理与当地旅游局的人频繁接触。马钢反复琢磨,终于理解了老总的用意,原来老总看到生产速冻蔬菜难以形成新的利润增长点,因为出口欧盟和日本的技术壁垒越来越高,所以老板想利用本公司的传统优势,开发以观光和休闲为特色的观光农业。在了解老总的意图后,马钢抓紧时间收集观光农业的各种信息,特别是经验和问题,赶在年初董事会前把材料交给了老总,老总大加赞赏。

【分析】 在决策准备阶段,秘书人员应该及早了解和深入领会领导的决策目标,为领导全方位地收集各种决策信息。案例中的马钢能准确把握领导的决策意图,主动收集相关信息,在决策准备阶段较好地发挥了秘书的基本职能。

(二) 决策确定阶段的秘书工作

这个阶段是领导者对决策方案进行判断和选择,作出决策的过程。秘书在这一阶段主要角色并不是主持者和表决者,而是重要的协助者。秘书人员要草拟和收集供领导研究选择的多种可行性方案;要参与对各种方案的分析、比较和评价;对领导初步确定的方案要参与多种方式的论证,对发现的不足和问题要征求补充意见和建议,使之得到充实和完善;对已作出的决策,秘书人员还要提供文字辅助工作,使用准确流畅的语言来表述决策内容,使决策的执行部门能准确理解和执行。

(三) 决策实施阶段的秘书工作

这个阶段是指决策形成后,付诸实施直至决策完全实现的过程。在这个过程中,秘书是重要的协调者。决策一旦付诸实施,秘书人员就应辅助决策者按计划进行,并在实施过程中进行监督检查;要及时收集有关情况,做好决策实施的信息反馈工作;在决策贯彻落实后,要做好总结工作,为领导进行新的决策提供经验。

四、秘书辅助决策的特点

与其他辅助力量相比,秘书辅助决策呈现出以下特征:

(一) 辅助的全过程性

决策是一个动态过程,一般包括设立目标、拟定方案、选优决定、方案实施等几个阶段。在这个过程中,其他部门的参谋、咨询人员,一般只参与部分过程,如有的只参与设立目标,有的只参与拟写方案,有的只参与评估选优。而秘书则不仅要参与某一阶段的参谋活动,而且自始至终都要参与决策活动。参与的全过程性,是秘书工作区别于其他辅助活动的特点之一。

(二) 辅助的经常性

秘书在领导身边工作,与领导者接触频繁。由于这一工作特点,秘书的辅助决策有经常性的特点。秘书辅助领导决策,大量体现在日常工作中。与其他辅助机构定时性和间断性不同,秘书人员的日常工作就是向领导提供信息、汇报情况、呈送文件、反映问题、操办事务,这些活动都对决策发生一定的影响,因此可以说,秘书辅助的经常性和直接性,是秘书辅助决策的又一特点。

(三) 辅助的协调性

现代科学决策与传统经验决策不同之处,在于它有一个由各种辅助力量组成的决策支持系统。重大问题的决策,常常不只是由一个智囊、咨询班子负责参谋工作,而是由多个智囊、职能部门同时进行辅助。秘书在协助领导决策中,不仅要发挥自己的参谋职能,而且要担负同智囊机构、各职能部门联系和协调的任务,使领导在决策中能更好地集思广益、权衡利弊,把正确的意见集中起来,保证领导决策的科学化。

第三节　参谋咨询

一、参谋咨询概述

"参谋"一词的字面意思是"参与谋划"。《辞海》将它解释为古代一种官名,指唐宋节度使及各路统帅所属幕僚之一,其职责是"参议谋划"。现代军队中参与指挥部行动,制定作战计划的干部叫做参谋。可见"参谋"本来是一种军职。现代汉语中"参谋"一词在动词和名词两种意义上都有泛化趋势,除了军队中参谋的意义之外,《现代汉语词典》给出了两种含义:"代人出主意"和"代出主意的人"。"咨询"是现代汉语中出现的新词,其意思为"征求意见"。在"咨询业"、"咨询机关"、"咨询服务"等术语中,"咨询"是"被咨询"的意思,即向他人提供意见,提供智力服务。从字面看,参谋与咨询的差别在于主动和被动,主动出主意就叫做"参谋";在领导询问时提供意见,就叫做"咨询"。

所谓秘书的参谋咨询职能,实质是指秘书或秘书部门的有利于提高领导工作质量和效率的智谋性辅助功能。秘书对领导工作的参谋咨询可以表现在辅助决策的过程中,也可以表现在其他日常工作当中。

秘书或秘书部门的参谋职能古已有之。从先秦到近代,尽管秘书人员和机构的名称名不副实,但是一部中国秘书史很大程度上也是一部中国参谋史。

殷商时期的史官就在神权统治中以解释天意的形式,对军国大政起了举足轻重的参谋作用。

三国时期的曹操正因为身边有郭嘉、荀彧、贾诩、荀攸、程昱等谋士的出谋献策,才成就了一代枭雄的美名。

隋唐时期设置的翰林学士,是皇帝的高级秘书兼智囊,起着重要的参谋作用。唐太宗的虚心纳谏和秘书官员以进谏为主要方式所起的参谋作用,对防止唐皇朝内外政策的失误、规范皇帝的行为起了重要作用。

作为封建社会最成熟的私人秘书,绍兴师爷也是以善于为主官出谋划策闻名于世,而且具有"成官之美"、"尽心尽言"的职业守则。

建国初期,中央人民政府政务院召开了全国秘书长会议,作出了《政务院关于各级政府机关秘书长和不设秘书长的办公厅主任的工作任务和秘书工作机构决定》。文件规定的秘书长、办公厅主任七项工作任务,第一项就是"协助首长综合情况,研究政策,推行工作"。

1985年,中央领导同志在全国党委秘书长办公厅主任座谈会上作了重要指示:秘书部门要充分发挥参谋助手作用,遇事能为领导想办法、出主意、提建议、拿方案。这次会议着重研究了新形势下如何发挥秘书部门参谋助手作用的问题,正式把"参谋作用"提到"助手作用"之前,对秘书工作提出了新的要求。并从强化秘书部门参谋职能出发,明确提出了新时期秘书工作必须实现"四个转变",其中第一个转变就是从偏重办文办事转变为既办文办事又出谋献策。

二、秘书参谋咨询的特点

(一)从属性

与智囊团和咨询机构所从事的独立自主的参谋活动不同,秘书的参谋咨询通常不具有独立性。秘书参谋咨询活动从属于具体的领导群体或领导人,为所服务的领导者出谋献策。

秘书的参谋活动从属于领导的职能范围,秘书只有在领导的职能范围内提出的参谋建议,才具有针对性和实际参考价值,若脱离了领导的职能范围就是脱离了领导工作的需要,就难以发挥作用;秘书的参谋活动从属于领导者的工作思路,秘书的参谋职能活动必须围绕领导的工作思路展开,从各种不同的角度为领导提出多套可供选择的参谋方案,或对领导的决策提出修正、补充和完善的参谋建议;秘书参谋活动从属于领导工作的整体目标,秘书的参谋职能的发挥,必须有利于领导工作提高效率和优化效果,有利于实现单位管理目标。否则,就可能对领导工作产生某种干扰。

(二)随机性

秘书的参谋活动除了有意识地为领导收集、整理信息,提供程序性参谋外,大量的参谋活动是随机的。

秘书与领导一起工作,彼此熟悉,相互了解,有共同的实践基础。在共同的工作中,秘书可以随时随地发现问题,随时随地提出参谋建议;领导也可以随时随地征求意见,提出咨询。领导不必通过一定的程序,也不必举行正式的会议,这种随机性参谋灵活及时,不必花费大量的时间、精力去组织、启发、介绍情况,不必考虑人力和费用;秘书也不必按照固定程序和方式提出意见和建议,随机性参谋便于解决机构运转中随时可能出现的偶发事件或局部问题。秘书的参谋活动中随机性参谋占了较大的比例,在秘书的日常事务活动中也包含了大量的参谋性活动。初级秘书参谋职能的随机性更为典型。

【案例】

一天,老板怒气冲冲地把秘书叫到自己的办公室,因为一位交往多年的代理商给他寄了一封非常无礼的来信。他自己起草了一封简短的回信,让秘书马上把信寄走。信的内容是这样的:"我没有想到会收到你这样的来信,尽管我们之间已有那么长时间的往来,但事到如今,我不得不中止我们之间的一切交易,并且我要让所有的同行知道你的行为!"面对老板的指令,秘书既没有立即将信寄走,也没有马上向老板提出忠告予以阻止,而是把事情拖到了快下班的时候,秘书面对已经心平气和的老板再次询问:"老板,可以将信寄走了吗?"

【分析】 这个案例表面上看秘书的工作属于办理事务的内容,与参谋咨询无关。但是,仔细研究,我们发现秘书的行为含有随机性参谋的因素。秘书没有立即寄信,而是把发信的时间拖到了下班的时候,并且再次找领导确认。秘书这一行为本身,表达了慎重行事的意见,体现了企业秘书在日常事务活动中所发挥的参谋型职能。

(三)权变性

秘书向领导提出参谋建议,应该根据具体情况,权宜应变,采取多种方法和手段,才能有效地发挥作用。在公开场合,宜用暗示或传递纸条的方法委婉地提出;在领导集中精力考虑或处理问题的时候,不宜打断领导的思路,要等待合适的时机再提出;在领导情绪不稳定的时候,要让领导冷静后,先肯定其合理可行之处,再提出不足之处。当遇到紧急、关键、重大问题时,应及时提醒,晓以利弊,避免损失;遇到次要问题时,要等待时机,用恰当的方式提出。对于未形成决定的问题,要提出多种参考方案供领导权衡、对比、选择;对于已经确定的决定,要分析其各方面的相关因素,权衡利弊,研究其可行性,使决定得到补充、修正、完善。对于未发现的问题,要提醒领导注意问题的存在及其影响;对于已经发现的问题,要提出多种方法,促进问题的解决。

另外,秘书参谋的方式必须与领导者的个性特点相适应,秘书参谋服务的对象是具有不同个性特点的领导者,如果秘书对处事果断的领导者与处事谨慎的领导者、坦率爽直的领导者与城府很深的领导者、善于放权的领导者与事必躬亲的领导者采用相同的参谋方式,其效果肯定不会理想。秘书的参谋服务方式只有与领导者的个性特点相适应,才能取得较好的效果。

三、秘书参谋咨询职能的体现

(一)辅佐决策中的参谋咨询

决策是领导的基本职能,辅佐决策就是秘书的基本职能。秘书在辅佐决策的过程中要做好领导的决策参谋。具体包括:决策前,为领导的决策目标提供决策依据、决策信息供领导参考;决策中,从拟定备选方案到分析评估到方案优选,秘书在每一步骤都可以提出自己的参考意见和建议,供领导参考;决策后,对于决策执行过程中出现的新情况、新问题要进行综合分析,找出原因,提出解决办法。

【案例】

20 世纪 90 年代,某经济不发达地区的一个县领导班子,在参观江苏省张家港市后受到很大启发,主要领导提出了"张家港人能办到的事,我们也能办得到"的响亮口号。在制定经济发展规划时,提出要按照张家港市 GDP 在近五年翻两番的速度定指标。秘书部门负责人认为这个决定不切合实际,便整理了一份张家港市历年的经济增长率和本省几个经济相对发达的县级市的发展速度情况的资料,并找来一篇由著名经济学家分析经济发展过快可能引起严重后患的理论文章,一并提供给几位主要领导。领导看后意识到,"五年翻两番"只是个别地区在特定机遇下的发展速度,凭主观愿望不可能达到,即使达到也未必是好事。

【分析】　本案例秘书的参谋咨询功能体现在领导决策目标制定的过程中。秘书通过提供科学的信息,改变了领导的决策目标,这种类型的参谋咨询对秘书本身的素质要求较高。

(二) 信息工作中的参谋咨询

传统秘书在信息工作中只侧重于简单的收发传递信息,现代秘书则强调综合处理信息,特别是在信息价值的鉴定和信息的综合研究两个环节上,秘书要有敏锐的信息意识,要有去伪存真的鉴别能力,要有沙里淘金的筛选能力,要有综合提炼的加工能力。只有经过综合处理的信息才更有价值,才能最大限度地为领导工作提供参谋咨询。

【案例】

某保安服务中心年度总结暨表彰大会召开之前,经理看了各保安部上报的材料,发现上报的材料都只报喜不报忧。为了解真实情况,让秘书前去调查。秘书接到任务后,只是根据各保安部所记载的材料和上报材料进行比较核对,然后据此写了一个报告呈送经理会议,作为年终总结评比的主要依据。结果贡献大、成绩突出的没有评上,而个别虚报数字写假材料的反被评为年度先进单位,挫伤了有关部门的积极性,影响了年终评比的质量。

【分析】　造成评价不准确的原因,在于秘书写的报告所依据的事实没有经过深入的调查研究。经理已经发现了上报的材料只报喜不报忧,派秘书调查鉴别,领导意图是很明确的,但是秘书在辨别信息的过程中,贪图方便,缺乏务实的工作作风,没有为领导提供真实有效的信息。

(三) 文书工作中的参谋咨询

秘书人员在接受撰文意图后,有时需要通过撰写活动对领导的意图进行深化加工,或作进一步的分析、综合、调整、取舍,或拾遗补缺,对领导意图中某些欠周密、欠妥当的地方给予弥补修正。这是秘书文书工作参谋职能的体现。

在文书处理过程中,秘书人员要发挥参谋咨询职能,最典型的环节就是拟办,拟办是秘书部门对文件如何办理提出的初步处理意见,如果拟办意见正确而具体,就可以为领导节约大量的时间和精力。

··

【案例】

1971 年 9 月上旬的一天晚上,周恩来总理在人民大会堂二楼大厅召开会议,主持讨论修改第四届全国人民代表大会的《政府工作报告》稿。参加会议的有各部委办负责人和起草小组工作人员近 200 人。讨论中,总理认为报告中有一个词用得不准确,要修改,并谈了自己的修改意见,谈完问大家:"这样改行不行?"总理办公室秘书,20 多岁的年轻人纪东,马上提出了不同意见,两人展开了争论,最后总理说:"我看小纪讲得有道理,可以按他的意见修改。大家的意见怎么样?"在座的同志也觉得纪东的意见有道理,都表示赞成。(资料来源于钱铁飞:《秘书工作实例分析》,《当代秘书》2003 年第 7 期。)

【分析】 纪东在文书讨论的过程中能提出自己的不同意见,供领导参考,体现秘书人员在文书处理过程中的参谋作用。

··

(四)协调和查办中参谋咨询

协调和查办是领导工作的组成部分,也是秘书参与的常规性工作。秘书承担了大量的协调和查办中的具体工作。领导在分析不协调现象的成因、性质、严重程度、解决方法时,秘书部门应该提供充足的调查材料,发挥其参谋咨询的功能。在查办工程中,秘书人员要善于发现工作中、决策中存在的问题,找出原因,并且提出修正或改善的办法、措施、途径供领导参考,以起到参谋咨询的作用。

(五)事务性工作中的参谋咨询

秘书部门要为领导工作正常运转提供全方位服务,在每项事务性工作中,秘书都可以发挥参谋咨询作用。如为领导安排日程的过程中,信访接待的过程中,会务安排的过程中,领导随从的过程中都需要秘书提供参谋咨询的服务。

四、秘书发挥参谋咨询职能中的注意问题

(一)强化参谋意识,主动参谋咨询

意识决定行为,秘书如果没有参谋意识,自然就不会有参谋行为。对秘书而言,谦虚谨慎是工作本色,但并不是事事谨小慎微,处处墨守成规。尤其在参谋服务上,要敢为人先,勇于参谋,主动参谋,在参谋过程中不夹个人好恶,不过多考虑成败得失,以良好的心态进谏、进言。

(二)摆正位置,谋而不断

秘书人员始终都处于辅助的位置,要做到既参谋,又不越位。秘书的参谋职能是为领导

决策服务的"出谋献策"式的参谋作用，而不是指秘书人员为领导"出谋划策"。秘书人员在参谋咨询的过程中只有发言权而无表决权，更无决定权。"谋而不断"是秘书参谋活动的根本准则。

（三）讲究参谋咨询的方法和艺术

参谋咨询的方法和艺术常常能决定参谋咨询的成败。秘书人员要努力提高自身的素质，适时、适地、适度地实现参谋咨询的职能。注意因人而异，因势利导，选择恰当的时机与领导交流。要注意应用语言的艺术，巧用比喻、典故，让领导心情舒畅地接受建议和意见。

第四节　沟 通 协 调

一、沟通协调概述

根据《现代汉语词典》的解释，沟通是指使两方能够通联；协调是指使配合适当。在秘书的职能中，沟通是指信息的传递和交流；协调是指通过沟通和协商达到和谐状态。沟通协调是保持组织机能整体性的重要手段，是秘书部门的重要职能。

在组织机构中，秘书部门或者秘书人员的沟通协调优势明显。首先，具有沟通协调的地位优势。秘书处于组织的中枢位置，上下、左右、内外各种关系和事项的协调，在很大程度上要通过这个中间环节。其次，具有沟通协调的信任优势。秘书部门是领导机关的办公部门，办公部门往往受命于领导人，代表领导机关办理组织管理中的各项工作。在办理各项工作的过程中不仅与各子系统、各相关方面，能保持密切的联系，而且能取得各相关方面的信任和支持。秘书部门有着其他职能部门不具备的沟通协调的能量。再次，具有沟通协调的信息优势。秘书部门是组织内外信息集散的重要枢纽，秘书部门大量的信息既可以及时发现不协调的苗头，也可以为协调工作提供必要的信息保障。

二、秘书沟通协调的特点

（一）综合性

秘书的沟通协调具有广泛性和综合性的特点。秘书沟通协调的对象可以是组织内部各职能机构，也可以是本组织和其他组织；可以是不同的机构之间、人际之间，也可以是不同的工作之间。协调内容也没有职能方向的限制，只要出现失调现象，秘书都有可能参与沟通和协调。

（二）疏导性

秘书受其角色的限制，在协调沟通的过程中，并没有职责赋予的规定性权力，秘书协调与拥有法定权力的领导协调不同，不能也不具备强制的支配性权力，不能采用命令的方式，只能明之以事，晓之以理，动之以情，谋求认同以达到协调的目的。

（三）随机性

秘书的沟通协调具有随机性。沟通协调的随机性是指对管理过程中有不确定因素随机出现的问题和失调现象的处理。秘书沟通协调的随机性既表现在业务活动中，随机发现失调的问题，主动进行信息沟通和交流，谋求共识，协调关系；也表现在随时受命于领导者，去处理出现的失调问题。

三、秘书沟通协调的范围和方法

（一）纵向沟通协调

纵向沟通协调，就是同一组织系统中不同层级之间各种关系的沟通协调。纵向关系是指领导与员工之间、上级与下级之间、秘书与领导个体之间、秘书与领导群体之间的关系等。

秘书人员作为沟通上下的桥梁，最重要的是保证上司和下属之间的双向有效沟通。以一个普通的企业单位来说，领导作为公司的决策者和管理者，他的权威是有必要得到尊重和保障的，这是一个企业顺利运行的必要前提。如果其他员工或者职能部门对领导的意图有不理解或异议的时候，秘书人员应该主动沟通。除了保证信息的准确下传，也要做到信息的及时上报。当员工对上层提出意见或者为了自身的利益需要向领导诉求时，秘书人员也同样负有向领导传达这种诉求的责任，以便帮助领导及时了解下属的需求，使领导制定的决策更加科学化和人性化。

（二）内向沟通协调

内向沟通协调就是同一组织机构中部门与部门之间各种关系的协调。内向关系是指本单位各部门之间、秘书部门与其他部门之间的关系。一个单位内部各部门之间存在着分工和合作的关系。在管理和平衡这一体系时，领导往往要授意秘书部门，展开沟通和协调活动，内向沟通协调是秘书沟通协调工作中的重点。

秘书在内向沟通协调中首先要熟悉了解各个职能部门职责范围和业务分工，这样，在沟通协调各种事务的时候才能提高效率，做到有的放矢。其次，要注意抓住重点，统筹兼顾。在沟通协调工作中，秘书人员要准确地、完整地理解领导意图，抓住主要矛盾和重点工作，同时兼顾各方面的利益。要积极引导各部门在工作目标、思想观念和工作步骤上达成共识，把本部门的利益、工作目标与全局的利益、目标结合起来，各部门之间应互相协调积极配合，为全局工作做出贡献。再次，以疏导和协商的方式开展沟通协调工作，不能自以为是，更不能自认为是领导的助手而高人一等。

（三）外向沟通协调

外向沟通协调就是本组织与不相隶属组织之间的各种关系协调。外向关系种类多样，既包括本组织与同行之间关系，也包括本组织与媒体之间、社区之间、消费者之间的关系。随着社会化程度的日益提高，组织的外向沟通协调也越来越重要。

外向沟通协调具有开放性和动态性的特征。秘书人员在外向协调的过程中应该具备良好的公共关系意识和公关能力，通过有效的沟通协调，与相关公众之间建立相互信赖的合作关系，为本单位树立良好的公众形象。

四、沟通协调的技巧

（一）善于运用情感调控

协调是一种让对方认同与接受的工作，只有对方心理上接受时，思想上才能认同。要做到这一点，除了要注意语言技巧，情感也是十分重要的。

1. 以宽容之心消除误解

由于每个人或者部门所处的地位不同，对一个问题的理解和把握的角度不一样，就容易产生意见的分歧。秘书人员要设身处地、换位思考，以宽容之心消除误解。这是秘书人员进行有效沟通协调的坚实基础。

2. 以坦诚之心建立互信

《中说·周公》有言，"推之以诚，则不言而信"，其意思就是说只要能够推心置腹，以坦诚之心待人，不用言说也会相互信任。对于秘书人员来说，要想有效沟通，必须要有坦诚之心，取得对方的信任。

3. 以尊重之心凝聚众力

秘书人员在沟通协调中要有尊重之心。一般来说，秘书人员在与领导沟通时，很容易做到尊重。与职工沟通时，同样也要注意理解与尊重。

（二）把握好语言技巧

秘书在沟通协调工作中，必须讲究语言技巧，说话适度，讲究分寸。只有这样，沟通协调才能取得好的效果。

1. 注意语气、语调、语速

秘书在沟通协调过程中，根据不同的沟通协调对象、不同的场景应采用不同语气，并注意语速和语调。在沟通过程中，切忌语气强硬、语调过高、语速过快，而应多用协商的口吻，诚恳地或委婉地表达自己的意见，这样更能达到沟通的目的。

2. 善于过滤信息

善于过滤信息在秘书的协调沟通中是非常重要的技巧。秘书工作需要经常上传下达，沟通信息。在确保主要信息"忠实"、"准确"的前提下，秘书在传达信息时，不能简单地成为传声筒，而是要注意过滤信息。把一些情绪化的、情境性的或随意性的容易引起误解、产生隔阂、引发矛盾的一些信息过滤掉。例如，当传达领导对下属的批评意见时，应淡化情绪色彩；确需转达领导对另一领导或下属的评论时，点到为止，不可过于细致；这样会有利沟通和交流，消除误解，减少矛盾，形成和谐的人际关系。

3. 运用表情语言

表情语言不但可以增强讲话的效果，而且通过情感的影响可以起到让对方信任的作用，如目光语和微笑语。

【案例】

经理把后勤处秘书小张叫到办公室，问道："你们部门是怎么回事？听办公室的同志说，就差你们的学习计划没有报上来了！刚才打电话找你们主任也找不到。上次全体大会他也没有出席，你们这种拖拖拉拉的作风要改一改了！"小张心里明白，主任最近因为儿子出差，小孙子患病住院，没有参加上次会议，也耽误了报学习计划。小张在经理面前没有机会解释，只好回去向主任汇报："经理批评我们作风拖拉，说您上次没有参加会议，计划也没有交。""我小孙子住院一个多星期了，哪有时间讨论计划？上次会议我不是向办公室的老李请了假吗？这个经理也太不近人情了！"

【分析】 小张在工作中比较生硬地传达了上级领导的意见。尽管内容表达并没有刻意地添油加醋，但是由于没有进行必要的解释沟通和情感过滤，容易使经理和部门主任之间互相产生不满情绪，造成人际关系的不协调，进而影响工作。秘书在传达信息时，不能简单地成为传声筒，要注意使用沟通协调的技巧，营造良好的人际环境。

(三) 善于抓住时机

沟通还要注意时机的把握，要适时、适地、适当，即要注意沟通的时机是否成熟、场合是否合适、分寸是否得当。

所谓机不可失，时不再来。想要促进双方或多方相互理解，达成共识，就应讲究时机。时机把握得好，事半功倍；否则，事倍功半，甚至寸步难行。

对上协调时，如果领导心平气和，且有一定闲暇时，往往容易听得进秘书的意见，协调容易获得成功；如果领导正在思考某个重要问题或某项重要工作该如何办理，这时秘书提出符合领导意图的协调意见,就很容易被领导接受。

对下协调时,则要善于"借东风"和顺水推舟。比如一个重要问题需要协调解决而遇到难题时,这时如果上级下发了个文件,有了明确的规定,或某个领导作了批示,有了明确的要求等,这些有利于促进问题解决的时机,秘书不要轻易错过。

第五节　处 理 事 务

一、处理事务概述

根据《现代汉语词典》的解释,事务是指要做的或所做的事情。处理事务也就是处理行政杂务。

在行政管理学中,事务是与政务相对应的概念。所谓政务是在行政管理中涉及全局的、长远性的高层次的公务活动,如行政决策、行政指挥、行政监督等;所谓事务,是指除政务以外的、具体的、一般性的日常公务活动,如值班、接待、日程安排、随从工作、印信管理等等。辅助领导者有效处理各种事务,是秘书工作的重要职能。做好事务处理工作是领导活动有效开展的重要保证。秘书在组织中处于承上启下的枢纽地位,对组织全局情况了解得比较清楚,秘书办理事务,既有利于及时、恰当地为领导工作提供服务,又有利于根据各职能部门的需要,适时提供有效的服务。秘书全面、及时地处理好事务工作,可以有效地减轻领导工作的负担,切实体现秘书助手的角色特征。

二、秘书处理事务的特征

秘书处理事务的职能呈现以下主要特点:

(一) 广泛性

秘书工作本身就是一种服务性工作,而事务处理的服务性特征则更为明显。有人把秘书的事务性工作概括为多、细、杂。所谓多,指秘书的事务工作头绪多,内容广泛。从接听电话、接待来访、会议安排、印信管理到承办领导交办的各类临时性任务,秘书事务性工作千头万绪,需要花费大量的时间和精力去应对。所谓细,是指秘书事务琐碎,有很多鸡毛蒜皮的小事情。所谓杂,是指秘书的事务工作繁杂,容易出错,处理好了一切正常运转,人们往往觉察不到;处理不好,则可能会使领导甚至整个部门的运行受到影响,事务的重要性就立刻显露出来。秘书处理事务的广泛性,要求秘书人员必须具备周到、细致、耐心的工作作风。

(二) 随机性

秘书处理事务不同于职能部门的工作人员那样有着明显的分工,专司其职。秘书有些日常事务有一定的规律性,比如说文书和档案中的事务工作,但是,大量的事务性工作,比如接待工作、值班工作、领导交办事项等等存在着较大的偶发性和随机性。秘书办理事务的随机性要求秘书人员必须具备较强的应变能力和处理突发性事件的能力。

(三) 围核性

秘书处理事务存在着很强的目的性,就是满足领导工作的需要。秘书工作的核心就是为领导服务,这决定了秘书工作必须紧跟领导的需要。作为领导的助手,具有承担领导"杂活"的职责。通过秘书办理事务的职能,有效地提高领导工作的效率。秘书处理事务的围核性要求秘书人员熟悉领导工作的特点和需求,具备较强的办事能力。

【案例】

表5

秘书/助理的工作职责①

项　目	内　　容
1. 日常行事计划表管理	预约会面的受理及安排,预定表的制作及分发,预定计划的变更及联系、调整,向有关方面联络、交涉、调整,向上司再次确定,预计计划进行管理,交通工具的选定、订座与购票,旅费及预付款等的收受。
2. 环境的整理准备	照明及隔音的管理,色彩的调整、空气的调节(换气和温度),上司办公室和会客室的整理、清扫、装饰、更换摆设,办公室配置的检查,上司办公桌的整理、用品、消耗品的准备和管理。
3. 会议工作	开会通知的制作及寄发,参加者名簿的制作,会场的选定及预约,会场的设立,必要用品等准备,确认出席者、与延迟未到者的联络,茶点及饭菜的准备,会场结束后的整理,议事记录的制作及分发。
4. 照顾身边琐事	照顾茶点和吃饭,跑腿(到银行、邮局、百货公司等),向医院、理发厅预约,名片、文具用品、图书、用具等购买和管理,上司健康的管理(包括药品的准备等),与上司家人的联络,私人事情的帮忙和各种有关团队的联络及调整,上司外出的准备、汽车的安排(与司机联络及调整),上司的接送,上司其他事务的代理。
5. 会计方面的业务	各种传票的制作,旅费、交际费、机密费、各种会费的出纳、结账,上司私人的出纳、支票和票据的处理,税务手续的代办与记账。
6. 紧急情况的处理	发生火灾、地震、风水害等紧急情况时对来访客人的疏导,急病及意外事故的处理,非法侵入者的处置,劳动问题决裂和纷争时的处理,发生紧急情况时,对公司内、外的联络。

---

① 广田博一郎编著,张康乐译:《秘书实务与练习》,五南图书出版公司1999年版,第9—11页。转引自陆瑜芳《秘书实务》,上海社会科学院出版社2006年版。

（续表）

项目	内　　容
7.　接待工作	面谈、执行访客的安排、上司不在及上司正在工作时的应对、向上司传达、引导访客到上司办公室或会客室,加以招待(茶点、饮食等的准备及端送)接送、上司办公室及会客室的事后处理,安排送花、送水果等到饭店客户去。
8.　交际应酬的业务	电话的接听、传达,代替上司接、打电话,上司不在时的应付。
9.　文书的制作	婚丧喜庆的信息收集、确认及联络,婚丧喜庆电报的拍发,各种行事的通知及邀请函等回复(参加与否)的制作与寄发,婚丧喜庆的会场的招待工作,代表参加丧礼,答谢及探病礼品的选定、购买、管理、发送。
10.　信息的搜集加工	文献和资料要点的制作及复印,和上司有关者的名簿及通讯的制作,翻译、口头翻译,信息处理机器(个人计算机等)的操作和管理。
11.　文书的处理	公司内外文书的收发、秘密文件的处理,请示书及传阅文书等的传达,文书处理机器(电传打字机、传真机)的操作和管理。
12.　文书的处理和保管	卷宗:文书的整理、保存、废弃,文书整理的操作和管理。 资料整理:名片、杂志、图书、磁盘等的整理、保存、废弃,报纸杂志的剪贴整理,访客卡片和会面簿等的保管、整理、检索。
13.　资料的储存、检索	上司及秘书用数据库的制作,数据库的利用,文献及资料索引的制作、储存、检索,和上司有关者的个人记录资料的制作、储存和检索。
14.　沟通支持性工作	客户服务,美工设计,媒体应对,公关活动企划,主持公司庆典,参加应酬,外勤工作,其他主管临时交办事项。

　　【分析】　从上述对秘书工作职责的认定中,我们可以很好地认识秘书事务工作的广泛性、随机性和围核性。

三、秘书处理事务的类型

　　秘书部门的事务性工作基本是围绕领导工作进行的,一般可分为四类：第一类是日常程序性事务;第二类是随机偶发性事务;第三类是领导交办性事务;第四类是部门不管性事务。秘书事务工作虽然杂乱、琐碎,但是如果处理不好,造成的影响却很重大。这要求秘书人员必须从提高组织运转效率的高度,充分认识事务工作的重要性,正确处理事务工作。

（一）日常程序性事务

　　日常程序性事务是指办公室的日常事务性工作,如文书、信件的处理,档案管理,接听电话,接待来访,车辆安排,印章和介绍性的管理,办公室环境的管理等等。这类事务工作具有日常性、重复性的特点,需要秘书人员有足够的细致和耐心。

处理程序性事务工作时要注意:第一,制定并执行完善、细致的办事制度,如:公章、介绍信使用制度,文书收发、登记制度,来访接待制度,会务工作制度,用车制度,档案管理制度等等,用制度规范办事程序;第二,明确岗位职责,使之分工明确,责任清楚,做到人人有职责,事事有人管,精诚团结,密切配合;第三,做到细致、务实。这类事务的头绪很多,每项工作的疏漏和失误都会给领导和管理工作带来不良影响,因此,秘书必须认真负责、细致务实。

【案例】

小李是市政府办公室的秘书,工作很有激情,笔头功夫也非常好,他认为文字表达能力强就能做一个出色的秘书。有一次,办公室冯主任让小李把最新一期政报寄发给几位刚退下来的老领导和其他相关人员,由于寄件比较多,小李先按名单写好信封,然后把材料装入信封,足足忙了一个多小时,期间还接了三次电话,终于完成了任务。谁知道一个星期后,冯主任黑着脸把小李叫到他的办公室,说他工作不够细致,影响了办公室的工作形象,让他好好反思,吸取教训。原来,李秘书在把材料装入装信封时,不小心漏装了一封,收到这封空信封的正是刚退下来的老领导,老领导又比较敏感,认为办公室有人走茶凉之嫌,就把这个情况反映到了冯主任那里。

【分析】 寄发材料属于秘书的日常性事务工作,工作本身事务性特征比较明显,也不算什么难办之事,秘书人员在处理这些"小事"时,虽然不需要多大的智慧,但是必须认真负责、细致务实。因为这些事虽然小,但是产生的影响却不小。

(二) 随机偶发性事务

随机偶发性事务是指不在工作计划之中的,因偶发性事件而产生的事务工作。如突发性的事故的处理等。一个部门通常按照既定的工作计划和工作步骤开展日常工作。但是,秘书部门即使将计划制订得很完美,考虑得很细致,也常常会因偶发事件的出现而打乱整个工作部署,秘书不得不充当"灭火员"的角色,迅速处理随机偶发性事件。这类事务工作具有偶发性、紧急性的特点,需要秘书人员具备较强的应变能力。

处理偶发性事务工作时要注意:第一,要求秘书人员胆识兼备,善于应变,既要迅速敏捷,更要沉着冷静、心态平和。第二,合理定位,力戒越位、错位和不到位。不该管的事坚决不管,该管的事一定办好、办实。第三,未雨绸缪,防患未然。对全局性的、苗头性的事件进行前瞻性的思考和推理,做到知之在先,思之在先,防止"马后炮"。

(三) 领导交办性事务

领导交办性事务是指不在秘书日常工作之中的,领导临时性交办的事务工作,如随从领导外出开展商务活动等。秘书工作的辅助性质和从属地位决定了它存在着被动性的一面，作为领导者的助手，随时要根据领导工作的需要，完成领导交办的事务工作。这类工作往往具有被动性和具体性的特征，需要秘书人员具备较强的工作责任心。

处理交办性事务工作时要注意：第一，树立强烈的责任意识。如果秘书缺乏责任感，只是被动应付，职能作用不能得到有效发挥，便不能适应领导工作的需求。第二，要按领导的意图办事。必须认真贯彻领导的意图，及时请示、报告。但同时要注意不能违反相关的规章制度。第三，为领导把好"三关"，即工作程序关、质量关、法规关，做到精心谋划，科学组织，严格把关。

（四）部门不管性事务

部门不管性事务是指没有归入其他职能部门的事务性工作。秘书部门又称为"不管部"，有些无法归入职能部门的事务工作，秘书部门要积极承担。这类工作往往具有繁杂性、综合性的特征，要求秘书人员要具备工作的热忱心。

处理部门不管性事务工作时要注意：第一，加强自身修养。把自己的一举一动与维护办公室形象结合起来，着力创造办公室良好的外部形象。第二，树立全局意识、服务意识、责任意识，努力做好各项工作。摒弃居高临下、指手画脚、只说不干、办事拖拉的现象。第三，不拖拉推诿，以"热忱心"处理部门不管性事务。

秘书办理的事务涉及方方面面，虽然有日常程序性事务、临时偶发性事务、领导交办性事务、部门不管性事务的不同分类，但各类事务并不是截然分开的。而且在处理很多事务性工作时，也需要秘书具备参谋的意识，提高秘书的服务质量。

【复习思考题】

1. 你认为秘书的基本职能有哪些？
2. 分析秘书辅助决策的过程和特点。
3. 秘书处理事务的类型和方法有哪些？
4. 秘书沟通协调的特点是什么？
5. 案例分析。

某公司将于次日上午召开创新发展动员大会。此前，公司办公室刘主任已根据王总经理的授意，为其拟出动员讲话稿，王总甚为满意。

当晚，王总正在进一步斟酌明天的讲话，刘主任临时报告："北大李教授应邀到本市参加明天下午的一个学术会议，现已入住市内宾馆。您是否要去见见他？"

李教授是王总的大学导师，已多年未见。刘主任话音刚落，王总当即吩咐："我们现在就去宾馆。"

他们赶到宾馆看望了李教授，王总还恳请老师在学术会后去公司小住两天。但李教授却表示明天会后,晚上就得赶回北京。王总一时没了主意。此时,陪座的刘主任临时向王总建议:"李教授是研究改革发展的大专家,他是明天下午参加学术会,能否请教授明天上午抽空莅临公司的创新发展动员大会给予难得的宝贵指导?"王总会意,立即接话向老师表示:"小刘的建议太好了!恳请老师明天上午莅临我们的动员大会作指导。"

次日上午,在公司动员大会上,李教授继王总报告之后,作了精辟的讲话,使大会开得更加生动有效。

结合案例分析秘书参谋的特征。

【扩展阅读】

1. 张清明:《秘书参谋职能概论》,武汉大学出版社 2006 年版。

2. 张瑾:《当代秘书职能研究》,《秘书》2014 年第 9 期。

第六章

秘书工作的内容和特征

第六章
秘书工作的内容和特征

■本章概述

　　秘书工作是秘书学研究的主要内容。秘书工作的内容比较广泛,不同时期、不同性质的组织,秘书工作的侧重点各有不同。秘书工作的本质属性和基本特征是既有联系又有区别的两个问题。秘书工作的本质属性是辅助性。秘书工作的特征可以表述为:被动性与主动性的对立统一,事务性与思想性的对立统一,常规性与随机性的对立统一,保密性与沟通性的对立统一,综合性与专业性的对立统一。

■学习目标

　　1. 熟知秘书工作的内容。
　　2. 明确秘书工作的本质属性。
　　3. 明确秘书工作的特征。

■重点难点

　　1. 秘书工作的内容构成。
　　2. 秘书工作的综合辅助性。
　　3. 五组对立统一矛盾的内涵。

第一节　秘书工作的内容

　　秘书工作的内容具体表现为秘书工作的任务。秘书工作是为完成辅助领导实施有效决策和管理而在一定业务范围内的劳动。秘书工作是秘书学研究的基本对象,也是秘书职能的具体体现。我国的秘书工作内容,特别是行业性秘书工作内容,正随着经济社会的发展而发生变化,不同时期、不同行业,秘书工作的任务不尽相同。

　　秘书学界对确认党政机关秘书工作内容的基本依据的认识是比较一致的。无论是 20 世纪 80 年代陈贤华主编的《秘书工作论》,还是时隔二十年以后杨树森在《论我国当前秘书工作的内容》[①]中,均将 1951 年 7 月中央人民政府政务院作出的《关于各级政府机关秘书长和不设秘书长的办公厅主任的工作任务和秘书工作机构的决定》所规定的七项"工作任务"作为党政秘书最基本的工作内容。具体地说,七项"工作任务"是指:

---

① 杨树森:《论我国当前秘书工作的内容》,《秘书》2006 年第 2 期。

（一）协助首长综合情况，研究政策，推行工作；

（二）协助首长密切各方面的工作联系；

（三）协助首长掌管机关内部的统一战线工作；

（四）协助首长掌管保密工作；

（五）掌管机要工作；

（六）主持日常行政事务（包括公文处、会议组织、检查与督促政府决议的执行等项）；

（七）掌管机关事务工作（包括机关财务、生活管理、学习、文化娱乐活动等事项）。

研究者认为，虽然这个文件时间已经很久，但是这七项内容除"机关内部的统一战线工作"已经不再划入秘书工作范畴外，其余各项仍然是今天政府秘书长或办公厅主任的主要任务。

1985年1月，中共中央办公厅召开的全国秘书长、办公厅主任座谈会上，当时的办公厅主任王兆国在谈到办公厅的任务时说，"办公厅有秘书、警卫、调研、电讯、档案、信访、交通、保健、保密和机关生活等等业务"。[①] 1990年1月，江泽民同志在《全国党委秘书长座谈会上的讲话》又特别强调了办公厅要发挥好"一是参谋助手作用……二是督促检查作用……三是协调综合作用"。[②] 习近平在《秘书工作的风范——与地县办公室干部谈心》一文中指出："办公室工作任务概括起来有三个：一个是决策的参谋、智囊作用；一个是对上对下的服务；一个是机要、保密工作。"[③]上述领导同志的讲话与"工作任务"相辅相成，成为了确定党政秘书工作内容的基本依据。

与党政秘书相比，其他类型秘书的工作内容却各有特点。劳动与社会保障部推行的秘书职业资格鉴定是着眼于秘书职业群体的，在国内具有相当的权威性。它在确定秘书工作基本内容时，将商务沟通、办公室事务和管理、常用事务文书的拟写、会议与商务活动、信息与档案作为秘书工作的重点。另外，根据美国《职称词典》整理的内容，秘书的主要工作内容表现为记录、安排约见、接待客人、处理信函、接打电话、翻译、对办公室其他人员进行监督、整理公司档案等行政工作。[④] 这些秘书工作内容与党政秘书的七项"工作任务"相比，其差异性还是比较大的。

综合党政秘书和企事业单位秘书的工作特点，从秘书工作的基本职能出发，比较带有共同性的秘书工作任务有以下内容。

一、文书撰拟

文书的出现是秘书工作产生的基本标志之一。无论是党政秘书还是企事业单位的秘

---

① 转引自陈贤华：《秘书工作论》，四川大学出版社2000年版，第48页。

② 江泽民：《全国党委秘书长座谈会上的讲话》，《秘书工作》2000年第2期。

③ 习近平：《秘书工作的风范——与地县办公室干部谈心》，选自《摆脱贫困》，福建人民出版社1992年版。

④ 杨剑宇：《涉外秘书学概论》，湖北科学技术出版社2000年版，第2—3页。

书,文书撰写应该是秘书最具典型性的工作。撰拟的文书可以是政策性、法规性较强的公文,也可以是事务性较强的通知、启事、便函;可以是单位内部的计划总结,也可以是对外的宣传报道。毋庸置疑,文书撰拟应该是标志性的秘书工作内容之一。

二、文书处理

文书处理指的是对文书的办理、管理、整理(立卷)、归档等一系列相互关联、衔接有序的工作。关于文书处理工作的归属问题,《党政机关公文处理工作条例》(中办发〔2012〕14 号,2012 年 4 月)第六条、第七条明确规定:"各级党政机关应当高度重视公文处理工作,加强组织领导,强化队伍建设,设立文秘部门或者由专人负责公文处理工作"、"各级党政机关办公厅(室)主管本机关的公文处理工作,并对下级机关的公文处理工作进行业务指导和督促检查。"可见文书处理是秘书工作的基本内容是具有法规性依据的,文书处理的概念中包含文件的整理和归档工作。

三、信息工作

信息工作就是信息的收集、加工、传递、存储、提供和利用工作。信息工作是新时期秘书工作中被强化的重点工作,在秘书工作内容中占据重要地位。具体地说,首先,秘书人员要根据工作需求,有针对性地做好信息的收集工作。而调查研究是秘书收集信息的手段之一。调查研究和信息工作存在着交叉关系,调查研究可以作为秘书信息工作的组成部分,可以不再单列为秘书工作的基本内容。其次,秘书人员要对获取的信息做好加工、传递和存储工作。第三,秘书人员要做好信息的提供和利用工作。秘书应将加工后的信息根据需要及时提供给领导者,为领导的决策提供服务。

四、协调工作

协调工作就是调整和改善部门与部门之间、工作与工作之间关系的工作。被称为"现代经营管理理论之父"的著名管理学家法约尔最先提出了管理的五大职能,其中一项就是协调。《关于各级政府机关秘书长和不设秘书长的办公厅主任的工作任务和秘书工作机构的决定》所规定的七项"工作任务"之一是"协助首长密切各方面的工作联系",其实质与协调相近。不仅公务秘书如此,从近年企业单位的招聘中,我们同样可以关注到企业对秘书人员的协调能力的注重。

五、会务工作

会务工作就是各种会议的筹备、组织和服务工作。会务工作作为秘书工作的基本内容,与文书工作一样有极高的认可度。会议具备了决策、沟通、协调、传播多种功能,是目前行政管理中最主要也是最基本的手段之一,是领导活动基本的方式。任何形式和规模的会议,都需要相应的会议组织工作,如会议计划的拟订、会议文书的制作、会议场所的布置、会间活动的安排与协调,以及会后的收尾工作等。同时,需要说明的是,会务工作还涵盖了各种仪典的组织工作,如开幕仪式、签字仪式以及会见与会谈的安排等等。会议的筹备、组织和服务工作通常由秘书人员和秘书部门承担,大型会议或者涉及多个单位的会议则通常成立专门的会议机构,秘书人员也会参与其中。因此,我们认为秘书承担会务工作体现了其辅助管理的基本职能。

六、接待与信访工作

接待工作是秘书工作中的重要内容,特别是有些公司的前台秘书,接待是其最基本的工作任务。接待工作是秘书人员树立良好的组织形象,有效协助领导工作的重要渠道。秘书人员应该熟悉接待的程序和方法,掌握好接待的基本礼节、礼仪,热情大方、细致周到地做好接待工作。

信访,是指公民、法人或者其他组织采用书信、电子邮件、传真、电话、走访等形式,向各级社会组织反映情况,提出建议、意见或者投诉请求,依法由有关社会组织处理的活动。无论是党政机关还是企事业单位,都有自己的信访工作。在传统的秘书工作内容中,信访工作往往被认为是重要的秘书工作任务,特别是在党政秘书中尤为突出。但是,从总体上看,我们可以把信访工作视作接待工作的一种特殊形式。

七、档案管理

档案管理是文书处理工作的延续。机关重要文书,办理完毕后,都要进行整理归档。机关单位的档案收集、整理、鉴别、统计、保管和提供利用等工作都应该是秘书工作的范畴。当然,并不是所有学者都认为档案管理属于秘书工作的范围,对此,我们认为,将所有的档案工作、政策研究工作、保密工作、行政事务工作、外事接待工作包含在秘书工作之中显然缺乏科学性,但是,秘书工作的内涵与上述工作的内涵确实存在交叉关系。就档案管理而论,国家档案系统的档案管理确实不属于秘书工作的范畴,但是,机关内部的文书档案管理却可以归属于秘书工作范畴。

八、办公室日常管理工作

由秘书工作的综合性决定,秘书工作还包含了大量的日常管理工作。比较典型有:①日程安排,根据领导的意图,安排、落实或者变更其日程,协助领导做好日程管理;②印信管理,根据相关规定,管理和使用机关印章、领导名章和各种戳记,开具介绍信;③通讯工作,包括电话接打,邮件、传真收发等;④值班工作,安排和担任节假日值班工作;⑤办公室的环境维护和用品的管理。

九、随从工作

随从工作,就是跟随领导者参加视察、调研、会议及其他公务活动,为领导做好服务性工作。它包括活动之前的准备、活动期间的安排和结束后的总结等工作,如计划的制订、与对方单位的联络协调、资料的准备、车辆住宿餐饮的安排、财务报销等等,工作具有繁杂性、具体性的特点。做好随从工作,可以保障领导者外出工作能顺利、高效地开展,减轻领导的负担。

十、交办工作

完成领导临时交办的工作也是秘书工作的任务之一。这种工作带有临时性和偶发性,如协助领导找人、探望病员、处理某些临时任务等等,这些也属于秘书工作的任务范畴。

由秘书工作的综合辅助的本质属性所决定,秘书工作具有广泛的内涵。秘书工作概念的外延具有较大模糊性。我们认为,秘书人员或者秘书部门在履行参谋辅助和管理辅助时所承担的工作都应该视为秘书工作。

【案例】

嘉兴学院曾对嘉兴市的 100 家中小型企业(其中国营企业 15 家、外资企业 18 家,合资企业 30 家、乡镇企业 27 家、私营企业 10 家)开展过问卷调查,调查者列举了 23 项工作,秘书从业人员是否认可和是否承担该项工作的统计数据如下:(1)撰写各种文字材料,认可度 100%、实际承担 100%;(2)处理商务文书,认可度 75%、实际承担 100%;(3)搜集信息,备领导咨询,协助领导作出正确的经营决策,认可度 82%、实际承担 65%;(4)管好档案、资料,认可度 70%、实际承担 85%;(5)有效组织会议,做好会务工作,认可度 100%、实际承担 100%;(6)妥善为领导安排约会,认可度 90%、实际承担 58%;(7)做好接待工作,组织礼仪活动,认可度 100%、实际承担 85%;(8)为领导编制工作日程安排表,安排商务旅行,认可度 80%、实际承担 69%;(9)管好办公室财产,认可度 85%、实际承担 50%;(10)做好一般性外事接待工作,认可度 96%、实际承担 30%;(11)积极主动地开展公关宣传,认可度 90%、实际承担 90%;(12)协调组织与组织之间、组织内上下级之间、部门之间的关系,认可度 100%、实际承担 75%;(13)做好后勤保障工作,认可度 78%、实际承担 75%;(14)帮助领导处理一些私人事务,照顾领导的生活,认可度 100%、实际承担 25%;(15)自动化办公,认可度 100%、实际承担 90%;(16)搞好办公室美化与卫生工作,认可度 65%、实际承担 100%;(17)必要时能协助领导指定的人做好某项工作,认可度 68%、实际承担 81%;(18)充当领导的保卫人员,为领导驾车,认可度 80%、实际承担 21%;(19)为领导办理一般性金融、保险事务,认可度 75%、实际承担 50%;(20)按时完成领导临时交办的各项事务,认可度 100%、实际承担 87%;(21)领导不在时,能代替领导做好生产经营管理工作,认可度 65%、实际承担 28%;(22)完成值班工作,认可度 100%、实际承担 100%;(23)做好保密工作,认可度 100%、实际承担 75%。①

---

① 徐忠献:《关于企业秘书的角色定位及其工作特性的调查研究》,《秘书》1999 年第 8 期。

【分析】 调查者设置了"认可度"和"实际承担"两个指标,既反映了秘书人员对秘书工作内容理论上的认知,又体现了其实际承担的状况(实际承担可能受到单位性质和类型的制约),从而使上述数据更具有说服力。从文中数据可见,文字工作、文书工作、会务工作、接待工作、宣传工作、协调工作、保密工作、办公室事务工作(如办公设备的管理和使用、办公室环境的布置和维护)等工作也是企业秘书认可和实际承担的主要工作。但由于调查者对秘书工作内容的设计不尽完美(如"为领导办理一般性金融、保险事务"一条,与"管理企业档案"相比,显然后者更有代表性),加之时间性和地域性的局限,调查数据的代表性存在一定缺陷。

第二节　秘书工作的本质属性

"性质"与"特征"是两个有区别的概念,根据《辞海》的解释,"性质"是事物所具有的特质。"特征"是一事物区别于他事物特别显著的征象、标志。"特征"是由事物自身的规定性所决定的,也就是说"性质"决定了"特征","特征"是由"性质"所派生的。秘书工作的"本质属性"和"基本特征"是既有联系又有区别的两个问题。同时,秘书工作的本质属性和秘书工作的规律密切相关。

辅助性作为秘书工作本质属性属于比较主流的认识。秘书工作具有辅助性。秘书工作的产生、秘书机构的性质、秘书工作的作用、秘书人员的职能无不显示了秘书工作具有辅助性。

首先,从秘书工作的产生和发展的角度分析。自从人类社会产生了社会组织,就产生了管理和决策的需要,就有了领导部门。如杨剑宇在《中国秘书史》中指出的,"社会组织的领导部门需要有人辅助,为他们处理日常事务,上传下达,参谋咨询。这导致了秘书人员的产生"。[①] 秘书人员和秘书工作产生的根本原因就是为了辅助领导活动,秘书工作的辅助性是与生俱来的,因此说,辅助性是秘书工作的先天属性。

其次,从秘书机构的性质和地位分析。根据行政学的原理,行政组织按照其功能的不同,可分为领导机关、辅助机关和职能机关等,秘书机构是为领导机构和职能机构提供服务,并在领导机构和职能机构之间承担承上启下、联络左右的中介性功能,秘书机构的特定地位决定了秘书机构属于综合辅助性机构,从而印证了秘书工作的辅助性。

最后,从秘书工作的作用分析。秘书工作所发挥的作用中,最主要的是参谋作用和助手作用。"无论是参谋作用还是助手作用,对于领导者和领导工作而言,秘书工作显然是一种辅助性工作。"[②]秘书工作"自始至终贯穿着、体现着秘书工作的全能助理性"。[③]

---

① 杨剑宇:《中国秘书史》,武汉大学出版社2000年版,第1页。
② 董继超:《普通秘书学》,中央广播电视大学出版社1997年版,第6页。
③ 邓立勋:《论秘书工作的基本特征》,《湖南经济管理干部学院学报》2003年第4期。

辅助性是与秘书工作与生俱来的，从秘书工作的内容和作用分析，辅助性可谓贯穿始终。然而从广义上分析，各职能部门和其他工作人员也可以说是分工协作，辅助领导完成共同的目标任务，也就是说辅助性并非是秘书工作所特有的。也正因为如此，有学者提出了不同意见，张清明认为"辅助性这一特征没有触及到秘书工作的个性内核，它还不是能将秘书工作这一独特社会活动同相近社会活动区分开来的秘书工作的本质属性"。张清明提出，一个社会组织系统中除领导者之外的工作人员，甚至是处在决策层的副职人员，相对正职，都发挥了辅助作用，因此，秘书工作的辅助性只能是秘书工作本质特征的内核外围。[①]

由此，我们认为在确定秘书工作的本质属性时有必要对辅助性加以限制，限制的方向如下：

首先，秘书工作的辅助性具有综合、全面的特征，这是最具标志性的。秘书工作涉及领导工作的方方面面。从总体上看，秘书人员是在组织系统的目标管理的全局之内，适应系统决策领导者全局控制的视野与相应的需要，以涉及系统内各方面职能业务工作的活动所向，通过综合性的参谋助手效应来辅助领导者有效进行领导工作。相比而言，其他业务职能部门一般只担负某一方面的工作，各司其职，其辅助活动具有明显的专一性，其辅助活动基本限定在既定分工的局部业务管理范围之内，通过其明确的具体职能工作效应来辅助系统领导者完成目标管理任务。

其次，秘书工作的辅助具有直接性。秘书工作的辅助是一种直接的辅助，秘书工作直接受命并服从于领导活动，又直接对领导活动负责。张清明所提出的辅助的"近身特征"实质上等同于辅助的"直接性"，具体地说，"同其类属人员及职能工作相比，在同样隶属辅助系统领导者的情态下，带有更加贴近领导者的近身特征……他们（指秘书部门及秘书人员——引者注）是在更密切贴近、始终围绕、直接受制和服务领导者的过程中，通过其综合性的参谋作用来辅助系统领导者"。

再次，秘书工作的辅助具有非独立性。秘书工作是伴随着集团统治和领导群的出现而产生的。它的使命要求它始终从属于、服务于统治者和领导者。与智囊团、咨询公司的辅助不同，秘书工作必须以领导者的授意或授权为前提，秘书的辅助不具备独立性。

【案例】

某秘书自述："有一次，我写一份转发性简报，觉得许多税务所有章不循、有令不行。问题出现后再来制定一些国家早有规定的纪律，这是学习不够的缘故。我便在简报的末尾加上了自己的观点，提出了要求，主任看后，将这些全部删掉。"主任为什么要全部删掉秘书的意见？

【分析】 辅助性是秘书工作的根本性质，"谋而不断"体现了秘书工作辅助性特征。本

① 张清明：《关于秘书工作本质属性的再议论》，《武汉交通管理干部学院学报》1999 年第 1 期。

案例中某秘书在转发性的简报中加了自己的观点,提出了要求,虽然表现了自己主动积极的工作态度,但这种又谋又断的行为不符合秘书工作的根本属性。秘书的辅助是不具备独立性的,秘书应该在领导授权的范围内积极工作,案例中的秘书应该将自己的意见通过主任转达给领导。

秘书的辅助具有综合性、直接性和非独立性的特征,在这些特征中,综合性特征是最典型、最本质的,它曾经被许多学者归结为秘书工作的基本特征。[①] 综合辅助可以区别秘书工作和其他活动的辅助,同时,考虑到表述上的精炼,"综合辅助性"可以显示出秘书工作的本质属性。如同"原始记忆性"是档案的唯一的根本属性,"综合辅助性"是秘书工作唯一的本质属性。

第三节   秘书工作的特征

所谓特征是一事物区别于其他事物特别显著的征象、标志,也就是一事物与另一事物的区别之点,这种特征是由事物自身的本质属性所决定的。我们认识秘书工作的特征,就要发现秘书工作与其他活动的区别,而不能把秘书活动混同于一般的机关活动,或者说把一般机关活动的特征视作秘书工作的典型特征。如政治性、政策性等特点就不仅仅是秘书工作所特有的,领导活动的政治性、政策性明显更加典型,因此很难把它们归结为秘书工作的基本特征。

在秘书学研究领域中,对秘书工作特征的研究,影响最大的是李欣的"四性说"和王千弓的"五组矛盾说"。

"四性说"中的"四性"具体指政治性、从属性、事务性、被动性。确实,秘书工作有"四性"的指征,但是,随着秘书职业化进程的日益推广,"四性"很难再被认定为秘书工作的基本特征。以政治性为例,如前所述,尽管党政秘书工作具备较明显的政治性,但这种政治性并不来源于秘书职业活动本身,而是源自党政机关,党政机关的其他管理活动也具备典型的政治性,而其他类型的秘书工作如私人秘书工作、商务秘书工作的政治性却并不突出,因此,我们很难认定政治性是秘书工作的基本特征。

"五组矛盾说"较早见于王千弓编著的《秘书学与秘书工作》,书中提出,"秘书部门和秘书处于辅助性的从属地位。这种位置的特殊性形成了秘书工作的一系列特点,也就是秘书工作的五组对立统一的矛盾:被动性与主动性的对立统一,事务性与思想性的对立统一,机

[①] 司徒允昌、陈家桢(《秘书学教程》,上海人民出版社 2003 年版)和王育(《秘书学原理及实务》,机械工业出版社 2001 年版)都将"综合性"归结为秘书工作的基本特点之一。

要性与群众性的对立统一,突击性与经常性的对立统一,综合性与专业性的对立统一"。将
"五组矛盾说"归结为秘书工作的基本特征在秘书工作独特性的把握上显然优于"四性说",
五组对立统一的矛盾作为秘书工作的特点从最初提出到现在已经有三十多年了,经过三十
多年秘书工作的实践检验,我们认为五组对立统一的矛盾对秘书工作特征的把握还是比较
恰当的。当然,随着时代的发展,我们还需要进一步完善。因此,我们对上述"五组矛盾说"
做了如下修正:

一、被动性与主动性的对立统一

秘书工作的综合辅助性质和从属地位决定了它存在着被动性的一面。秘书工作的被
动性是秘书活动的主体受制于客体而表现出的被动性。秘书工作是主体受制于客体的活
动,其受制力大于自制力,因而表现出被动的特性。领导工作的内容、节奏、方式决定着秘
书工作。同时,秘书活动的被动性是活动指向的受制性,秘书工作是为领导工作服务的,
它必须始终围绕领导活动这个中心来运转,而不能自行其是。秘书工作作为一种辅助领
导者、管理者的活动,相对于领导者的领导工作而言,始终处于次要地位,是对领导工作的
补充。

我们承认秘书工作中存在着被动性的一面,但并不是说被动性就是秘书工作唯一的特
征。事实上,秘书仍然具有发挥主观能动性的广阔天地。秘书工作的主动性是指在掌握秘
书工作的客观规律的前提下,力争化被动为主动。实践证明,秘书工作只有体现出了主动
性,才能更好地体现秘书工作的价值。例如,秘书的信访处理具有明显的被动性,但是秘书
如果能对信访的内容进行有效的分析和研究,并将研究结果提供给领导,为领导决策提供信
息服务,就显示了秘书工作的主动性特征。

因此,我们得出的结论是:秘书工作既有被动性的一面,更有主动性的一面,秘书工作的
特征应该是被动性与主动性的辩证统一。秘书人员必须正确认识和处理被动性与主动性
的关系。只看到秘书工作的被动性,看不到秘书工作的主动性,是一种片面的认识。不承
认秘书工作的被动性,无限夸大秘书工作的主动性,同样是一种不恰当的认识。因此,秘
书工作追求的是主动性和被动性的平衡,单纯的主动性和被动性都不是秘书工作的基本
特征。只有保持被动性和主动性的对立统一,才能保证秘书工作到位而不越位,尽职而不
失职。

二、事务性与思想性的对立统一

事务性曾经被许多研究者归结为秘书工作的特征之一,上述"四性说"中就包含"事务
性",应该说人们对"事务性"的认识还是比较普遍的。确实,秘书部门是各级领导的办事机
构,办事是秘书工作的基础职能。秘书工作有较强的事务性,接打电话、接待访客、收发文
件、校对文稿、布置会场都属于事务性工作。

另一方面,秘书工作又具有很强的思想性。从字面上分析,"思想"的词汇意义是"即理性认识,人们在实践中对客观事物的认识,开始是感性认识,'这种感性认识的材料积累多了,就会产生一个飞跃,变成了理性认识,这就是思想'"。秘书机构不仅是一个办事部门,还是一个重要的参谋部门,它在领导决策过程中具有重要的参谋作用,即被认为"都渗透着极强的思想性"。[①]

秘书工作是事务性与思想性的对立统一。首先,二者是相互渗透的。一方面,秘书工作在整体上具有极强的思想性,但就局部而言,即使是思想性很强的工作,也或多或少地带有事务性。另一方面,秘书部门日常平凡的事务工作,又无不具有内在的思想性。如文电的校对,如果稍有疏忽,错校一个关键的字,文件发出去,就可能造成重大的政治影响;主席台排座次,如果排错了,就可能引起各方面猜测。所以事务性工作渗透着思想性,不能因为事务性工作就可疏忽大意。其次,二者是相互影响的。事务性是秘书工作的基础性工作,思想性主要是在处理事务中体现出来的,离开事务性工作,秘书工作的思想性就失去存在的基础和本体;思想性是秘书工作的灵魂和"内核",是做好事务工作的关键所在,离开思想性,秘书工作就失去方向和目标,办事效率就不可能高。第三,二者是有主从关系的。在秘书工作中,思想性是主导方面,事务性是从属方面,但我们决不能因此而忽视事务工作。

一个优秀的秘书工作者,必须对事务工作有这样的思想准备:不怕繁杂,不嫌琐碎;充分认识事务工作中蕴含的思想性,在具体的事务工作中突出思想性。只有这样,才能充分发挥参谋和助手作用。所以,单纯的"事务性"或者"思想性"并不适宜成为秘书工作的基本特征,秘书工作的特征应该是事务性与思想性的对立统一。

三、常规性和随机性的对立统一

常规性和随机性的对立统一体现了秘书工作方式和节奏方面的基本特征。常规性指的是秘书工作中存在着大量的经常出现、反复进行的工作,这些活动往往是事先有预见、有计划的,活动内容常常是有规可循的,秘书人员只要各司其职,按章办事,就能保证机关工作正常运转。较典型的如文书处理活动,文书的收发、审核、登记、传阅、拟办、复核等各个环节的工作大多属于常规性的秘书工作,因此我们认为秘书工作有常规性的特征。

所谓随机性,是指事先未预计到的、突然发生的、需要秘书随机处理的活动,如临时受命调查某一事件,为临时决定召开的会议准备材料,向突然到来的上级视察人员提供有关资料等等。

在秘书工作中,常规性是它的主导方面,随机性处于相对次要的地位,二者相互联系,相互影响。秘书工作者既要连续不断地处理常规性工作,又要能够应付随机发生的复杂情况。实际上,常规性工作与随机性工作之间有着内在的联系。如果秘书人员对各项常规性工作

---

① 傅西路:《秘书学论纲》,中国档案出版社 1999 年版,第 167—171 页。

的处理富有经验,就能从容应对各种随机性事件。随机性事件的处理能够有效地锻炼和提高秘书人员的工作能力,更有助于做好常规性工作。因此,秘书工作的常规性和随机性应该是辩证统一的。

四、保密性与沟通性的对立统一

由于秘书机构地位的中枢性,保密性是秘书工作特征的一个侧面应该说是没有疑义的。不管是党政机关、企事业单位还是私人的秘书,由于其在管理系统中特殊的位置及与领导的近身关系,其工作内容都或多或少地涉及国家、单位的机要和秘密,或者是领导个人的隐私。所以,保守秘密就成为秘书职业的基本职业道德,也是秘书工作特征的一个侧面。

与保密性相对的应该是沟通性,原来所提的"群众性"值得商榷。"群众性"一词,对于领导活动或者党政机关的秘书工作而言,存在着一定的合理性,但是,秘书工作作为一种职业活动未必合适,而且,群众性与机要性也并不必然构成对立关系。由此,应该用沟通性代替群众性。如前所述,"秘书部门又是汇集信息的渠道,是联系各方面的桥梁",承上启下、联络左右的枢纽地位要求秘书具备良好的沟通意识。沟通性应该是秘书工作特征必不可少的另一个侧面。

沟通性和保密性存在着辩证统一的关系。二者相互依存,相互结合,不可分割。如果只看到秘书工作的保密性,而忽视秘书活动的沟通性,将会使自己的工作处于封闭的状态,该汇报的不汇报,该传达的不传达,最终影响秘书工作的开展。反之,如果只看到秘书工作的沟通性,而忽视秘书工作的机要性,就会在公务接待、日常交往、宣传报道、沟通协调等活动中丧失警惕,内外无别,泄露机密,给党和国家及组织自身或者领导造成不应有的被动和损失。因此,秘书工作者必须妥善处理好二者之间的关系,既要密切联系各方,保持信息畅通,又要时刻注意保守机密。

五、综合性与专业性的对立统一

由秘书工作综合辅助的本质属性所决定,秘书工作具有综合性的基本特征。秘书部门不是领导机关的专项业务部门,而是组织的综合部门。因此,秘书工作所涉及的范围和内容十分广泛,具有突出的综合性。秘书工作的综合性是由领导工作的全局性所决定的。任何一级领导者都处于不同层次的管理系统全局位置上,都必须总揽全局,统筹规划,综合协调。各级秘书部门和秘书人员,作为各级领导的参谋和助手,这种地位决定了秘书工作高度的综合性。

另一方面,秘书工作又有它的专业性。秘书工作的专业性,首先是指秘书业务的特殊要求,如文书处理与写作、档案管理等秘书工作就具有典型的专业性特征。其次是指各机关、各部门的专业知识。不同的行业,需要不同的专业知识,如医疗卫生系统的秘书工作者必须具备医疗卫生的基本知识。

秘书工作的综合性与专业性是相辅相成的,秘书人员的专业知识越丰富,越全面,总揽全局的综合能力也就越强;秘书人员的综合能力越强,对全局了解得越透彻,也越有利于对专业知识的掌握。二者是相互结合,相互促进的辩证统一关系。

综上所述,在王千弓主要针对党政秘书的"五组矛盾说"基础上,我们认为可以扩大其适应性,面对秘书的职业群体,"五组矛盾说"的内容可以表述为:被动性与主动性的对立统一;事务性与思想性的对立统一;常规性与随机性的对立统一;保密性与沟通性的对立统一;综合性与专业性的对立统一。这五组对立统一的矛盾较典型地显示了秘书工作区别于其他活动的特性,体现了秘书工作的特殊性,可以视作秘书工作的基本特征。

【案例】

与天津恒润公司就合作开发新型纳米材料项目已谈了大半年了,由于双方在专利技术转让费用上的分歧较大,项目进展缓慢。根据事先约定,某天下午两点半会谈继续。上午十一点半,恒润公司张总的秘书刘小姐来电话,再次确认下午会谈的事,说马上开车出发。秘书放下电话后马上向胡总汇报,胡总说没问题。下午两点秘书在给胡总材料时,顺便提起下午二点半与恒润公司谈判的事。听秘书这么一说,胡总说不想见恒润的张总了,让秘书自己处理。下午快三点了恒润公司的人才到。秘书马上思考了几种应对方案:A. 对不起,由于你们没有按时来,胡总已出去办别的事去了。B. 胡总觉得这项目谈起来太艰难,不想再谈了。C. 实在不好意思,由于上海分公司那边出了一点意外,胡总下午五点的飞机去上海,现在要做些准备,不能亲自谈判,今天先跟研发部的王经理谈谈怎样?D. 实在不好意思,胡总今天下午太忙,改个时间再谈好吗?E. 实在不好意思,下午一上班,商务部的人就来电话,让胡总去汇报情况,所以只有请张总谅解。经过权衡,秘书选择了C。她马上与研发部的王经理取得了联系,并说明了情况,妥善处理了这一"突发事件"。

【分析】 案例中秘书的工作属于常见的秘书工作内容,体现了秘书工作对立统一的基本特征。如案例中秘书为领导做日程管理是秘书的常规性工作,但是领导的善变却增加了秘书工作的随机性。又如案例中秘书被动地接受了领导的指令处理与恒润公司谈判的事,但是如何处理才能不损害公司和领导的信誉和形象却需要秘书发挥较大的主观能动性。再如,案例中秘书的工作从表面上看是迎来送往的事务性工作,但又蕴含着思想性。可见,秘书的接待工作中既有主动性和被动性的对立统一,又有常规性和随机性的对立统一,也有事务性和思想性的对立统一。

【复习思考题】

1. 如何理解秘书工作中五组对立统一的矛盾?

2. 为什么说综合辅助性是秘书工作的本质属性？

3. 请比较以下十本教材对秘书工作内容的认定。你认为当前我国秘书工作的主要内容是什么？

表6-1

十本教材中秘书工作的基本内容列表

序号	教材名称	秘书工作的基本内容
1	秘书工作论 （陈贤华）	辅助决策;调查研究;信息工作;文书处理和撰制;协调工作;会务工作;信访工作;文书立卷和档案管理;督查工作;印信证章的管理;值班门卫和接待工作;机关内部的管理工作;机要交通与通讯;保密工作;领导交办的其他工作。
2	普通秘书学 （董继超）	文字工作;文书工作;信息工作;协调工作;督查工作;信访工作;议案和提案工作;机要工作;会议工作;接待工作;随从工作;值班工作;印信工作;通讯工作;其他工作。
3	秘书学 （袁维国）	文书管理;文书拟写;文书制作;档案管理;会议管理;调查研究;信息工作;接待工作;日程安排;事务工作;印章管理;值班工作。
4	秘书学概念 （陆瑜芳）	文书撰写;文书制作;文书处理;档案管理;会议组织;调查研究;信息资料工作;信访工作;接待工作;协调工作;督查工作;日程安排;日常事务;办公室管理;其他临时交办事项。
5	秘书学导论 （徐瑞新等）	代拟文稿;文稿核校;调查研究;信息采报;督促检查;辅助协调;文书（包括电报）处理;会务办理;电话处理;印刷打字;文书传递;信访事务;接待商洽;立卷归档;交办事项。
6	秘书学 （方国雄等）	事务办理;中介沟通;文书工作;信息工作;参谋辅助;会务操办;综合协调;督促检查。
7	秘书理论与实务 （朱传忠等）	调研工作;信息工作;协调工作;督查工作;文书工作;档案工作;会议工作;信访工作;保密工作;事务管理工作。
8	中国秘书学 （任群）	决策参谋;公文处理;公文撰拟;调查研究;督查工作;组织协调;信息收集;会议组织;信访办理;文书立卷;机要保密。
9	秘书学基本原理 （吕发成等）	撰拟文稿;管理文书;组织会议;操办事务;处理信息;辅助决策;协调关系;督促检查。
10	秘书学教程 （司徒允昌等）	文书工作;会议工作;调研工作;信访工作;保密工作;查办工作;接待工作;简报与资料工作;印信管理工作。

4. 仔细阅读下文,深入理解秘书工作的内容和特征。

秘书工作——典型的一日 [①]

苏珊是一家饮料公司地区分公司的行政助理,苏珊写这篇描述她一天工作的记录时,她担任该公司营业部经理迈克先生及广告部经理怀特先生两人的执行秘书已有一年半的时间。她已接到通知,将升任迈克经理的行政助理,并且当她训练杜娜小姐能够独立担任怀特经理的秘书时,即可生效。苏珊选择星期四这一天作为示范,说明一位秘书典型的一日。这一天,迈克经理已因公出差,而怀特经理正准备远行。

苏珊一天工作的详记(办公时间从上午9:00到下午5:00,中间有1小时午餐时间,两次咖啡小憩各15分钟)。

8:30   抵达办公室。整理仪容,检查办公用品与文具。整理怀特经理办公室及检查迈克经理办公室。

8:55   检视手中的工作,开始誊正昨天听写的两封信,尽快送请怀特经理签名。完成信稿放入签名卷夹中,置于怀特经理案头。

9:15   拆阅并处理第一批邮件。留下必须由我直接作答的,怀特经理到达办公室,让我到他办公室作大约5分钟的口授笔记,迅速整理出即将讨论的事项,因为他下午即将离开,出差两星期。

向怀特经理报到,听写时,两度因电话而中断,然后继续作笔记。回到办公桌后,回复一紧急电话。请杜娜小姐听第二个电话。她正接受训练,一旦我担任迈克经理的行政助理后,她即将为怀特经理工作。

怀特经理把他的旅行计划交给我,交代他外出期间要我处理的事情,并电告杜娜小姐,为她能协助我工作表示高兴。怀特经理当面嘱咐如有需要可找他人帮忙,以完成交办事项,因为他知道我还得替迈克经理做不少事。

9:50   回到我的办公桌,检查档案,获取必要的资料,回复在怀特经理办公室所接听的电话。

选出必须由怀特经理过目的航空信件。接听几通电话,其中一通为一位盛怒的客户B先生打来的,他要求与迈克经理直接讲话,他不相信迈克经理已经外出,最后我才婉转问明原委,并应允他立即查明,尽快打电话告诉他。

10:10   决定前往征信所,核对B先生的账目,请杜娜小姐照顾我的办公室,并告诉怀特经理我要到征信所去,征信所事忙一时无法查对,答应中午以前打电话告诉我。

10:20   回到办公桌,记下征信所午前会来电话,不然,我应打电话去问。咖啡小憩时间,但已无法分身了,告诉杜娜小姐旅行信用证书的用法并叫她到出纳室。稍后告诉她登记月支账的方法。杜娜小姐回来后,将准备交由她接替的工作:复制文件、校对、正式信件的打

---

① 节选自王全禄《女秘书实务》,(香港)三民出版社1982年版,第195—205页。

法、推销员所报费用数字的核实等,一一交代。

杜娜小姐从出纳室带款返回办公室,在我面前点清,当她交钱给怀特经理时也将当面点清,这点很重要。一旦点清无讹,以后再有差错就无须负责。

10:40　开始誊清怀特经理口授信件。文书中心来电话说,他们为怀特经理打的推销业务会议议程表,因为事忙,无法如期在今天完成。我决定无论如何明天一定要做完。

11:10　打好数封信函送请怀特经理签名,并影印其中部分信函,我在他办公室时,怀特经理接听一通私人电话,决定提早于3:00,而不是原定的5:00动身,因此,我最晚必须在2:30左右为他准备好应带的公事包。

11:15　回到办公桌,打三通电话分别通知同仁,将原定4:00召开的会议提前到2:00。怀特经理应带的文件几乎都已备齐,为了慎重起见再检查一遍,并通知杜娜小姐来作实地见习。

征信所来电话,告知客户B先生的账目详情,既得完整资料,自可回复B先生电话。一面打电话,一面教杜娜小姐留心为怀特经理所准备的应带的文件。

与B先生通电话,他似乎很满意。将经过记下准备告知迈克经理,并将这种作业程序示知杜娜小姐,我的上司出差时,所有重要电话,访客谈话摘要记录以及函件我都会做札记。怀特经理的公文包已准备妥当,只等最后一份资料。

11:45　整理档案并与同仁开会后,开始处理迈克经理的信件,他希望当天能知道来信大致内容。怀特经理提早离开办公室去进午餐。当他经过我的办公室时,交给我一份简短的备忘录。说是回到办公室时再由他签名,我的案头始终准备好一个笔记簿。翻在空白的一页,以备不时之需。将备忘录立即誊正,并置于怀特经理办公室的签字卷夹内。第二批邮件到达,很快地过目一遍,其中有一件需要怀特经理立即注意,从档案中找出有关资料附于来信之后,一并置于怀特经理办公桌上的“速件”卷夹内。

12:15　正准备在办公桌进食三明治时,接待员通知一位客户要见迈克经理,假如迈克经理此时尚在办公室,照例会留访客进午餐,于是决定请客人到我们的餐厅用膳,巧遇市场调查部门的高先生,一并邀他同桌进食,请来客在访客名簿上签名。

杜娜小姐通常都在1:00整吃午餐,征求她是否能改变计划,暂且照顾一下我的办公桌,留一便条与怀特经理,告知他我去何处。

1:15　重回办公桌,高先生仍陪着客户并将代为送客。将进餐时与客户谈话要点记下,留供迈克经理参考,并将来客姓名记入访客名单内。

杜娜小姐将她接听的电话告诉我,即去进餐。并说在半小时内回办公室。

1:30　怀特经理让我听写午餐时留在他桌上的紧急来信的回函,他要我替他的太太办一些私人事情,问他假如我请杜娜小姐替我走一趟,他是否介意? 他表示同意。

1:40　将紧急信件誊正,请怀特经理签名,并将一份副本放入其公文包中。检查是否有迈克经理的紧急邮件,其中有一封必须在明早转寄资料时一并转致,在怀特经理离开后应立刻准备,杜娜小姐餐毕返回办公室。请她备妥怀特经理的最后资料。

2:00　怀特经理的三位同事到达办公室,他让我作笔录,杜娜小姐则招呼所有的电话,使我们不致受到干扰。

2:20　三位同事离去,怀特经理希望尽快将会议记录誊正,讨论一些其他事项。

2:30　重回办公桌,请杜娜小姐誊正我在会议中所作的笔录,告诉她如果有少数的字看不清不必担心,不妨从头至尾快读一遍,将有疑问的字句圈记出来,一并来问我。将怀特经理的公文包准备完毕。

2:45　答复杜娜小姐所提出的会议笔录上的几个疑点,她开始誊正。继续处理第二批来信,并备妥寄给迈克经理的资料。

3:00　怀特经理离开办公室,他能准时而且诸事齐备地动身,总算松了一口气,继续整理信件。

接到迈克经理的长途电话,他将延后两天回来,并嘱转告办公室有关同仁,迈克经理希望立即寄给他某些已打字完成的资料,决定于今晚寄出,我按序检查一遍。

3:15　察看杜娜小姐誊正我的笔录的进度,已接近完成。告诉她完成后可以休息了。

打电话给文书中心,是否可派人协助我打字,答案是无人可派,与营业部两位领班(迈克经理也是他们的上司)联系,是否可派来两位打字员。一位说很难帮忙,另一位说3:30之后可能派出两位打字小姐。一切准备妥当,在向她们有所指示之前,首先向两位打字小姐说明所有的资料必须在今晚寄出。如果她们当中任何一位必须5:00离开,现在就告诉我,以便找人替手。两人都说可以留下。

杜娜小姐也完成了初稿,并且协助下一步工作,她愿意不管多晚,一直陪我工作下去,感谢她的这番好意。

3:45　交代完毕,两位打字员与杜娜小姐以全速进行工作,我把杜娜小姐的初稿复核一遍并作少数更改之后,也加入打字工作。

4:00　工作在忙碌中顺利进行。第三批邮件到,其中有两封限时信是给怀特经理的,一封今晚即行转寄,另一封我自己可以处理。

4:15　接获通知说两位客人来拜访迈克经理,尽管心里不欢迎这种打扰,但是必须去见他们。正准备去招呼他们时,两位借调来的打字员中有一位告诉我,她不习惯在这种紧迫情形下赶工,要求免除这项工作。我设法安慰她,告诉她尽可能地做,而不要一心想到它是一件紧迫的工作。我要她坐在我的写字台旁边,一方面以电话告诉接待员说,我稍迟几分钟便来,并请她打电话给营业部门的一位领班暂时招呼下来访的客人。重新安慰了打字员,告诉她我了解她的感受,并请她尽可安心工作,不要在心理上受到干扰。假如在她必须离开的时刻没能做完,我并不责怪她,于是这位打字员重新去打字。

接着我前往接待室,那位领班正在与一位访客交谈,而我则招呼另外一位,并将他们的来意记录下来,以便转告迈克经理。

4:40　电话铃响,原是怀特经理从机场打来的,他忘了一件必须携带的重要包裹,所幸离他起飞时间还早,我希望能赶得及送给他。立即打电话到西联信差服务处,告诉他们时间急迫,他们答应在 5:00 之前派人来办公室,将包裹交与接待员,并且告诉她西联公司即将派人来取。

4:45　一位打字员已完成她的紧急任务,我们一块儿校对后,我问她能否接替杜娜小姐未完的工作。而由杜娜小姐将 2:00 的会议记录用复写纸打字誊清,因为这是密件不能假手于打字员。

打电话告诉母亲我会晚一些吃晚饭,7:00 左右才能到家。也关照杜娜小姐及两位打字员打电话回家。

5:00　接待员来电话,告诉我西联公司的信差已取走了包裹,总算又舒了一口气。

两位打字员都已打好了字,我们一起检查一遍,她们在 5:25 离开办公室。对于她们的全力帮忙面致谢意,并记下来明天早晨第一件事是向她们的主管致谢。

5:30　办公室只剩下我与杜娜小姐两人,杜娜小姐继续整理会议记录的誊清稿。当她完成后,告诉她处理邮件的程序,并且解释我整天保存迈克经理的封袋的原因。会议笔录原稿将送给怀特经理。

当杜娜小姐清理她的写字台,并在她的日历上记下明天待办事项之际,我急速赶办迈克经理交代之事,将其纳入一牛皮纸信封,量过重量之后,贴上足够的邮票,即将投递。

6:15　接怀特经理电话,说信差已将包裹送到。杜娜小姐问我还需要帮忙的事,我告诉她通常我喜欢每天做好归档工作,看样子今天只好破例了。我从不让该做的事积压到第二天,因而我把它记在行事历上作为明天紧急待办事项。请杜娜小姐共同再检查一遍。尽管时间已晚,我仍然把许多"应办事项"记在行事历上,以便打电话给文书中心询问有关怀特经理交办之事。

【扩展阅读】

1. 杨树森:《论我国当前秘书工作的内容》,《秘书》2006 年第 2 期。
2. 何宝梅:《论秘书工作的本质属性》,《秘书》2009 年第 5 期。

第七章

秘书工作的基本规律和发展趋势

第七章
秘书工作的基本规律和发展趋势

▌本章概述

规律是事物之间内在的本质联系。秘书工作作为一种客观存在的社会现象,在运行中有着本质的、固有的联系。"双线"规律、跟踪辅助领导活动说、辅助领导工作律是比较有代表性的规律总结。我们必须在确定秘书工作的基本矛盾的基础上认识秘书工作规律的内涵,上述规律总结中,我们认为辅助领导工作律的表述更为清晰严密。目前,秘书工作正向职业化、现代化、智能化、规范化、国际化的趋势发展。

▌学习目标

1. 了解秘书工作基本规律的研究成果。
2. 熟知秘书工作的基本矛盾。
3. 熟知辅助工作律的基本内涵。
4. 熟知秘书工作的发展趋势。

▌重点难点

1. 秘书工作基本矛盾的确认
2. 秘书工作基本规律的内涵

第一节 秘书工作基本规律的研究成果

哲学常识表明,规律是事物内部的本质联系和发展的必然趋势,规律反映的客观事物的联系是必然的、一般的、本质的、重复的。如水往低处流,这是人们从自然界总结出来的一条科学规律,它反映了不以人们意志为转移的客观过程。探索秘书工作的基本规律,实质上也是揭示秘书工作必然的、一般的、本质的、重复的联系。秘书工作的基本矛盾决定了秘书工作的基本规律。

关于秘书工作的基本规律,20 世纪 90 年代以来秘书学界展开了不少论述与争鸣,角度各有不同,但都是围绕秘书与领导的工作关系展开的。

一、"双线"规律

1989 年,李欣等在《中国现代秘书基础》一书中明确论述了秘书工作的基本规律,"这条基本规律就是:秘书工作必须尽一切可能满足、适应不断发展和变化的领导工作需求……秘书工作就是在这个不断追逐、不断努力适应中提高工作水平的。领导人的需求总体上是不断提高的,但也有降低的时候。这种需求降低时,秘书人员在工作上的追逐有时是会超出'需求线'的,那只不过是暂时的,很快它也会降低下来以贴近这条'需求线'。原因就是秘书工作永远要适应领导工作需要。这就是它成为基本规律的必然性"。①

1993 年,提出者对"双线"规律作了更为肯定的表述,即"秘书工作的机构设置、人员配备、工作方式、工作方法、工作内容等都是根据领导工作的需要而变化的。因此,可以形象地把它说成是两条线:一条是领导工作的需求线;一条是秘书工作的追靠线……从整体说这是个客观规律,谁也改变不了,违反不得。需求——追靠——再需求——再追靠。就这样不断追、不断赶,构成一个不断的运动规律。秘书工作就是在这样一种矛盾推动下前进。这就是秘书工作的基本规律。对这条基本规律,我们可以这样表述:秘书工作和领导工作是作为服务和被服务而相互依存的一对矛盾,秘书工作以不断改变自身条件来最大限度地适应领导工作不断变化发展的需求,在不断追靠中缩短差距,发展前进"。②

另外,也有一些学者,在没有改变"双线"规律本质的前提下,对其的表述作了局部的修正,如有表述为"在辅助领导活动中,领导的需要始终制约着辅助的水平,辅助的水平须不断地适应领导的需要并进而促进新的领导需要的形成"。③ 也有表述为"在秘书工作与领导工作的贴近、距离、追逐、再贴近、再距离、再追逐的不断上升的循环中推动秘书工作的发展"。④

规律是涉及哲学层面的理论问题,需要严密的逻辑思维能力,规律是一种具有高度概括性的理性认识。"双线"规律在表述秘书工作的基本规律时使用了比较形象和通俗易懂的表达方式,把秘书工作的规律描述为形象的"两条线"之间的关系。把领导的要求和需求表述为领导的"需求线",把秘书工作表述为"追逐线",并以"需求——追靠——再需求——再追靠"作为循环往复的公式加以表达,从而产生了深入浅出通俗易懂的效果。加之该规律提出者在秘书学研究中的特殊地位,双线规律提出之初就在秘书学研究中得到了较高的评价。有学者认为,"双线"规律既符合秘书工作的基本指导思想,更符合秘书的历史与现实。

"双线"规律在秘书学理论界产生了巨大的影响并获得了许多理论研究者的推崇和肯定,但同时也引发了较大的学术争议,特别是北京"四大秘书"事件⑤之后,"双线"规律受到了一些学者的质疑,提出了许多不同的见解。董继超在《"双线"规律说略评》中,对"双线"规律存在的问题及可能产生的误导展开了论述。认为"双线"规律中未对"需求线"作任何评价,

---

① 李欣、徐瑞新:《中国现代秘书基础》,高等教育出版社 1989 年版,第 156 页。
② 徐瑞新、安成信、李欣:《秘书学导论》,高等教育出版社 1993 年版。
③ 钱世荣:《商榷·辨识·再探讨——对我国当代秘书工作基本规律的思考》,《当代秘书》1998 年第 5 期。
④ 陈贤华:《秘书工作论》,四川大学出版社 2000 年版,第 61 页。
⑤ 北京"四大秘书"事件:陈健,北京市原市委书记陈希同的秘书,受贿人民币 40.9 万元,被处有期徒刑 15 年;闫振利,北京市原副市长王宝森的秘书,贪污人民币 1 万元,被处有期徒刑 7 年;段爱华,北京市人大常委会原副主任铁英的秘书,受贿人民币 5.6 万元,被处有期徒刑 5 年;何世平,北京市原副市长黄超的秘书,受贿人民币 24.3 万元,被处有期徒刑 16 年。

既没有分析领导需求的层次，也没有分析领导需求的高下，是未加分析的价值判断。认为"双线"规律是建立在秘书工作"从属性"、"被动性"上的一种经验概括，没有反映"辅助性"这一本质特征，故此，该规律没有揭示事物的本质联系。

二、跟踪辅助领导活动说[①]

所谓跟踪辅助，就是在领导者的一切活动中，秘书人员都要自始至终地、全面地发挥辅助作用。在秘书工作实践中，秘书对领导的跟踪辅助，是秘书一切职能活动的联系中最本质的联系，也是秘书一切工作关系中最本质的关系。无论秘书工作的体制、方式和方法等如何变化，其跟踪辅助领导活动的本质性的内涵不会变；若这一本质的联系和关系发生了变化，秘书工作就发生了质的变化，充当参谋助手的秘书也就不存在了。可见，跟踪辅助领导活动是秘书工作的基本规律。

不久之后，该规律的提出者对秘书工作的一般规律又作了如下描述：秘书工作一般规律，即秘书在主辅配合中近身综合辅助与领导对秘书公务服务需要相适应规律，揭示了领导对秘书公务服务的需要。秘书工作效果、秘书与领导主辅配合的有效程度、秘书工作投入（即事务服务于参谋辅助的投入）等要素间的关系和联系，可用公式表述：

领导对秘书公务服务的满意程度＝K×主辅配合的有效程度×（事务服务投入＋参谋辅助的投入）

公式中：

领导对秘书公务服务的满意程度用 D 表示；主辅配合的有效程度用 L 表示；事务服务投入（包括智能、体能、时间的投入）用 S 表示；参谋辅助的投入用 A 表示，受各方面环境条件影响的参数用 K 表示；由于主辅配合受领导与秘书价值观念和认识水平的影响，所以它是一个具有方向性的矢量；当主辅配合有利于事业公利时，它为正值；当违背事业公利时，为负值；当秘书和领导价值取向相反时，影响力大的决定正负值，一般领导价值取向起主导作用。用公式表达为：

$$D＝\pm K \cdot L \cdot (S＋A)$$

从秘书工作一般规律的公式可以看出：

（1）领导对秘书公务服务的需要，与秘书在主辅配合中事务服务和参谋辅助的投入必须相适应，才能取得领导对秘书工作的满意。为领导近身综合服务是对秘书工作的根本要求。

（2）主辅配合的有效程度对秘书工作起着关键性的作用。配合的有效程度高，秘书的事务服务和参谋辅助发挥的职能作用就大，否则作用就小。在主辅配合中，领导是主导方面，秘书是从属和辅助方面，只有两者相匹配，其主辅配合的有效程度才能高。

---

① 方国雄：《秘书学》，高等教育出版社 2003 年版，第 134 页。

(3)领导对秘书公务服务的需要,对秘书工作的职能范围、职能作用、职能地位等是决定性的。领导对秘书公务服务的需要,既有由时代和社会环境所决定的客观需要,又有由领导个人价值取向、综合素质、工作作风等决定的主观需要。领导的客观需要和主观需要,共同对秘书工作起着领导和制约的作用。

(4)秘书发挥其职能作用,是在满足领导需要、适应环境条件变化、与领导主辅配合的前提下,通过事务服务和参谋辅助体现出来的。

三、辅助领导工作律

20世纪末,傅西路在《秘书学论纲》中完整地提出了"辅助领导工作律"。提出者认为"辅助领导工作律"是通过对秘书工作基本矛盾及其运动过程的深入研究而得出的科学结论,是由感性认识上升到理性认识的智慧结晶,它包含着丰富的内涵,具体地说:(1)领导者的辅助需求是秘书工作的主导因素,秘书工作必须以领导者的辅助需求为转移。(2)领导者的辅助需求具有客观规定性,并非主观随意性。(3)领导者的辅助需求归根结底是由领导者所代表的根本利益决定的,因此,秘书工作者必须从维护领导集体所代表的根本利益出发,以适应领导工作的需求。(4)秘书工作者的辅助水平一定要同领导者的辅助需求相适应。(5)要适应领导者的辅助需求,秘书工作者必须不断提高辅助水平。[①]

辅助领导工作律的内涵表述与"双线"规律、跟踪辅助领导活动从本质上看是一致的,它修正了"双线"规律表述上的缺陷,使得秘书工作基本规律更符合规律的科学特征。

秘书工作在不同时期可以呈现出不同的特征,可以有不同的工作原则、不同的方针政策,但这些特征、原则和政策不能和客观规律混为一谈。辅助领导工作律和世界上一切客观规律一样,具有客观性、普遍性、本质性、必然性、稳定性和层次性的特征。一切主观的、个别的、现象的、偶然的、易变的东西,都不能称之为秘书工作规律。如有研究者认为,从我国秘书工作的实际出发,我国秘书工作的基本规律似可表述如下:坚持为人民服务的宗旨,不断提高秘书人员的素质,改善工作手段,以适应领导工作对参谋助手的日益增长的要求。[②] 这个规律指出我们的秘书工作归根到底是为人民服务的,这是我们社会主义社会的性质所决定的,它与任何以私有制为基础的社会的秘书工作有着本质的区别。尽管该规律可以视作特定时期的秘书工作的规律,但是,由于这种规律受到矛盾特殊性的制约,应该归结为特殊矛盾更为合理。与此相比,辅助领导工作律更符合客观规律的基本特征,有着更强的生命力和更大的适应性。

与其他秘书工作规律相比,辅助领导工作律具有较强的概括性,也更符合客观规律的基本特征。

---

① 傅西路:《秘书学论纲》,中国档案出版社1999年版,第189—200页。
② 李明佳:《浅谈秘书工作的规律和基本规律》,《秘书》1992年第12期。

第二节　秘书工作的基本矛盾和基本规律

"双线"规律、辅助领导工作律、跟踪辅助领导活动说是目前具有代表性的对秘书工作规律的表述，尽管表述的角度和用词各不相同，我们也可以初步达成一种共识，研究秘书工作基本规律的根本在于发现和总结秘书工作和领导工作的本质关系。自"双线"规律提出以来，许多研究者对此作了理论和实践的验证，并提出了修正性意见，"双线"规律是秘书学界论证较充分的秘书工作基本规律，秘书学界对"双线"规律论争起到了使秘书工作规律研究不断深化的作用，也为后来跟踪辅助领导活动说和辅助领导工作律提供了较好的理论基础。特别是辅助领导工作律，有效地弥补了"双线"规律的不足，也更符合社会规律的基本特征，应该是值得认可的秘书工作的发展规律。

一、秘书工作的基本矛盾

马克思主义哲学指出，"法则是含于根本性的矛盾之中"，"不认识矛盾，便不能认识过程的发展法则"。这就是说，事物的规律是由事物的矛盾所决定的。要认识规律，就必须研究事物的矛盾。在总结秘书工作基本规律之前，首先要确认秘书工作的基本矛盾。

秘书工作是辅助领导工作的实践活动，在秘书工作诸要素中，秘书作为辅助主体的一方，与领导者作为辅助对象和主导因素的一方，二者构成了一对特殊的矛盾，领导的辅助需求与秘书的辅助水平之间的矛盾，就是秘书工作的基本矛盾。

（一）它贯穿于秘书工作发展过程的始终

在秘书工作发展过程中，始终存在着领导辅助需求与秘书辅助水平之间的矛盾。形势和任务的变化，对领导工作不断提出新的要求，领导对秘书也不断提出其辅助需求。而秘书的辅助水平总是与领导的辅助需求之间存在差距，这种差距就是矛盾。秘书工作发展的过程，就是不断提高辅助水平、缩小与领导辅助需求之间差距的过程，就是不断满足领导辅助需求、提高领导效能的过程。秘书工作就是在不断解决矛盾的过程中向前推进的。

（二）它制约着秘书工作的其他矛盾

在同一类事物中，如果有多数矛盾存在的话，其中必定有一种是主要的，起着领导的、决定性的作用，其他则处于次要和服从的地位。秘书工作是一个由众多矛盾构成的有机整体，秘书工作的特征就体现在五组对立统一的矛盾之中。然而，这些矛盾仅仅是秘书工作中具体矛盾的表现形态，而不是秘书工作的主要矛盾。只有领导的辅助需求与秘书的辅助水平之间的矛盾，才是秘书工作的基本矛盾。因为其他矛盾都要受这一矛盾的支配和制约。只要解决好这一基本矛盾，其他具体矛盾就会迎刃而解。

（三）它规定了秘书工作的性质和任务

既然领导的辅助需求与秘书的辅助水平之间的矛盾是秘书工作的基本矛盾,那么,秘书工作实质上就是对领导工作进行综合辅助的管理活动,综合辅助性是秘书工作的本质属性。基本矛盾不仅规定了秘书工作的综合辅助性质,而且决定了秘书工作的发展方向和趋势。不管秘书工作怎样发展变化,以辅助领导工作为中心,以提高领导效能为目标,这一点永远不会变。秘书工作的基本任务,就是努力提高秘书的辅助水平,充分发挥参谋助手作用,以适应领导不断发展变化的辅助需求。

在秘书工作基本矛盾运动的过程中,领导者的辅助需求是推动秘书工作基本矛盾运动的主导因素。秘书工作者的辅助水平,对提高领导效能有直接而重要的影响。在秘书工作基本矛盾运动中,领导者的辅助需求始终是矛盾的主要方面,居主导地位,是最活跃的、起决定作用的因素;秘书工作者的辅助水平是矛盾的次要方面,处于服从地位,是能动的、起影响作用的因素。

秘书工作者的辅助水平与领导者的辅助需求之间的矛盾运动是：从开始不适应到基本适应再出现新的不适应,经过学习、改革、提高,再到基本适应,如此循环往复以致无穷。但每次循环并不是简单的重复,而是螺旋式地上升到更高一级的阶段,以此推动秘书工作不断向前发展。这就是秘书工作基本矛盾运动的轨迹。确认了秘书工作的基本矛盾,根据唯物辩证法的学说,秘书工作的发展也是其内部矛盾运动的结果,秘书工作的基本规律,实质上就是秘书工作基本矛盾运动的规律。由此,秘书工作者的辅助水平一定要适应领导者的辅助需求,这是秘书工作基本矛盾运动过程中不以人的主观意志为转移的客观规律。

二、秘书工作基本规律的内涵

马克思曾经说过,真理往往是简单的。秘书工作者的辅助水平一定要适应领导者的辅助需求,这个规律看似简单而普通,但其内涵表述是严谨而周密的。它已不是人们停留在经验层面的感性认识,而是人们通过对秘书工作基本矛盾及其运动过程的深入研究而得出的科学结论,是由感性认识上升到理性认识的智慧结晶。秘书工作基本规律包含深刻而丰富的内涵。

（一）秘书工作以领导的辅助需求为转移

秘书工作的本质属性是综合辅助性。由秘书工作的本质属性决定,领导者在工作中居于主导和支配的地位,秘书在工作中处于辅助和服从的地位。秘书必须服从于领导的辅助需求,秘书必须积极主动地满足领导的需求,并且不断适应领导需求的变化。一切离开领导辅助需求的秘书工作,不仅是毫无价值的无效劳动,而且可能成为提高领导效能的阻碍因素,那就违背了秘书工作的根本宗旨和基本规律。

（二）领导的辅助需求具有客观规定性

领导者的辅助需求是一个特定的概念。第一，领导者的辅助需求主要是指领导工作、公务工作的需求，而不是领导者私人或私欲的需求。必须把辅助需求严格限定在公务活动范围之内。第二，领导者的辅助需求是否正当、合理，必须以减轻领导工作负担、提高领导工作效能、促进组织目标的实现为检验标准。凡是有利于减轻领导负担、提高领导效能、实现组织目标的辅助需求，就是正当的、合理的领导需求；反之，就是不正当、不合理的领导需求。第三，必须区分"领导需求"和"普通社会人的需求"两个不同的概念。领导者往往同时担任多个社会角色，如"丈夫"、"父亲"、"同学"、"儿子"、"亲戚"、"朋友"等，在众多的角色需求中，秘书只能满足"领导"的角色需求。领导需求，不是主观随意的，而是一个具有客观规定性的科学术语。秘书适应领导的辅助需求，主要是指适应领导工作的需求，而不是适应领导的一切需求。

（三）秘书工作应当从维护集体利益出发适应领导工作的需求

领导的辅助需求不仅具有客观规定性，而且具有利益代表性。因此，认识秘书工作规律，必须探求其利益根源。任何一级组织的领导都必须代表组织的根本利益，反映组织成员的意志，组织的根本利益决定组织的总体目标，组织目标决定领导意图的形成，领导意图决定秘书工作的方向，这就是组织利益与秘书工作之间的必然联系。因此，秘书要适应领导的辅助需求，最根本的是站在领导工作全局的高度，深刻领会和贯彻执行领导意图，促进组织目标的顺利实现，自觉维护领导集体所代表的组织利益。

（四）秘书的辅助水平要同领导的辅助需求相适应

遵循秘书工作基本规律，秘书的辅助水平一定要同领导的辅助需求相适应。主要体现在以下三个方面：一是工作目标的同一性，即秘书工作目标与领导工作目标高度一致。秘书的一切工作都应当为促进领导实现其工作目标服务。二是工作节奏的同步性，即秘书工作的节奏与领导工作的节奏应当保持同步。三是工作配合的同心性，即秘书与领导之间相互信任，工作中配合默契。工作绩效达到最佳状态。

秘书的辅助水平与领导的辅助需求相适应，具体表现为三种境界。第一种是跟踪适应。先有领导提出辅助需求，然后才有秘书为适应这种需求所做的努力。对于刚踏上秘书岗位的人来说，这是必然要采用的方式。这种跟踪服务方式是一种被动适应。第二种是同步适应。当秘书熟悉了组织情况，积累了一定经验，在实践中不断总结提高，自觉地想领导之所想，急领导之所急，能够及时提供有效服务。这种服务方式就是"同步适应"。第三种是超前适应。如果秘书在做好本职工作的同时，重视理论研究，善于独立思考，准确预测领导工作面临之所需，事前做好准备，那就是"超前适应"了。在秘书工作中，三种境界的比例大小，反映出秘书辅助水平的高低。

（五）秘书要不断提高辅助水平

秘书要提高辅助水平,必须从三个方面着力:一是努力提高综合素质,这是决定秘书工作辅助水平的关键因素。二是潜心研究领导的辅助需求,善于从领导工作中把握领导的意向,对领导可能产生的需求进行超前预测,力求从被动中争得主动,并自觉按照领导需求提供辅助性服务。三是不断改进工作方法和手段,以适应领导不断发展变化的辅助需求。

【案例】

老局长退休,刘副局长接任局长。老局长的秘书小周也就成了刘局长的秘书。小周一直受老局长重用,局长的工作日程由小刘协助安排,局长外出活动由小周负责准备,局长所需要的讲话稿由小周负责起草,局长所需要的信息资料由小周负责整理。起草讲话稿时,小周能按领导的思路及个性化的语言,使局长讲起来自然、流畅,每次都能赢得掌声。刘副局长接任后,小周的工作发生了不小的变化。刘局长不离手的电脑代替了小周不少工作。特别是学中文出身的刘局长从来不让小周代拟讲话稿,使小周无所适从。刘局长经常让小周下基层搞调研,或者带着不同的可行性方案到专家那里去征求意见,经过一段时间,小周逐渐适应了刘局长的工作要求。当老局长的秘书和当刘局长的秘书,虽然工作内容发生了一些变化,但是辅助和服务作用是相同的。

【分析】 小周的秘书工作从适应到不适应再到适应,体现了秘书工作的基本规律——辅助领导律。首先,我们要认定秘书工作的规律是体现在秘书小周和新老局长的矛盾关系中的。局长的辅助需求是秘书工作的主导因素,小周的秘书工作必须以局长的辅助需求为转移。原来,小周与老局长的工作目标、工作节奏、工作方式都达到了和谐一致的状态,所以,小周的秘书工作得心应手。由于领导的变更,这种和谐状态被打破了,因此,小周必须不断提高自己的辅助水平,重新适应新领导工作的需要,尽快达到新的平衡,只有这样,才能不断提高秘书工作的效率。

三、注意避免秘书工作基本规律研究中的误区

秘书工作的基本规律是指秘书工作运动发展中的本质的、必然的、稳定的联系。秘书工作的基本规律是在秘书工作的联系和运动中形成的,但并非秘书工作运动的所有联系都是规律,只有秘书工作运动发展中本质的、必然的、稳定的联系才是规律。人们认识事物的规律,经常是通过生产实践、社会实践或科学实验来进行的。在这些活动中,会有某些联系或因果关系经常、反复地出现,并对该事物起支配作用,这些联系或因果关系,就是该事物的规律。规律说到底就是共性,是多种时间过程的共性,也是多种空间关系的共性。在秘书工作规律研究中,许多研究者容易忽视规律的基本特征,走进规律研究的误区,常见的误区有以

下几种：

第一，误把对秘书工作的要求当成秘书工作基本规律，缺乏对现象背后的、隐藏的东西——规律的深入揭示。如有些研究者将秘书写作的内容，要与领导工作的要求相合拍；秘书起草文稿的风格，要与领导者风格、个性相协调；秘书起草文稿的表达，要与领导立意相吻合等对秘书工作的具体要求视作秘书工作的特殊规律。

第二，误把本质当成秘书工作基本规律，缺乏对工作本质与规律之间关系的正确认识。研究秘书工作的规律，势必涉及对秘书工作本质属性的研究，但是本质属性并不等同于规律。有人认为秘书工作的政治性、从属性、事物性、被动性其实就是秘书工作的共有规律。但是，我们认为，即使这"四个性"是秘书工作的本质属性，也不宜将其视作秘书工作的基本规律，因为本质与规律并不呈现等同的关系。

第三，误把共性当成秘书工作基本规律，缺乏"本质的联系"和"非本质的联系"的区分意识。"本质"不等同于秘书工作的基本规律，但秘书工作的基本规律必须反映秘书工作的基本矛盾，有些人认为保守党和国家机密也是秘书工作的基本规律之一，这种认识，就是将一些共性的、非本质的认识也看作规律。

另外，有的研究者将规律和规律的实现混为一谈，误把条件当成秘书工作规律，缺乏对规律及规律实现条件之间关系的准确认识。也有些研究者误把惯性当成秘书工作规律，缺乏对违背规律的落后的传统做法的辨析能力。凡此种种，使得秘书学规律研究困难重重，也造成了我们在秘书工作规律研究方面的一些不合理的研究成果的问世。由此也说明我们关于秘书工作规律的认识，还需要进一步深化，需要在研究实践中不断澄清一些模糊性的认识，需要深入理解关于规律的一些基础理论。

在秘书工作的基本矛盾的制约和影响下，我国秘书工作中还存在着一些具体规律，秘书工作涉及公文撰拟、文书处理、督促检查、沟通信息等等诸多方面，这些方面均存在着秘书工作的具体规律。如"内容求实"的规律反映了信息处理、文件撰制等方面的本质联系；"言事有法"的规律反映了公文制作的一个本质；"行文有序"的规律反映了公文处理、运转的内在矛盾，这些秘书工作诸方面的具体规律都受秘书工作基本规律的制约，它们从各个侧面体现了秘书工作"辅助领导工作律"这一体基本规律。

秘书工作的基本规律是制定秘书工作方针政策的理论依据。然而，人们认识规律、掌握规律不是一蹴而就的，人们认识事物有一个从现象到本质，从较浅层次的本质到更深层次的本质的过程。"辅助领导工作律"的形成正是体现了人们对秘书工作基本规律的探索过程。

第三节　秘书工作的发展趋势

党的十一届三中全会以来，为了适应改革开放和现代化建设的新形势，秘书工作在指导思想、方针政策、工作重点等方面有了重大的发展。

1985年1月,全国党委秘书长、办公厅主任座谈会上,提出了秘书工作的指导思想,就是围绕经济建设这个中心,做好"三服务",即为领导工作服务、为同级和上下级机关服务、为人民群众服务。"三服务"的指导思想提出后,迅速为政府各级秘书部门所接受。

除了明确秘书工作的指导思想,秘书工作的方式也有了发展,1985年的全国秘书长、办公厅主任座谈会不仅明确了秘书工作的指导思想,而且提出了秘书工作应尽快实现"四个转变"。主要内容是:第一,从偏重办文办事转变为既办文办事又出谋献策。办文办事是秘书部门重要的基础工作,在做好之余,应不断提高工作的思想性,勤于思考,善于谋划,为领导献计献策。第二,从收发传递信息转变为综合处理信息。秘书部门是上下沟通的枢纽和桥梁,快速无误地传递信息无疑很重要。但是,不能满足于收发信息,而应当在信息的收集、传递、加工处理和反馈等所有环节上积极开展工作,尽可能地为领导利用信息做好一切必要的准备。第三,从单凭老经验办事转变为实行科学化管理。各级秘书部门要高效率高质量地完成所承担的任务,需要改变单凭经验和惯例办事的做法,使内部运转方式和管理方法建立于科学的基础上。对于过去长期积累下来的经验以及沿袭的工作程序和方法,应当根据新形势和新任务的要求重新加以认识。第四,从被动服务转变为力争主动服务。秘书工作由其性质决定具有被动性的特点,但是在明确工作目标的前提下,秘书人员要提高工作的主动性、预见性,充分发挥秘书人员的积极性、创造性,自觉地、主动地开展工作。

上述秘书工作的指导思想和工作方式是基于党政秘书提出的,但对各行各业的秘书工作都有普遍的指导意义。

进入21世纪以来,随着我国政治和经济体制的进一步改革以及互联网的飞速发展,当代秘书工作的宏观环境和微观环境都发生了很大的变化,为适应新形势的发展需要,现代秘书工作呈现以下发展趋势:

一、秘书工作的职业化

秘书职业化是世界性的潮流。所谓"职业化",是指秘书由特定的官方职务,演变为不属于任何一个行业,但又为任何行业所必需的职业。

随着我国政治体制改革的不断深入,国家机关机构的精简,公务秘书人员相对减少。秘书逐渐脱离了官阶官位,出现了职业化的趋势。

同时,随着社会主义市场经济的发展,商务秘书的需求出现了成倍增长。目前,我国商务秘书队伍庞大,在数量上已经占了绝对优势,再加上法律、科技、医务、教学、外事等行业的秘书,秘书工作的主体呈现出多元化的状态,秘书工作的职业化状态已经初步形成。

秘书的职业化还表现在用人机制市场化。秘书不再像以前一样是分配的,在市场经济条件下,买方与卖方都有选择的自由。用人单位和个人可以通过中介,如人才市场、劳务、招聘等方式进行双向选择,有了多样化的选择空间和方式。同时,秘书的劳动价值也趋于商品化。

秘书工作职业化意味着秘书工作的对象不仅仅限于党政机关或其他公有制单位,随着时代的发展,我国的秘书逐渐由"官职化"转向"职业化"。

二、秘书工作手段的现代化

古代秘书工作的基本手段就是"一支笔",秘书除了口头表达以外,主要依靠笔墨纸砚完成上传下达的秘书工作。随着技术的发展,"一部电话"、"一台打字机"使秘书工作有了新的工具,而计算机的使用,使秘书的工作手段开始走向现代化。近年来,随着电子、微电子、光学、通信等与办公自动化有关的新兴科学技术突飞猛进,秘书工作的手段已经今非昔比。

在技术革命的影响下,现代办公设备进入办公室,越来越多的秘书人员使用计算机、打印机、复印机、传真机、缩微设备、远程会议设备等先进的办公设备。使秘书工作从传统的以手工操作为主的工作方式向以应用现代办公设备为主的技术型工作方式转变。

所谓办公手段现代化,就是把计算机技术和现代通信技术,系统科学和行为科学应用于办公室,使办公室内数量庞大而且无规律的业务活动得到智能化、电子化、自动化的处理。办公手段现代化大大提高了秘书工作的效率。

一个得力秘书加上先进设备,所能处理的工作及其所达到的效率和所产生的效益都是惊人的。过去秘书工作搜集信息资料,要从各个渠道,以多种方式去获取,然后通过计算变成报表,层层报送,费时费力,还难免出错。而计算机技术及网络的普及,将使秘书工作变得更方便、更轻松。整个信息传输过程甚至不需要一张纸,不跑一步路,不需打一个电话。办公手段的现代化不仅大大节省了秘书工作中的重复劳动,而且极大地提高了工效。网络政府、电子政务、电子商务、无纸办公等一系列概念的出现,使许多秘书工作都可借助先进的手段高效地完成。

秘书工作手段现代化在给秘书工作带来高效的同时,也对秘书人员的素质提出了更高的要求。秘书人员只有紧跟时代,掌握现代化的办公手段,才能迅速、高效、准确地为上司提供高质量的服务。

三、秘书工作的智能化

随着办公自动化水平的提高,秘书的很多事务性工作可由现代化办公设备完成,这样,秘书就可以摆脱繁重的事务性工作,集中精力和时间从事高层次的辅助、参谋工作,帮助上司综合管理,辅助上司进行决策。

21世纪的秘书工作,是一个知识、信息高度密集的领域。秘书所从事的工作已不仅仅限于办文、办事、办会等一般性工作,而是以信息为载体,把做好信息工作作为参谋协调的基础和手段。将采集到的各种信息进行分析、处理、加工,为领导提供参谋和服务。秘书工作是一种高智慧的脑力劳动,秘书工作的根本职责是为领导工作服务的,其服务水平的高低取决于参谋作用的发挥水平。"四个转变"的提出,强化了秘书的参谋职能,也是秘书工作实现智能化的基础。

秘书工作的智能化对秘书的受教育程度、知识总量、智力水平、工作经验等各方面提出了更高的要求。

四、秘书工作的规范化

由于秘书的特殊地位以及与领导的上下级关系,秘书工作往往受领导活动的制约,在传统社会中,秘书工作的"人治"现象比较典型,秘书工作并无固定章法,秘书总是听令行事。随着法治社会的进一步推进,法律对领导行为的制约力逐步加强,秘书对领导的辅助行为也逐步走向规范化和制度化。而且这种规范化和制度化已不限于党政机关,企事业秘书工作的规范化、制度化也已经比较普遍。表现为各企事业单位的秘书及秘书机构职责更加明确,各项秘书工作制度更加健全,对秘书和秘书机构的考核体系更加科学等等。

当然,由于秘书工作的对象是领导活动,要真正做到秘书工作的规范化,需要与领导活动密切配合,只有这样才能实现秘书工作的价值,有效发挥秘书工作的作用。

五、秘书工作的国际化

秘书作为一种社会职业,在全球经济一体化不断推进的今天,它的国际化趋势也必然加强。主要体现在以下几个方面:第一,秘书工作向国际水准的标准化和制度化方向发展,秘书工作的现代化,必然要适应世界游戏的规则;第二,秘书素质符合国际要求,秘书能力得到国际认可,实现秘书工作的科学定位;第三,建设和完善我国秘书培养机制和考核制度,秘书的培养模式与国际上的培养方式接轨。同时,秘书的工作环境、硬件设施等方面都将逐步国际化。

【复习思考题】

1. 什么是辅助领导工作律?

2. 比较辅助领导工作律、双线规律和跟踪辅助领导活动规律的不同表述,分析它们各自的特点。

3. 秘书工作呈现怎样的发展趋势?

4. 案例分析。

某中学赵校长,清晨上班第一件事就是打开计算机,由教育信息网进入本市教育信息中心,查看当天市教育局的有关会议通知与工作安排,并动手把与自己学校有关的内容另存入本校文档。然后进入校园闭路电视网,抽查了三个班的早自习情况,并把问题输入本校文档。接着,赵校长叫来了办公室钱秘书,交代了当天工作要求,就到市教育局参加有关会议去了。钱秘书打开计算机本校文档,把有关内容整理后,直接由网络下达给各职能部门,并结合赵校长的工作布置,提出了完成有关工作的具体要求。请结合以上材料,分析在当前高科技时代,秘书工作有了哪些变化?

5. 阅读以下文章,分析作者表述的秘书工作的基本规律与辅助领导工作律的异同。

适应并服务于领导管理活动

——关于秘书工作基本规律的思考(节选)

朱净之

秘书工作的基本规律,可简洁地表述为秘书工作必须适应并服务于领导管理活动。这一表述包括三个要点:一是"秘书工作"。这里的"秘书工作"是一个大概念,涵盖着秘书工作的整个系统。它既包含秘书辅助管理活动的全部工作实务,从办文、办会、办事,直到综合处理信息,出谋献策等,又包含作为秘书工作的主体承担者的秘书工作者的思想意识、职业道德、智能技能、方法作风、教育培养、选拔考核;还包括秘书工作机构即秘书部门的组织体制、群体结构、岗位职责、科学管理等。这个自成系统的"秘书工作",是形成"基本规律"的运动本体或矛盾统一体的主要方面。离开了"秘书工作"这一动态系统的积极表现和主体作用,"基本规律"就无从产生,更无从体现。二是"领导管理活动"。这也是一个大范畴,内容包括决策、计划、组织、指挥、控制、协调等领导管理工作,权力、责任、服务三位一体的领导行为,以及与领导工作、领导行为相适应的领导机构、领导人和领导班子。"领导管理活动"是秘书工作基本规律这一根本矛盾运动的作用对象,也是秘书工作赖以产生、变化、发展并创立自己的地位和价值的客观基础和最终决定因素。三是"适应"和"服务"。"适应"是指矛盾主体要适合和满足矛盾客体的要求,它反映并解决着领导工作与秘书工作之间的呼与应、求与供、主与从的关系。秘书工作的内容、方式、手段,秘书人员的构成、素质、水平,秘书机构的形成、规模、职能等,都要根据处于变化发展之中的领导工作、领导人员和领导机构的坐标去定位,选择和创造适应领导管理活动的最佳追逐线和水平线。应当强调的是,这里所说的"适应",其关系指向是明确的,从本质上来说是单向的,而不是双向的。它要求秘书工作必须顺应和适合领导工作的要求,而不是相反的,不可以颠倒适应和被适应的关系;否则就要陷入理论上的循环论,在实践上会混淆和破坏领导工作与秘书工作的主辅关系、主从关系。如果说,"适应"反映的是秘书工作与领导工作的内在逻辑关系,那么"服务"反映的则是秘书工作与领导工作外在的实践关系。"适应"的原则是要通过"服务"的行为来体现、实现和检验的。秘书工作对领导工作的"适应"是多方面的,"服务"也是多方面的,从决策服务、信息服务、日常事务服务、参谋咨询服务,直到生活服务等。当好领导者的助手和外脑,为领导管理活动提供综合的、优质的服务,这就是秘书与领导关系的要义和真谛。当然在秘书和领导之间,"服务"行为的指向严格说来也是单一的,不能要求领导工作为秘书工作服务,尽管领导对秘书也存在培养、补偿的一面、同志式合作的一面,总而言之,"适应"和"服务"是贯通秘书工作和领导管理活动这对矛盾,并使二者统一、和谐地发挥各自职能的关键性因素。

【扩展阅读】

1. 常崇宜:《秘书工作规律初探》,《秘书之友》1996 年 7 月。
2. 方国雄:《论秘书工作的基本规律(上、下)》,《秘书之友》1997 年 3—4 期。

第八章

秘书的工作方法

第八章
秘书的工作方法

本章概述

　　秘书的工作方法,指的是秘书履行职能,完成工作任务的途径、程序和手段。科学合理的方法有利于提高工作效率,优化效果。秘书的工作方法应该遵循规范性、适应性、灵活性的原则。常见的秘书工作的方法有挡驾过滤、参谋进谏、请示报告、沟通协调、时间管理等。

学习目标

　　1. 理解确立秘书工作方法的原则。

　　2. 了解秘书工作方法的获得。

　　3. 熟知常用的秘书工作方法。

重点难点

　　1. 确立秘书工作方法的原则。

　　2. 参谋进谏的方法。

　　3. 沟通协调的方法。

　　4. 时间管理法。

第一节　秘书工作方法概述

一、方法和秘书的工作方法

　　方法是人类认识和改造客观世界应遵循的某种方式、途径和程序的总和。方法研究通常针对某个领域,如管理中的方法称为管理方法,预测中的方法称预测方法,物理学研究中的方法或使用物质的物理性质的方法称为物理方法等等。

　　方法是实现目的不可缺少的中介要素。毛泽东曾用过河要有桥的比喻形象地说明了方法的重要性。他说:"我们不但要提出任务,而且要解决完成任务的方法问题。我们的任务是过河,但是没有桥或没有船就不能过。不解决桥或船的问题,过河就是一句空话。不解决方法问题,任务也只是瞎说一顿。"①

　　秘书的工作方法,指的是秘书履行职能,完成工作任务的途径、程序和手段。秘书工作

---

① 毛泽东:《关心群众生活,注意工作方法》,《毛泽东选集》1934年版,第139页。

的方法是与秘书的目标、任务和职能紧密联系在一起的。如参谋咨询是秘书的基本职能,那么如何开展参谋咨询,所用的是比较的方法或是借鉴的方法来履行参谋咨询职能就是工作方法。

正确的秘书工作方法是取得预期的工作效果、提高秘书工作效率的必要条件之一。工作方法失当,对秘书工作的效率和效果会产生消极的影响,并会妨碍领导工作的开展。因此,秘书从业人员应该根据秘书工作的目标、任务和职能,合理地把握有效的工作方法,不断提高秘书工作的水平。

二、秘书确定工作方法的原则

(一) 规范性原则

首先,秘书的工作方法应该符合国家的法律法规。任何组织和个人采用的工作方法都不允许出现违背国家法律法规的情况。如秘书在收集信息中就不能采用盗用商业机密方法。在传递信息时,不能故意发布虚假信息。其次,秘书的工作方法应该遵守组织的规章制度。组织的规章制度是为了加强管理,保障组织的集体利益而制定的,要求每个组织成员都必须遵守。秘书在运用工作方法时不能违背组织的规章制度。最后,符合秘书的角色要求。秘书人员在组织体系运转过程中承担着领导的参谋助手这一特定的角色,因此,秘书工作的方法还要符合秘书的角色特征。比如对下属部门不能采用命令的方法;为领导参谋建议时,也要选用领导比较容易接受的方法等。

【案例】

××五金厂为了加强安全保卫工作,秘书采用了起草并张贴以下公告的工作方法:

公　告

近来,我厂连续发生盗窃、斗殴和小型失火事故。有数位职工被歹徒打伤,财物损失数万元,为保证工厂的正常生产秩序,特作如下通告:

一、凡是本厂职工进入厂门,均要佩带厂徽标志,否则作违反厂纪处理,扣发奖金。

二、外来人员进入工厂时,必须持身份证或单位介绍信登记;出厂时,应接受行李物品,甚至搜身检查。

三、厂内职工离开车间或办公室,应关好门窗,以防小盗破门而入。

本公告自发布之日起生效。凡自觉执行本通告的给予表彰,拒不执行者予以经济处罚或行政处分。

××五金厂

××××年×月×日

【分析】 秘书的工作方法不符合规范。首先,工厂不宜使用"公告"这一种比较严肃的文种;其次,该"公告"的内容也存在违法之处。

(二) 适应性原则

适应性原则是指秘书选择工作方法,必须适应领导工作的需要。秘书的工作目的是为了满足领导工作的需要,因此,其工作方法也必须适应领导工作的需要。秘书工作要为领导做好铺垫,对领导工作进行拓展延伸,秘书的工作方法必须符合领导工作的需要。同时,不同的领导有不同的个性特点和工作习惯,如有些领导喜欢听口头汇报,有些领导则比较喜欢书面汇报,秘书应针对不同的领导采用相应的工作方法。

【案例】

《三国演义》中的杨修是曹操的谋士,替曹操典领文书、办理事务。此人才思敏捷,颇具才华,但却屡屡"犯曹操之忌"。

曹操兵退斜谷,前被马超所拒,退又恐蜀兵讥笑,心中犹豫不决,正碰上厨师进鸡汤。曹操见碗中有鸡肋,正沉吟间,夏侯惇入帐,禀请夜间口令。曹操随口答道:"鸡肋!鸡肋!"行军主簿杨修见传"鸡肋"二字,便教随行军士收拾行装,准备归程。有人报知夏侯惇。夏侯惇非常吃惊,就问杨修:"公何收拾行装?"杨修说:"以今夜号令,便知魏王不日将退兵归也,鸡肋者,食之无肉,弃之有味。今进不能胜,退恐人笑,在此无益,不如早归,来日魏王必班师矣。故先收拾行装,免得临行慌乱。"夏侯惇说:"公真知魏王肺腑也!"遂亦收拾行装。于是寨中诸将,无不准备归计。曹操得知此情后,唤杨修问之,修以鸡肋之意对。曹操大怒说:"你怎敢造谣言,乱我军心!"喝刀斧手推出斩之,将首级号令于辕门外。

【分析】 杨修之死原因众多,有曹操的原因,也有杨修作为辅佐人员本身的原因,从后者分析,没有选用适合辅佐人员的角色定位和适应"领导"的方法,是其导致杀身之祸的重要原因之一。或许杨修在主观上是想帮助曹操,"免得临行慌乱",但是他采用自作主张的方法,明显有违辅佐人员的角色要求,也不适用于曹操的个性特征。

(三) 灵活性原则

秘书工作方法不是一成不变,在履行某项工作职能时,应该根据实际情况采用不同的工作方法,面对不同的对象也可以采用不同的工作方法。对每一种具体工作,秘书人员应该掌握多种方法,以便在不同的情况下灵活运用。以协调为例,不同的情况就可以分别采用会议协调法、个别沟通法、组织协调法、文件协调法等。

三、秘书工作方法的获得

(一)在实践中总结经验形成方法

秘书学从产生之日起就与秘书工作实践紧密联系在一起,经验研究法是秘书学最基本的研究方法之一。事实上,秘书工作的方法就是在实践中形成,通过经验总结获得的。同时,秘书工作方法在运用中是否有效,也必须接受实践的检验。

(二)掌握秘书工作方法需要理论与实践的结合

从理论上学习秘书工作方法的知识有助于秘书人员在理论的指导下尽快掌握秘书工作方法,但理论学习的目的在于实际运用。因此,机械地、脱离实际地去认识和背诵是难以真正理解和掌握秘书工作方法的。学习秘书工作的方法,应该是一个理论联系实际的过程,理论学习只不过是一个有效的前导,秘书工作方法的掌握只有通过工作实践才能实现。

(三)秘书工作方法要在不断创新中提高效率

方法是手段,提高秘书工作效率是最终目的。秘书工作方法需要在不断创新中提高秘书工作效率。在现代管理科学、信息技术迅猛发展的冲击下,很多手工操作的秘书工作方法已经面临挑战。秘书的工作方法要适应时代发展的需要,吸收先进的思想和技术,探索创新,创造出符合现代秘书工作需要的方法。

第二节　秘书工作方法举要

一、挡驾过滤的方法

挡驾和过滤是指秘书作为领导的助手,对领导不必要亲自处理的事务和信息进行过滤和阻挡,目的是为领导创造良好的工作环境,使领导能摆脱杂务和冗余信息的干扰。

(一)文件资料的过滤

在信息社会中,每天海量信息的积极意义毋庸置疑,但其消极意义也显而易见。秘书作为领导的助手首先要为领导做好文件资料的过滤,剔除大量与组织相关性不强的文件资料,保证领导能够集中精力获取重要的信息。

秘书人员每天都要接触大量的社会信息,比如网络、报刊、公文等等,在对这些信息的收集、分类等处理过程中要进行严格的筛选。筛选就是对原始信息进行去粗取精,去伪存真,剔除过时的、虚假的、重复的、与工作需要无关的信息。筛选的标准除了真实、时效等一般性标准外,秘书过滤文书信息的核心标准就是领导的工作需求。秘书要正确判断所收集到信息的价值与意义,才能为领导决策服务。

【案例】

某公司经理对秘书小张说想要了解近期某产品的发展动向,请她帮忙找一找相关资料。小张花了三天的时间找到一大批资料,有报纸、杂志、宣传手册等。她兴冲冲地捧着一大堆资料走进经理办公室,满心以为能得到领导的肯定,谁知经理看着这一大堆资料冷冷地说:"你以为我的工作只有这一件事吗?这一大堆资料让我看到什么时候?"

【分析】 秘书没有采用过滤的方法对信息进行筛选和分类整理,没有发挥好领导参谋助手的职能。

(二) 来访的挡驾

在秘书的日常接待工作中,为领导挡驾是非常重要的工作内容之一,合理挡驾可以保证领导能拥有一个良好的办公环境,集中精力静下心来考虑一些大事要事。秘书可能每天都会遇到无约到访的人,这些无约到访的人不管出自什么目的都会影响和干扰领导的工作节奏。因此,秘书必须根据具体情况,权衡利弊,采取必要的挡驾方法。

秘书挡驾的范围主要有:1. 身份不明者和无关人员。对于无约来访且急找领导者,秘书不能不假思索地直接引见,而应摸清情况,做到该见则引见,不该见则不引见,进行合理挡驾。2. 产品推销、事务纠纷、消费投诉之类的来访者。对于产品推销人员,秘书应根据本单位的具体情况,或直接谢绝,或引导他们去相关的部门。对于事务纠纷或消费投诉之类的来访者,秘书更不能将矛盾上交,直接请出领导人。3. 涉及业务洽谈、人才流动、产品开发等类的来访者,在引见给领导之前,事先必须征得领导同意,不得直接将来访者引入领导办公室。

当然,秘书挡驾时必须特别注意态度和方式,以维护组织和领导的良好形象。

【案例】

某公司接待突发来访流程说明:

- 问清对方来访目的;
- 对于总经理熟悉且非常重要的客人,如果总经理当时有时间接待,应该尽量安排;
- 对于总经理熟悉且非常重要的客人,如果总经理当时不愿接待或不在办公室,由秘书对情况做出解释,如果需要可进行后续安排;
- 对于与公司和部门毫不相关的来访者,有礼貌地回绝;但如果自己不能确定,一定要征询相关负责人的意见;
- 对于与其他部门业务相关的来访者,可以告诉对方相关部门的联系方式,留下对方的联系方式和资料,转交相关部门处理。

【分析】 从该公司接待突发来访流程说明中,我们清楚地看到秘书需要采用挡驾和过滤的方法接待访客,而不是一股脑地把客人引见给上司。

(三) 来电的过滤

电话是目前办公室工作的重要工具。过滤电话信息是秘书的一项非常重要的日常工作。一个优秀的秘书应该熟悉自己的领导,如果能熟知领导的人际交往范围、思维方式、工作方法和价值观念,秘书在一般情况下就能准确判断来电是不是应该过滤,用什么方法过滤。

首先,要了解来电者的具体情况。秘书接听打给领导的电话,一定要问明对方的身份和目的,正确地判断此电话应不应该转接给领导处理,如果没有必要即可自行过滤电话信息,避免干扰领导的正常工作。

其次,要学会判别、过滤电话信息。一个公司或一个单位,每天都有很多电话,这些来电有的有要事,有的是无足轻重的事,所以秘书就要起到过滤器的作用,筛选判别电话信息。电话所涉及的事情,如果是秘书职权范围内并能自己处理的,或者领导不想亲自解决而授权给秘书处理的,秘书要发挥挡驾的作用过滤电话信息,并适时向领导汇报。

再者,过滤电话信息时要使用恰当的语言。秘书在接听电话后,向领导汇报电话内容时应在保证内容正确真实,在不夸大也不缩小的基础上,使用恰当的语言准确地传达电话信息。有时候并不需要将原话一字一句地传达给领导,而应过滤掉不良情绪的表述。否则,可能会因为用语不慎导致领导人际关系的失和。

(四) 领导公关事务活动的过滤

领导公关事务活动主要包括:应邀出席各种邀请性会议;参加各种庆典、仪式和宴请;应有关单位或个人的请求,题词题字,接见合影;出席某建筑物的奠基或落成仪式等。

领导的公关事务活动在领导工作中是经常的、大量的,是领导工作的必要组成部分,对密切各方面的联系有重要意义。但是,如果领导者公关事务活动过多,必然加重领导者的工作负担,干扰和影响领导者集中精力开展工作。因此,秘书在安排领导人的活动特别是应酬性活动时,应该按照组织制度和领导者的总体要求,对无必要参加的各种应酬活动进行合理过滤,对一些不必要的公关事务活动做好挡驾工作。

秘书在过滤领导公关事务活动时要注意:首先,要严格遵循组织的规章制度。目前管理规范的组织对领导的公关事务活动有明确的规定,秘书要注意按章办事。秘书要特别注意不能为一己私利为某些别有用心的组织和个人牵线搭桥。其次,秘书要严格把关,对那些没有实际意义的应酬活动,做表面文章、摆花架子的形式主义活动要严格把关。最后,要与领导保持良好的沟通,过滤和挡驾通常要得到领导的授权。

二、参谋进谏的方法

秘书要实现参谋职能,除了具备强烈的参谋意识、遵循参谋原则之外,还要掌握正确的参谋方法。秘书不是专职的参谋人员,秘书的参谋活动是与其他服务活动相伴相生的,因此,秘书更要注意灵活运用参谋和进谏的方法。

(一) 坦诚直言法

领导在工作过程中经常会向秘书了解情况、征询意见。秘书应提前做好信息的收集工作,如果领导相询,秘书应从工作需要出发,随问随答,及时准确、客观坦诚地发表自己的意见。要善于抓住社会经济生活中的热点、难点、亮点和闪光点,敢于给领导出新点子。同时,针对领导决策不当的地方,秘书人员也可以据理提出自己不同的见解。当然,运用坦诚直言的参谋方法要注意场合,把握好火候,选择谏言的最佳时机。

(二) 暗示法

暗示法指秘书不是直白地表达自己的观点,而是用含蓄、间接的语言影响领导的心理,使其对秘书的本意能够心领神会。工作中,难免会遇到主观性很强、不大喜欢别人提不同意见的领导,有时也会遇到不能直言的特定场合。秘书要善于观察、曲线求进,采用暗示的方法点到即止,让领导心领神会。

【案例】

"春秋五霸"之一的吴王阖闾曾欲伐楚,并告诫大臣胆敢向其进谏的人一律处死。他的侍从中有个年轻人,认为不宜进攻楚国,但又不敢进谏,就连续三天早晨拿着弹弓在阖闾的后花园走来走去,让露水浸湿他的衣服。

阖闾发现后问是怎么回事,年轻侍从说:"园子里有棵树,树上有蝉在高处吸着露水鸣叫,却不知螳螂在它后面;螳螂一心想要捕蝉,却不知黄雀在它旁边;黄雀伸长了头颈要啄螳螂,却不知我拿着弹弓在它下面。蝉、螳螂、黄雀都一心想要得到眼前的利益,却不顾身后的祸患。"阖闾听了称是,于是停止了用兵。

【分析】　吴王很固执,也很武断,竟然提前下了"死"令。此时不要说犯颜直谏,就是旁敲侧击式的提醒都有可能激怒吴王。然而年轻侍从只用两招就打破了僵局:一是制造氛围,让吴王主动发问;二是回答时隐喻暗讽,从形式和内容上回避了"谏"字。在过程设计上,湿衣既为引起吴王注意,也为螳螂捕蝉的故事打下伏笔。用暗示的方式进谏,达到了比直谏更好的效果。

(三) 因势利导法

因势利导法指秘书不直接指出领导的错误意见,而是通过提供真实的情况,向领导讲明存在的问题和不足,让领导得出自己的意见与实际情况相悖的结论,从而让领导自己纠正错误的意见。

【案例】

《齐策三·孟尝君将入秦》中写道孟尝君欲入秦,不听人劝,曰:"人事者,吾已尽知之矣;吾所未闻者,独鬼事耳。"面对此景,苏秦并未放弃,而是顺水推舟,巧言相对:"臣之来也,固不敢言人事也,固且以鬼事见君。"得以顺利晋见,而后即兴创作了《土偶与桃梗》的寓言,把齐国之孟尝君比作"东国之桃梗",用生动的形象"陈其势"、"言其方",将孟尝君置于"隘窘之中",使其自感危急,最终达到劝阻的目的。

【分析】 案例中参谋活动成功的原因就在于苏秦善于因势利导,随机应变,懂得投其所想,从而巧言进谏。这种方法值得秘书人员借鉴。

(四) 引经据典法

秘书在参谋的过程中如果善于引经据典,或者善于用成功的经典案例,找到与当前问题的相似性或者相同之处,就可以增加参谋过程中的说服力和感染力,就比较容易打动领导者的心。

秘书的参谋职能表现在办文、办会、办事等各项秘书工作中,其方法可以分解成多个层次和多种方式。尽管上述参谋进谏的方法并不是秘书参谋方法的全部,但是,它比较典型地体现了秘书在与领导相处过程中献言进谏的方式。

秘书参谋进谏有各种不同的方法,具体采用何种方法完全取决于不同的时机以及领导者的个性特点。例如,对于坦率直爽的领导者可以采用坦诚直言法直接提醒,而对于城府较深的领导者可以采用暗示法委婉迂回地表达;对于处事果断的领导者可以只呈送结论性意见,而对于谋事慎重的领导者则必须同时呈送提出结论性意见的依据;对于善纳谏言的领导者可以直接提出不同意见,而对于刚愎自用的领导者则只能在赞同他的意见的前提下委婉地提出"补充"意见。秘书要有针对性地选用最恰当的方法提供参谋服务,才能取得最佳的参谋效果。

三、请示报告的方法

请示是指请求领导指示或者请求领导批准。当秘书遇到疑难问题时需要向领导请示;当秘书遇到超越自己职权范围的事情也要向领导请示。报告是指秘书向领导反映情况,提出建议,答复领导的询问。秘书向领导者的请示和报告大多采用口头形式,根据需要也可以采用书面形式。请示和报告是秘书和领导沟通的基本方法。

(一) 合理选择请示和报告的内容

秘书应该合理选择请示和报告的内容,既不能事无巨细地滥报,也不能随意漏报。请示的事项应该是自己难以处理或者无权处理的事情,必须由领导者给与指示或者授权办理;报告的内容应该是领导必须了解和掌握的信息,如当前工作的中心问题,特别是新情况、新趋势,或者是突发性事件,或者是合理化建议等。

(二) 灵活把握请示和报告的时机

秘书是领导近身的工作人员,有条件选择最合适的时机进行请示和报告。当领导集中注意力思考或者处理某一问题时,如果不是紧急事件,一般不宜干扰。如果领导有意了解某一方面的详情,秘书应该有针对性地汇报。恰到好处地把握好请示和报告的时机,才能取得良好的效果。

(三) 找准请示汇报的对象

秘书向领导请示汇报工作,要按照领导的分工,注意对口进行。特别是请示要注意避免多头请示和越级请示,否则,容易使问题复杂化,有时还会影响领导者之间的关系。

【案例】

一个大型会议晚上的娱乐活动怎么安排? 方秘书先请示了分管办会的黄副主任,定为"观看电影"。黄副主任并没有说需要再往上请示,而方秘书自认为再请示第一把手贾主任也许会更好办事。方秘书在请示贾主任时又没有把已请示黄副主任所定的意见告诉他,贾主任的意见是"观看戏剧演出"。这样,一个晚上的活动出现了两种不同的领导意见,该怎么办? 方秘书左右为难。几个办会秘书经过商量,最后决定按贾主任的意见执行。由方秘书向黄副主任作自我批评,请黄副主任谅解。黄副主任同意了按贾主任的意见执行,但对方秘书多头请示的做法很不高兴。

【分析】 秘书的请示时应找准对象,不能多头请示,该案例中的方秘书没有做到这一点,造成了工作上的复杂化。

四、沟通协调的方法

沟通协调是秘书的基本职能,秘书的协调应该立足于自身的职能地位和职能特征,灵活选用适当的协调方法。

(一) 文件协调法

文件是行政管理的基本手段,利用文件协调是普遍采用的协调方法之一。在制定内容涉及多个部门的文件时,应该广泛征求各方意见,减少片面性;对需要两个以上部门共同完成的工作,一定要通过会商和会签的形式,用联合行文的方式明确各自的责任,保证文件的有序性和有效性;如果文件内容需要协助和配合,必须要以抄送的形式告知相关单位,以强化整体的协调性。

(二) 会议协调法

与文件一样,会议也是行政管理的基本手段,会议协调就是通过会议的形式,面对面地沟通协商,找到解决失调问题的方法。工作会议、座谈会、情况交流会、现场会都可以成为协调工作的有效形式,通过会议协调,让大家畅所欲言,有利于问题的解决。

【案例】

某大型企业厂区面积很大,内部有段交通要道凹凸不平,特别是下雨后,长期泥泞,往来车辆和行人都感到不便。厂领导要基建部门负责修复,基建部门说,他们负责房屋维修,道路维修不是他们职能范围的事,厂区内的环境应按各车间划定的清洁区域负责包干,要邻近的车间负责修复。有关车间说,他们只能负责清洁区的清洁卫生,对道路不能负责,再说,在此道路上往来的是全厂职工和来往车辆,并不只是该车间单独使用,不应由他们负责。这样,问题长期不能解决。厂长责成秘书小刘负责处理此事。

小刘找来了基建部门和有关车间的负责人,开了个小型会议,说明厂长要求一定要修好这一段路,问他们有没有反对意见。大家都表示没有意见。小刘又说:"既然大家的看法和厂长是一致的,问题就好办了。我们一起来办这件事,有人的出人,有设备的出设备,突击两个小时,修好这段路。我们办公室,抽我来挖土,各位尽你们所能。"在场的各负责人早有修路打算,只是不想自己单位单独承担,现在由厂办公室出面协调,大家出力修路,当然不好推托。于是互相协商,由基建部门出机械车辆,各车间出人,定好时间,一起动手,不到两个小时,路就修好了。

【分析】 案例中的小刘以秘书的身份在领导的授意下,用会议协调法解决了问题。

(三) 信息协调法

单位之间、部门之间、个人之间产生不协调的现象,有些是因为信息沟通不畅,或者是在信息传递过程中出现某种干扰而产生的。只要及时地向有关方面传递有效的信息,促进彼此相互沟通,就能消除矛盾和误会。秘书在协调的过程中要注意提供针对性的信息,把握好协调的时机和方式,使矛盾各方能够消除隔阂,融洽相处。

除了上述协调方法以外,如果协调的事项很重要,又涉及多部门的职责划分和利益调整,在短期内难以解决的,还可以采用建立协调组织来实现协调。

在上述协调方法的使用中,秘书必须明确自己的角色特征,也就是说,秘书的协调始终是一种授权协调,上述方法的使用必须征得领导的同意,而且有些方法也必须有领导的参与,如文件协调法,秘书承担的是辅助的角色。

五、时间管理法

"时间管理"是指对时间进行科学合理的计划和控制,以切实提高有限时间内的工作效率和工作质量。时间的管理有两方面的含义:一是自我时间的管理;二是对领导者时间的管理。因此,科学掌握时间管理法,对秘书人员来说尤为重要。

(一)时间表控制法

时间表控制法是对领导的工作时间进行计划性分配和控制的方法。它是避免和消除时间使用的盲目性和随意性的有效措施。领导者可以通过拟定的时间表,了解工作完成的次序,以顺利完成各项工作。秘书应该根据组织的目标和计划,在与领导充分沟通的基础上,为领导做好日程管理。时间表有年度工作计划时间表、月工作计划时间表、周工作计划时间表、日工作计划时间表、单项工作计划时间表。当然,时间表控制法也适用于对秘书自身的时间管理。

(二)ABC 工作法

ABC 工作法是指按工作轻重缓急排序,把要做的工作分为四类:既紧迫又重要且不需花费太多时间的事情、重要但不紧迫的事情、紧迫但不重要的事情、既不重要又不紧迫的事情。秘书工作任务繁重,如果完全被动地按事情发生或者任务下达的时间先后次序,可能会顾此失彼。而运用 ABC 工作法,能够抓住工作的关键,保证重点工作能及时完成。例如,美国通用汽车公司前总裁莫瑞就要求秘书把呈递给他的文件放在不同颜色的文件夹中:红色代表紧急,绿色代表立即批准,橘色代表的是今天必须注意的文件,黄色代表的是在一周内批阅的文件,黑色表示必须他签名的文件。这是 ABC 工作法在实际中的典型运用。①

【案例】

一天早上总裁办秘书 Summer 刚进办公室,老板就让她起草一份上半年的工作总结,说下星期开公司董事会要用,周末下班前交给他。她估算了一下,总结得三四万字,有二三十页。刚从老板办公室出来,她还没有坐稳,老板又打电话过来,让她通知公司副总、销售总

---

① 杨险峰:《80/20 法则与秘书时间管理》,《秘书之友》2011 年第 1 期。

监、财务总监下午开会商讨工作;她刚放下电话,前台就送来一份电传,是新加坡恒鑫公司老总发来的,说后天到北京,请公司帮他预订酒店;看完传真,老板又来电话,说下月初到电视台为一周财经观做嘉宾因没时间他不去了,让她给对方发个电子邮件;她刚喘口气,人力资源部的人又过来通知,让她填写存档新方法讲座的报名表,明天下班之前为报名的最后期限。

【分析】　这是秘书日常工作的一个片段,秘书工作的强度可见一斑,秘书人员如果按接受工作的先后一一完成明显是不现实的,称职的秘书必须学会管理好时间,合理安排工作任务。如本案例中董事会的工作报告时间上不算太紧迫,但需要集中精力构思润色,需要放在一个可以集中精力思考的时间段。

(三) 合理使用零碎时间法

所谓"零碎时间",是指某项工作与另一项工作衔接之间的不构成连续时段的空余时间。这种空余时间,一种是不可预计的零碎时间;另一种是可以预计的零碎时间。这些零碎时间累加起来为数不少,不容忽略。秘书可以充分利用零碎时间去处理一些琐碎事务,提高工作效率。秘书的很多杂事、琐事都可以在这些零碎时间段里完成。如上述案例中填写存档新方法讲座的报名表及给电视台的邮件等都可以用零碎时间完成。

(四) 统计时间法[①]

统计时间法是通过对实际消耗时间的记录统计,来诊断时间利用率和有效性,找出浪费时间的因素,提出合理利用时间的措施,达到科学管理时间的目标。通过对时间表在一段时间内所消耗时间的全部记录或部分抽样,获取真实数据,再把这些信息反馈到时间表的拟定过程中,可以使时间表更加接近领导目标。统计时间法的一般要求是:(1)数据必须保证绝对的真实性和准确性。(2)要选择有代表性的时间记录区。每季可选择两到三周连续记录,选择的时间区段一定要有代表性。(3)要及时反馈。统计时间法的目的在于提高时间的利用率,因此,同样适用于秘书自身的时间管理。

【复习思考题】

1. 分析秘书工作方法的原则。
2. 秘书主要在哪些工作中使用挡驾和过滤的方法?
3. 秘书可以采用哪些协调的方法?
4. 为什么说时间管理法对秘书来说尤为重要?
5. 案例分析。阅读下列案例,分析贾诩参谋进谏的方法。

---

① 赵映诚:《论秘书的时间管理》,《江汉大学学报》2000 年第 5 期。

《三国演义》中贾诩几次易主,先后辅佐过张绣、曹操曹丕父子等,每次都可以成为他所在阵营的重要谋士,可以说当了一辈子的谋臣。他之所以能够在多次易主后依然游离于政治漩涡之外,就在于他那实用的劝谏艺术。

在曹操立太子一事中,贾诩的进谏有其独到之处。《三国演义》第六十八回:曹操向贾诩问起册立子嗣的事,然而贾诩并没有立刻回答,而是作沉思状,这让曹操不禁想知其故。诩曰:"正有所思,故不能即答耳。"曹操又问他在思考什么。诩对曰:"思袁本初、刘景升父子也。"[①]曹操立刻明白了他的真意,遂立长子曹丕为王世子。贾诩作为旁观者,如果直接劝谏曹操立长子是难以收效的,而且容易卷入这场政治斗争中去。然而,他欲擒故纵,沉默片刻后,借袁绍、刘表废长立幼所造成的沉痛教训,暗示曹操三思而后行,达到了直接劝谏所不能达到的效果,同时也使自己免于卷入政治纷争。

6. 阅读以下文章,体会秘书工作方法的多样性。

秘书事务性工作处理艺术浅探(节选)[②]

笔者结合自身工作实际,简要介绍几种常用的处理方法和技巧。

(1)建立台账法。建立必要的台账,使工作从杂乱无序走向规范有序,是处理好秘书事务性工作的有效手段和基本方法。目前,随着计算机的普及和推广,可以运用现成的办公自动化手段,借助数据库管理软件,分门别类建立人事、档案、工资、福利、车辆管理、值班等多种台账,用于秘书事务性工作管理。平时做好数据的管理、维护和更新,需要时及时调用。这样就能做到有备无患,高效快捷。

(2)追根溯源法。主要是用于领导交办的各类特殊事项的处理。此类事项领导对来龙去脉一般不会作详细交代,秘书作为下属也不便过多追问,在一定程度上增加了事件的处理难度。因此,要采用追根溯源的办法,了解事情的原委,以顺利完成任务。例如,有一次,某局新任局长交给秘书"重新推荐一名局领导担任市里某委员会领导小组成员"的任务。秘书接受任务后,采用追根溯源的方法,先与办公室取得联系,摸清参加该委员会上一届领导小组的局领导名单,又通过有关方面找到该委员会的电话号码,直接与该委员会沟通,弄清该委员会对新组成人员的资格要求,然后结合局领导的分工,向新任局长提出了人选建议名单,获得局长批准,圆满完成了此项工作。

(3)触类旁通法。秘书工作的出发点和落脚点都是更好地为领导服务。因此,秘书在工作中不仅要完成好事务性工作的处理,不出错、不添乱,而且要通过具体琐碎事务的处理,见微知著,举一反三,为领导提供更高层次的服务。比如,某单位秘书通过对来信、来访处理的综合分析,发现了工作中存在的不足和薄弱环节,及时向领导提出了建设性的意见,令领导对其刮目相看。

---

① 罗贯中:《三国演义》,华夏出版社 2007 年版,第 405—406 页。
② 陈静毅:《秘书事务性工作处理艺术浅探》,《秘书工作》2004 年第 1 期。

（4）个人日志法。作为一名秘书，每天必须处理大量的事务性工作，只有将有限的时间和精力用来集中处理重要事务，才能避免在琐事上纠缠，达到事半功倍的效果。我本人在工作中，就十分注意运用个人信息管理软件处理日常事务，提高了工作效率。此类软件可以妥善管理个人的通讯录、名片、联系人等信息，还可以管理个人日记、日程安排、待办任务以及备忘录信息等，特别是对待办事务具有定时提醒功能，使用后可以极大地增加工作的计划性和条理性。

（5）综合处理法。将事务性工作按照轻重缓急的原则进行排列，优先处理重要的急事，将一些不重要、不紧急但又必须办的事务，采取合并同类项的方法，有计划地进行批量处理。比如，在处理日常文件时，可暂缓处理一般性传阅文件，待紧急文件来时一并送给领导，既节省了来回送文的时间，又避免了因琐事而频繁地打搅领导。

（6）授权委托法。在某些特殊的情况下，秘书也可将一些常规性事务工作授权或委托其他人员处理，集中精力处理急事、难事。比如，文件复印、装订等简单的操作性事务就完全可以委托他人办理。

以上是本人在处理秘书事务性工作中总结出来的一些方法，实际工作中的处理方法还远不止这些。只要秘书在平时工作中多积累、善总结，遇事沉着冷静、胆大心细，就能不断提高处理事务性工作的科学性和艺术性，履行好秘书职责，赢得领导和同事们的认可。

【扩展阅读】

1. 王西冀：《秘书工作方法论》，中国财经出版社 2005 年版。
2. 谭一平：《外企女秘书的职场日记》，华夏出版社 2005 年版。

第九章

秘书的价值和价值观

第九章
秘书的价值和价值观

■本章概述

秘书价值是秘书在其辅助活动中对领导者及所在的组织所产生的作用和影响的总和。秘书价值观,是秘书人员关于自身社会价值的认识、理解、感知,是秘书人员对秘书这一社会角色的整体把握,是秘书人员赖以承担秘书角色、从事秘书工作、进行秘书实践活动的思想基础、道德基础和精神动力。我们既要对秘书价值有哲学的认识,更要合理构建秘书正确的价值观。

■学习目标

1. 熟悉秘书价值的相关概念。
2. 正确认识秘书价值。
3. 理解并合理构建秘书的价值观。

■重点难点

1. 秘书价值的认识。
2. 秘书价值的主体和客体。
3. 秘书劳动价值的隐匿性特征。
4. 合理构建秘书的价值观。

第一节 秘书价值和价值观

一、价值和价值观

(一) 价值

Value(价值)一词来自拉丁语 valere,在 14 世纪融入英语。19 世纪以前,该术语几乎只与经济学和政治经济学有关,意指物的价格,或凝结在商品中的一般的人类劳动。19 世纪中叶以后,德国哲学家开始把"价值"概念引入哲学领域,在新康德主义者、叔本华、尼采的哲学中,"价值"的意义扩张,同时,以价值为研究对象的学说即价值论或价值学开始得以系统发展,也有人称其为价值科学。

广义地讲,价值泛指人们认为是好的东西,某种因为其自身的缘故而值得估价的东西,这种东西具有人所欲求的、有用的、有兴趣的品质。价值也是主体主观欣赏的或主体投射到客体上的东西。总之,价值涉及所有人做出的有关个人和社会的各种类型的规范判断。[①]

在西方的价值哲学中,较有影响的价值概念有"利益说"和"意义说"。前者把价值定义为"与利益相关的对象",认为"有利益即等于有价值";后者把价值定义为有意义就是有价值,认为价值就是具有意义。

在我国价值哲学研究中,较为普遍的定义是:价值是客体对主体需要的效用。认为价值是客体的属性和主体的需要之间的相依关系,"客体没有某种现实的或潜在的有用属性,或者主体没有某种现实的或潜在的身心需要,价值都不会应运而生"。[②] 当然,这里的客体不仅是指物质性的实体,也包括精神性的理念在内,如真、善、美之类的理念。

(二) 价值观

"价值观(values)是指主体按照客观事物及其自身及社会的意义或重要性进行评价和选择的原则、信念和标准"。[③] 它是人们(主体)对客观事物(客体)价值认识和价值评价所持的立场、观点、态度的总和,是现实生活中的人们所拥有的对于区分客观世界中存在的是非、善恶、美丑的根本看法,是人们关于某类事物是否具有价值以及具有何种价值的判断、评价。价值观是影响行为的重要因素,它"影响到我们对人对事的知觉和判断","从总体上影响一个人的态度和行为"。[④] 因此,有什么样的价值观,就必然会表现出什么样的行为动机、行为态度、行为表现以及对社会活动的心理感应、思想意识。因此,树立正确的价值观,至关重要。

二、秘书价值和价值观

(一) 秘书价值

抽象是哲学的根本特点,因此,"价值是客体对主体需要的效用"这一价值的哲学定义对所有具体的价值现象或问题都适用,其间自然也包括秘书价值。

所谓秘书价值,就是秘书在其辅助活动中对领导者及所在的组织所产生的作用和影响的总和。具体地说,秘书价值具有以下涵义:首先,秘书价值是指一种主客体之间需要和满足的关系。秘书的辅佐能让领导摆脱繁杂的事务,从而更好地进行有效的组织与管理。秘书价值就在主体(秘书)对客体(领导)需要的满足的关系中产生的。其次,秘书价值的基础是实践性。因为秘书价值的主客体都处在一定的社会关系之中,他们之间的需要和满足的关系,既是在实践中产生,又只有通过实践才能解决。再次,秘书价值的内容和形式具有多样性。

---

① 李醒民:《价值的定义及其特性》,《哲学动态》2006 年第 1 期。
② 同上。
③ 彭聃龄:《普通心理学》,北京师范大学出版社 2004 年版,第 332 页。
④ 〔美〕斯蒂芬·P·罗宾斯著,孙健敏、李原译:《组织行为学》,中国人民大学出版社 2005 年版,第 71 页。

（二）秘书的价值观

秘书价值观，是秘书人员关于自身社会价值的认识、理解、感知，是秘书人员对秘书这一社会角色的整体把握，是秘书人员赖以承担秘书角色、从事秘书工作、进行秘书实践活动的思想基础、道德基础和精神动力。它全面、综合地反映着秘书人员的人生观、社会观、行为观和职业道德观。

秘书价值观的构成，包含着两个因素：一是秘书人员对秘书职业的特殊社会分工（秘书实践对象）这一客体的全面的、整体的认识和把握，这是秘书价值观的认识基础，决定着秘书价值观的正确与否；二是秘书人员对自身（秘书实践主体）角色的全面的、整体的认识和把握，是秘书人员的人生观、职业道德观对秘书职业认识和感知的产物，它决定和规范着秘书人员的社会实践和社会行为。

树立正确的价值观，明确秘书人员的价值取向，不仅有利于秘书人员自身的健康成长，也有利于整个秘书行业的协调稳定、快速和谐地向前发展。

三、研究秘书价值理论的意义

首先，正确的秘书价值理论为秘书人员的实践活动指明了正确的方向。秘书价值理论揭示了秘书价值是一种有益于社会发展的实践活动，这是秘书价值质的规定性。形成正确的价值意识，正确认识、测定秘书的劳动成果，公正地评价秘书劳动的价值，可以促使秘书人员切实感受到自身的存在价值，体味到成功的快乐，从而自尊自信，更加热爱自己的工作。

其次，秘书的价值观，是秘书人员不可缺少的灵魂。秘书的价值观，是秘书人员赖以承担秘书角色、从事秘书工作、进行秘书实践活动的思想基础、道德基础和精神动力。秘书的价值观，是秘书人员不可缺少的灵魂。秘书人员任何时候都不可能离开对价值观的依赖，而秘书价值观又无时不在规范着秘书的社会实践和社会行为。

最后，秘书价值理论是秘书学理论体系中不可缺少的、重要的组成部分。因为秘书学是在秘书工作实践基础上概括、总结出来的一般规律性的科学。要从一般意义上去揭示秘书人员的基本实践的内容、形式、特点和实践价值等基本问题。秘书工作实践是秘书学理论体系的基石，没有秘书工作实践就不会有秘书学的诞生。同时，没有科学的秘书价值观，就不会有秘书实践活动的正确方向和灵魂。由此可见，秘书价值理论在秘书学理论体系中占有十分重要的地位，是不可缺少的重要组成部分。

第二节　秘书价值的认识

一、秘书价值的主体是秘书人员

根据价值哲学的关系范畴，价值被看作是客体对主体的意义，也就是说，价值是主体和客体相互作用和影响的产物。论及秘书价值,自然是作为价值主体的秘书与作为价值对象的领导者及所在组织之间相互作用和影响的结果。显然,在秘书价值关系中,秘书人员是秘书价值的主体,领导者及所在组织是秘书价值的对象。没有秘书也就没有秘书价值,反之,没有领导者及所在组织同样不存在秘书价值。严格地说,秘书价值是秘书对领导者及所在组织的效应。

秘书价值的主体是秘书人员。在认识秘书价值时很容易产生主客关系易位的理论误导,在论述秘书与领导者、秘书工作与领导活动的关系时,过分强调领导者及领导活动绝对的主导地位和作用。事实上,我们在研究秘书工作时,秘书人员是本体;我们在研究秘书价值时,秘书人员是主体。若主客不分,或反客为主,必然会导致理论上的混乱和错误。

正因为秘书人员是秘书价值的主体,因此具有主体的主动性和创造性。秘书可以凭借自身良好的职业道德及扎实的专业知识、技能及经验,从自身职责要求出发在辅助领导开展工作的过程中,发挥主观能动性,主动体现自身价值,从而实现秘书工作从纯粹的被动服务到力争主动服务的转变。同时秘书的主体性还可以表现为一定程度上的创造性。创造性是主体能动性的最高表现。秘书的创造性与领导及其他职能部门相比历来受到抑制。然而,从秘书工作本身来看,秘书作为主体角色依旧具有创造性因素,特别是在社会主义市场经济条件下,更需要具备创造性思维及才能的秘书。可以说,在不脱离秘书工作总体目标的前提下,其主体只有发挥适度的创造性,才能提高秘书工作的质量。在实现秘书职能从办文办事到既办文办事又出谋划策的转变时,更要强调秘书的创造性因素,充分发挥其参谋作用,更好地为领导决策提供服务。因此,从某种程度上说,片面强调秘书工作的被动性,把秘书视作领导的硬性工具,定格为领导精神上、工作上的附庸的观念正是源于对秘书主体性的否定。

以上所述,秘书作为秘书工作中的主体成分,其主体性特征是存在的,同时我们也必须正视这种主体性的发挥是有一定的限度和范围的。这种限度和范围源自领导活动对秘书工作的控制。秘书的主动性和创造性是在满足领导的需求的前提下发挥的,无限制的主动性和创造性的发挥很容易使秘书工作偏离目标的轨道,丧失应有的社会价值。因此,我们认为有限定的主动性和创造性正是秘书工作中主体的特殊性所在。

二、秘书价值的客体是领导者及所在组织

秘书价值的主体是秘书人员,同时,秘书价值是在秘书与领导者及所在组织之间的相互作用和影响中表现出来的,因此,秘书价值的客体是领导者及所在组织。失去了作为价值客体的领导者及所在组织,以及相互间的关系,秘书价值也就无从谈起。

秘书价值的客体是领导者及所在组织,由于秘书工作和领导活动之间的特殊关系,因此,其客体的特性也非同一般。

首先,秘书价值的客体(领导者)的制约性远远超出其他活动中客体的制约性。甚至在一般情况下,客体(领导)可以成为秘书工作的主导性因素。应该说,客体对主体的制约性在

任何主客体关系中都是客观存在的，但是，在秘书工作中，客体的制约性受领导活动影响的辐射，呈现出超强的特性。具体表现在主体（秘书）的认识和实践活动必须从客体出发，遵循客体固有的规律。主体（秘书）的工作目标、工作职能和工作方法必须围绕客体（领导）而确定，且须根据客体的工作规律来调整主体（秘书）的工作规律，等等。

其次，客体具有对象性，秘书工作中客体（领导）的对象性虽然比较明确，但"对象化"（即主体对客体的作用）却表现得比较隐蔽和弱小。秘书工作中客体（领导）的对象性是指客体（领导）是同主体（秘书）有功能联系而被指向的对象，这种对象对主体来说虽然不是唯一的，却是主要的。既然客体（领导）具有对象性，那么就不可避免地要为主体（秘书）所"对象化"，而这种"对象化"的表现和人与自然构成的主客体关系及老师与学生构成的主客体关系中客体被"对象化"的表现具有很大的差异。表现在工作实践中，秘书能够通过履行其职能在不同程度上影响领导，只不过这种影响的表现形式具有很强的隐蔽性、委婉性和间接性。因此，无论是秘书还是领导都应该承认这种影响或作用，即作为秘书工作主体的秘书可以也应该通过认识和实践把自身的本质力量体现在客体（领导）的事业中，而不能无视这种影响的存在。但同时应该把握和驾驭好影响的程度，否则也会产生较大的负面效应。

三、秘书价值的基础是秘书实践

价值是人通过实践活动使价值主体与价值对象发生关系而产生的结果。没有主客体之间的关系及效应，价值既不可能产生，又不可能创造。但是，仅有主客体之间的关系，那只能成为价值可能；只有通过实践，才有价值实现。因此，人的实践活动是价值由可能变为现实的前提和基础。同样，秘书价值的形成也必须通过秘书实践活动来完成并经过检验。

秘书实践活动，不论是常规性活动还是非常规性活动，它都是联结秘书价值主体和秘书价值对象的纽带，也是秘书价值形成的物质基础。在秘书实践活动中，秘书的辅助功能得到发挥，领导者的决策与管理需要得到满足，双方的关系得到发展，从而实现了各自的价值。

四、秘书价值的本质是辅助价值

秘书工作的辅助性决定了秘书价值的辅助性，即秘书作为秘书价值的主体，对价值对象——领导者及所在组织的作用和影响，表现为辅助的价值。

秘书适应领导需求的实践活动内容是易变的、多样性的。但是不管秘书的何种实践活动，对领导来说，只能起辅助性的作用。总之，辅助性实践体现了主客体之间（领导与秘书）是一种主辅关系；正如商品价值质的规定性是由凝结在商品中的抽象劳动所决定的那样，秘书价值质的规定性是由体现在价值对象中的辅助作用所决定。

第三节　秘书价值观的合理构建

价值是在主体和客体的相互关系中产生的，人的活动总伴随有价值问题，这就决定了人们在反复的实践和认识过程中,必然会形成一定的价值观。

秘书价值观是秘书人员在日常行为中通过反复的价值活动,形成的关于客观事物的好坏、利害、善恶、祸福、美丑、是非等价值观念,是秘书人员不可缺少的灵魂。它无时无刻不在规范着秘书人员的社会实践和社会行为,同时秘书人员任何时候也不可能离开对秘书价值观的依赖,否则,秘书人员就不会是能动的个体,而成为一个孤立的、机械的工作机器。

一、秘书价值观的错位及其危害

正确的秘书价值观作为科学、合理的秘书角色体验,它的建立只能是一个循序渐进的过程。它无时无刻不受到各种脱离实际的主观愿望和引诱力极强的利益关系的干扰和纠缠,使之偏离正确的运行轨道,产生各种离位和错位现象。"秘书价值观的错位和模糊,就是秘书人员由于受社会观、人生观、道德观、生活经历、实践锻炼等各种主观因素和复杂多变的客观环境的限制和影响,对秘书角色认识上的非正确性和模糊性导致的认识偏离,是对秘书工作本质性及规律性的不正确的理解和把握。"[1]错位的价值观应当引起秘书人员的高度警戒。

1. **主观夸大秘书职业的地位和社会功能,对秘书人员价值的过高估计,导致秘书人员出现擅权、越权的行为。**

秘书是领导最近身的工作伴侣,秘书同领导的密切关系和秘书所处地位的中枢性和特殊性,很容易使秘书人员对本职工作的理解和执行产生膨胀感。这类秘书对自我价值的定位超越实际,主观认为自身的价值不可估量,片面地以为除了领导,自己便是最重要的人物,因而居高临下地对待他人,脱离大众,要求他人以自己为中心;或者狐假虎威,假借领导之名、之威,以"二首长"自居,恣意凌驾于组织和他人之上,"到处伸手、到处张口"。也有一些长期在领导身边的高级秘书,可能因为表现出色而获得领导的赞赏,进而逐渐迷失了自我,对自我价值的评判失去了清醒的认识,过分强调自己为领导充当参谋、智囊、助手的作用,甚至认为自己已然成为领导的化身,以为自己可以代替领导发表意见、作出决策,以至于在某些问题上擅自做主,随意处理,做出了超出自身权限的事情。

2. **沉湎于琐碎、繁杂的事务性秘书工作,加之秘书价值具有隐匿性特征,片面感受秘书价值的缺位,低估秘书价值,导致秘书工作缺乏热情,处于被动状态。**

由于受传统的封建观念的束缚和文学作品、影视作品的过分渲染,使社会大众习惯性地认为秘书人员是领导的侍从,是伺候人的角色,低人一等。有些公众甚至将秘书当作是领导的"附庸"、"家奴",在他们的心目中,秘书就是无原则地服从领导、唯领导马首是瞻,在领导面前卑躬屈膝的角儿。因此,许多公众对秘书的职业地位及社会功能常常抱以藐视的态度,导致整个社会舆论对秘书职业所处的地位和所发挥的作用评价不高。而秘书圈内个别人也

---

① 孙龙、姚成福:《从秘书的定义解析秘书的角色意识与价值取向》,《管理科学》2005年第1期。

把自己为领导工作服务扭曲成是对领导个人的人身依附和人身服务,把围绕着领导转、伺候好领导作为自身工作的主要内容,陷入了误区,歪曲了秘书的社会属性和本职工作。这种错误的价值观使一些秘书人员产生了自卑心理,认为自己没有社会价值,因而缺乏职业自信,所以在需要出主意、想办法的时候,在需要发挥主观能动性的时候,往往唯唯诺诺、不敢表达;在决策执行的时候也常常是遇到困难就畏惧退缩。

这种认为自己低人一等的自卑心理,往往会使秘书人员产生较严重的职业倦怠情绪,久而久之会对本职工作失去热情和积极性,甚至自怨自艾、消极沮丧,既影响了秘书工作的正常进行,也影响了秘书个体的身心健康。因此,对秘书价值的过低估计也是秘书价值观的错误倾向,它贬低或否定了秘书工作的社会地位和作用,忽视了秘书职业和个体的自我价值,忽视了领导与秘书人员人格地位上的平等关系,是一种错误的认知,会导致十分严重的后果。

二、正确认识秘书的劳动价值

(一)秘书具有劳动价值

秘书人员与以体力劳动为主的生产人员相比较,是比较复杂的高级的脑力劳动者;与技术人员及专项业务管理人员相比较,除兼有一般管理人员的特点外,还具有明显的事务性、综合性特征;与赋有决策职权的领导人员相比较,有很大程度的服务性特征。所以秘书人员的劳动特点,是一种以脑力消耗为主,体力消耗为辅的劳动。

毫无疑问,与体力劳动者和其他管理人员一样,秘书也具有劳动价值。在现代社会中,管理能够创造出价值这一观念在被实践所证实,也为大众所接受。既然管理创造价值,而管理的链条又由计划、组织、指挥、协调及控制等各环节组成,秘书人员无疑是这些环节的重要的参与者。秘书人员所承担的参谋辅助工作和事务助手工作都能创造相应的经济价值和社会价值。

首先,秘书的劳动能创造经济价值。信息具有明显的经济价值,有的信息可直接转化为商品,创造价值;有的信息要经过整理、加工才能产生效益。秘书工作本质上就是信息工作,在日常工作中,秘书在接转电话、处理信访、调查研究、做会议记录等工作时,接收、开发了各种信息,将其选择、加工后再转输到各个方面,其中已凝结了秘书的劳动,包含了秘书劳动创造的经济价值。

其次,秘书的劳动能创造社会价值。秘书是作为领导的助手开展工作的,组织实现的社会价值中包含了秘书的社会价值,就像很多科研成果的社会价值具有合成性,秘书的社会价值也有合成的特性。另外,秘书常用文字材料表现自己的劳动成果,这些文字材料的社会价值也不可否认。

【案例】

把一艘 20 米长、订制建造的游艇从香港挪到纽约或迈阿密需要多少钱? 一旦将这艘船挪到纽约,维护它,包括聘请一位 24 小时待命的经验丰富的船长又得花多少钱? 这是 54 岁的苏珊娜·斯特默做网上秘书以来的第一份工作。她花了 3 个星期的时间为她的客户——一位来自香港的投资银行家找到了答案:将游艇从香港挪到纽约要花 97 000 美元,而要维护它每月得花 7 000 美元。在斯特默的帮助下,银行家决定在香港将游艇出售,然后在纽约买一条新游艇。斯特默从评判客户商业计划到帮助客户挑选婚礼地点什么都做。她说:"我有一个客户打算 7 月份到旧金山葡萄酒酿造地外举行婚礼,在里面招待来宾,而她只在旧金山停留 90 分钟。"到了 5 月份,新娘手中只有一份候选地名单。由于"请我比请婚礼专家便宜",于是新娘找到了她。斯特默说:"实际上,我所做的只是整理出一个庞大的电子数据表,而新娘只需要与她的准新郎坐在电脑前挑选出 4 个地点就可以了。"最后,在斯特默的协助下,新娘选择了最佳婚礼举行地点。①

【分析】 案例体现的是一种与传统秘书有一定差异的网上秘书的工作过程,秘书工作创造的经济价值表现非常明显。

(二) 秘书的劳动价值具有隐匿性的特征

秘书具有劳动价值,但是秘书的劳动既不像工人那样能够生产出有形的劳动产品,也不像农民那样通过种植得到周期性的收获。秘书工作及其价值创造具有潜在性和隐蔽性。诚然,秘书人员所从事的文书管理、文稿撰写、会议筹办、信息处理等工作,也是一种价值创造,而且都能转化成经济效益和社会效益。但是,这种价值往往是无形的、潜在的、有待转化的。它不像物质生产劳动者创造的价值那样具体可见,能被直接使用,也不像领导和其他管理人员有直接的价值体现的途径。秘书的价值是一种"潜形价值",主要表现在:秘书的劳动和成绩,往往不能和他们的名字直接联系在一起,他们所起草的文件是以组织的名义发出的,他们所撰写的报告或部分文章,是以领导的名字呈现的。也就是说,秘书的价值创造乃至人生价值的实现,在很大程度上都必须借助于领导的劳动价值与组织的管理价值的渠道实现。从这个意义上说,秘书人员的价值创造实际上是一种看不见的自我实现。正因为如此,人们经常会用"幕后一身汗,台前靠边站"来形容秘书的尴尬境地,也说明了秘书价值隐匿性的特征。

【案例】

又到年底总结的时候了,秘书李浩然忙碌起来。因为他们处长点名让他负责今年处里的工作总结,处长要在局里的总结大会上做汇报。与往年不同的是,局里早就明确表示,今年要进行改革,打破奖金发放的平均主义。年底总结,每个处都要上台讲一讲,然后进行评比,哪个处工作做得好,该处人员的奖金就升一级,工作做得不好的,奖金就降一级。因此各

---

① 蔡超:《网上秘书》,中国轻工业出版社 2007 年版。

个处都较上了劲,除了工作出色完成外,都在年底的报告上下足了功夫。李浩然是北大中文系的高材生,平时写文件就是一把好手。刘处长叮嘱他说:"今年处里的工作是出色的,能不能让局领导满意,就看你的总结报告是否出彩了。"李秘书接到任务后,连着熬了几个通宵,终于写出了一篇洋洋洒洒,既有文采又有深度的总结报告交给处长审阅。处长看了连连点头,非常满意,高兴地说:"今年咱们处这奖金是拿定了。"果然,在全局的总结大会上,李秘书写的稿子让刘处长声情并茂地一讲,获得了全局一致的好评。会后,局长还专门对刘处长说:"老刘,今年你们处的总结不错,很有深度。"刘处长听了很得意。知道内情的人都说这是李秘书的功劳,李浩然得悉后回应说:"不能这么说,我只是写了个草稿,最后还是处长定的稿。"

　　【分析】 秘书是为领导服务的,案例中李浩然秘书工作能力强,完成领导交给的任务比较到位,总结无须领导做更多的修改就被采用了,但这不等于李浩然就是总结的作者,因为总结是由领导最后拍板同意的,秘书只不过是代拟而已。案例中受到表扬的是领导,而最终为此负责的也是领导。秘书要认识到自己的劳动价值具有隐匿性的特征,甘当领导身后的无名英雄。

三、合理构建秘书价值观

(一) 秘书应充分认识自己工作的价值,合理构建秘书价值观

　　"人类的一切活动,都是价值活动,价值活动贯穿人类活动的全过程。"①秘书创造性实践活动的历史就是价值运动的历史,是一个不断追求价值、创造价值、形成价值和实现价值的过程。尽管秘书创造的价值不像物质生产劳动者创造的价值那样具体可见,尽管秘书创造的价值往往是无形的、潜在的、待转化的,但是,秘书的价值却无庸置疑地存在着。秘书获取有效的工作成果有很多途径,如调研工作、信息工作、协调工作、督查工作、文书工作、档案工作、会议工作、办公室事务管理工作等等。如企业秘书撰拟的一件公文,从其近期功效而言,它作为上级或本单位领导意图的载体,指挥企业内部步调一致,同心同德,共同完成任务,推动企业的发展;就其长远功效而言,它不仅记录了本企业工作的历程和兴衰的历史,有的公文还对社会发展有一定的促进作用。而每一份公文的形成,从仔细领会领导意图、搜集资料到审核定稿,都凝聚着秘书许多鲜为人知的睿智,凝结着秘书劳动的社会价值。另外,如一则信息的编写及提供,一起矛盾的协调与处理,一次会议的筹备与召开,无不融入秘书的劳动和价值。

(二) 认识秘书的价值的多层次性和多元化现象

　　价值在人的心理世界中,存在着三种层次,即与生存有关的价值、与社会关系有关的价值和与自我发展有关的价值,三者之间相互联系、彼此作用,构成一个有机的价值结构功能

------

① 王玉梁:《价值哲学》,陕西人民出版社 1989 年版。

整体,不同个性特征的个体之间在价值结构上存在明显差异。[1] 表现在秘书个体上也存在着不同层次的价值。特别是随着改革开放的深入,社会主义市场经济体制的逐步确立,国家政策对个人利益的承认和肯定,现代秘书人员也开始追求进取务实、个人利益与集体利益协调并重的价值选择。他们一方面通过积极思考,确立人生坐标,最大限度地实现社会价值,为社会做贡献。另一方面他们的选择也不再完全排除个人利益。

除了秘书价值的多层次性,秘书人员的价值评判标准也趋于多元化。市场经济的建立,一方面激发了现代秘书人员的积极进取精神,促进了现代秘书人员自我意识的发展和自我价值实现的要求;另一方面又使秘书人员在一定程度上忽视精神方面的追求,容易产生个人与社会的错位反应,导致对价值评判的多重标准,如有的人以对社会的奉献多少和创造力大小为标准,有的以"含金量"多少为标准,有的以职权的大小和社会地位的高低为标准,有的以自我完善与自我实现为标准。这反映出现代秘书人员在对客观事物或自身行为有无价值及价值大小所做出的判断,存在着"价值评判偏差"。[2]

(三) 加强秘书人员价值观教育

社会发展到今天,分工越来越细,行业也不止百种。有些职业是有名有利,赫然于世间,显荣于人前;也有些职业是默默无闻,无名可扬、无利可图。秘书属于后一种。作为秘书工作者必须确立崇高的职业道德和正确的职业态度,热爱秘书岗位,愿为秘书事业贡献自己的才智和年华。因此,在秘书的价值观教育中,我们要做到:

首先,要大力宣传集体主义、无私奉献精神,以崇高的人生价值观和道德观抵制个人主义、拜金主义的消极影响。引导秘书人员正确处理国家、集体、个人三者之间的关系,使秘书在组织和领导的效益和成功中感受和欣赏自己的价值。

其次,要加强秘书人员的职业道德建设。市场经济条件下秘书人员职业道德的内涵有着新的内容:忠于职守,自觉履行职责;办事公道,热情服务;爱岗敬业,甘当无名英雄;服从领导,当好参谋;实事求是,讲究实效;奉公守法,严明纪律;谦虚谨慎,刻苦钻研;严守机密,克服虚荣等等。加强秘书人员职业道德观教育,强化秘书人员职业精神的培养,是市场经济条件下秘书人员价值观建设的根本要务。

再次,在强调集体主义、无私奉献的同时,必须纠正忽视个人利益的错误导向,承认个人利益的存在,允许个人合理合法获得正当利益。组织和领导可以在适当的时候彰显秘书的价值。

【案例】

1956 年 9 月 15 日下午 2 时,中共八大召开,毛泽东致开幕词,不过 2 000 多字,却被 34

---

① 宋斌:《秘书实现价值的理性认识》,《秘书》2004 年第 8 期。
② 刘占卿、吴浩:《论市场经济条件下秘书人员的价值观建设》,《衡水学院学报》2005 年第 2 期。

次热烈掌声打断。代表们认为，这篇充满"毛泽东风格"的开幕词，肯定是毛泽东亲自写的。可是，毛泽东会后来到休息室，许多人称赞他开幕词写得精彩时，毛泽东对大家说："这不是我写的，是个年轻秀才写的，此人叫田家英。"

【分析】　田家英是毛泽东的秘书，毛泽东在公众场合的适时评价，使田家英"喜出望外"，深知"花了一个通宵"写出此稿的价值，秘书的自我价值也得到了彰显。

最后，规范社会舆论导向，树立正确的社会秘书观。错误的舆论导向是人们价值观念混乱，甚至陷入价值取向"误区"的一个重要原因。由于国内一些文艺作品中的秘书形象不是阿谀奉承之徒，便是"小蜜"、"花瓶"之类，这种畸形的、扭曲的秘书形象被媒体广泛传播，形成中国片面的社会秘书观。这种不合理的社会秘书观影响着秘书从业人员和秘书职业的发展，例如，社会大众对秘书人员的评价不高，没有充分肯定其劳动价值，影响了秘书人员工作的积极性；片面的社会秘书观影响了学生和家长的择业观念，导致秘书后备力量数量减少、质量降低，等等。事实上，我国秘书队伍中不乏优秀的高尚的人才，我们应看到，大部分的秘书人员都在默默奉献、辛勤劳动着，所以说，秘书职业的主流是积极向上的，是值得肯定的。大众传媒应该摒弃一味地渲染秘书工作中的一些害群之马，适当地对某些表现出色的品德高尚的秘书人才进行报道并宣传正面的秘书形象。这不仅可以为秘书人员树立楷模，也可以在一定程度上纠正社会大众的过于片面的看法，使大众重新认识秘书职业和其从业人员，树立正确的社会秘书观，给予秘书职业一个公平、公正的社会大环境。

秘书价值观是秘书人员努力工作的精神动力和智力支持，是充分发挥秘书人员工作主动性和积极性的内在保证。构建合理科学的秘书价值观，明确秘书人员的价值取向，不仅有利于秘书人员的自我发展和自我完善，也有利于整个秘书行业健康、和谐地向前发展。

【复习思考题】

1. 如何认识秘书的价值？
2. 秘书价值观错位的表现有哪些？
3. 如何合理构建秘书的价值观？
4. 阅读下列文章，分析中国传统道德在现代秘书价值观中的作用。

传统美德与职业伦理
——中国当代秘书价值观的合理定位（节选）①

秘书职业伦理的道德范畴是从秘书职业道德经验和认识中历史地提炼出来的，它表现为一种道德力量，并能给人以巨大的道德约束力。用中国传统美学精神来培养秘书职业道

----

① 杨群欢：《传统美德与职业伦理——中国当代秘书价值观的合理定位》，《学术交流》2008 第 2 期。

德,不仅存在现实依据,而且具有境界提升、精神升华的意义。从中国传统道德典范的角度加以透析,我们不难发现,秘书的职业道德完全可以在中国传统文化的核心形态——传统美学精神上找到思想根源。

热爱本职工作是人们必须遵守的第一职业道德。它具体表现为饱满的工作热情、积极的创新精神、甘于奉献的务实作风。中国传统文化的主导形态——儒家思想,一直以积极"入世"精神著称,这种"入世"进取精神,可以看作是一种强烈的事业心。强烈的事业心、积极的进取心成为无数有志之士迈向成功、实现理想的催化剂。正因为如此,在中国传统道德规范上,人们一直敬重那些在强烈事业心的驱使下奋发有为的人。

秘书工作的成果通常把秘书个体或秘书班子集体的劳动成果以领导或所属组织的名义公之于众,而创造的主体们只能扮演默默无闻的幕后英雄。但是,默默无闻并不代表事业无成,秘书工作存在的意义与任何一项显赫的事业都是一样的。秘书工作的性质具有辅助性,辅助领导工作并不代表个体价值的流失。从一定意义上讲,秘书工作的好坏直接影响着领导工作的成败,实际上秘书在间接地履行着一个管理集体的重要职责,尤其是领导人身边的秘书。只有具有强烈的事业感、成就感、荣誉感,才能够很好地激发秘书的工作热情,促进工作效率的提升。

时至今日,仍有许多人错误地把工作的默默无闻与强烈的事业心对立起来,过分渲染秘书工作的服从性,不敢张扬秘书人员的成就感,甚至把创造个体价值和集体价值的秘书工作看作毫无个人成就的"唯上是从"。这种培养封建"奴仆式"的秘书观念,既是对人格独立的压抑,更是对秘书工作的扭曲。实际上,中国传统儒家思想中的事业心、进取心,可以表现为对平凡的执著与认真。平凡绝不等于平庸,它既可以创造出伟大的事业,同时,也因为坚守平凡、踏实务实而显示出自身的可贵。儒家精神是一种务实的、理性的现实主义精神,其实质是指个体对社会采取一种积极昂扬的人生态度,而不是消极逃避的隐士之风;是一种注重过程的实践,而不是浮华的结果。从这个意义上讲,事业心不仅是一种对工作成就感的认可,也是一种永不言弃、永不服输的精神。儒家精神的领袖人物孔子正是凭借对事业"知其不可为而为之"的执著和顽强,为后人谱写了一曲热爱事业的赞歌。秘书工作者同样需要拥有如此强烈而执著的事业心和进取心,以饱满的工作热情投入秘书事业中来。

秘书的权力虽然有限,但是由于他们和领导有特殊的关系,用权和用权的渠道、方式都极为方便,所以对秘书职业道德的要求就是能够不为私欲所动,不仅保持自身的廉洁自律,还要提醒领导坚持原则,秉公办事。用传统道德典范来说,就是不在金钱权力的引诱下丧失气节。始终以理性抑制原始欲望的冲动,从而达到重义轻利的高尚境界。对物质享受的追求,对安逸生活的渴望是人性的本真与必然。传统美德思想并不排斥人类生理本能的必然规律。相反,认为追求财富是正常的、合理的。但是,必须清楚所追求的财富利欲是否符合社会道德价值标准。换句话说,在金钱富贵、物质享受的问题上,关键不在于财富能不能要,而是如何要。同样,对于秘书来说,要求他们具有廉洁自律、不计报酬的道德修养并不是让他们不食人间烟火,私欲贪婪和获得正常的工作报酬完全是两回事。

正如马克思所说,人是最名副其实的政治动物,具有区别于动物的文化特性和社会特性。人是不能脱离现实社会而存在的,不能仅仅为了满足生理性的需求而活着,应该具有思想、理性和灵魂。那么,当利欲与理性发生冲突的时候,人类应该如何选择呢? 传统道德典范突出人类社会性中精神品质对世俗功利的摆脱与纠缠,强调不能因为陷入物质感官的享受而失去本该获得的自由。

传统道德典范中的"义"并不完全等同于我们今天所讲的正义、仗义、仁义,它不可避免地浸透着封建时代狭隘的"义气"等消极思想。敢于为"义"而舍"生",无疑是任何文明时代都值得提倡的美德,而对于秘书来说,同样需要这样一种"义",一种为了工作可以不斤斤计较个人利益的大义,为了人民群众利益而敢于提醒领导的仗义,为了维护党性原则而不惜牺牲自己的正义。

也有很多学者认为,传统道德规范中渗透着浓厚的封建伦理教义和政治教化思想,但是这并不意味着一切传统道德规范都是落后愚昧的。相反,正是渗透着崇高健康人格美誉思想的儒家、道家思想铸造了后世无数品行高洁的士子们的灵魂。正是在这个意义上,对作为儒家美学思想核心的传统道德规范进行重新梳理,让那些被千年历史尘灰掩盖遮蔽的崇高精神在社会主义精神文明建设下焕发出光彩。这绝不是盲目复古退回到封建教育体制中去背诵古文经典,而是正确评价历史文化遗产对今天的现实意义;也不是排斥外来新思想的作用,而是立足中国本土,弘扬优秀民族文化和外来有益文化,把秘书的人格、道德修养打造得更完美,让礼仪之邦的美德继续在后人身上传承。

【扩展阅读】

1. 董继超:《秘书价值浅识》,《秘书》1998 年第 1 期。
2. 宋斌:《秘书实现价值的理性认识》,《秘书》2004 年第 8 期。

第十章

秘书的业缘关系

第十章
秘书的业缘关系

本章概述

　　业缘关系是人们由职业或行业的活动需要而结成的人际关系。由于秘书具有承上启下、联络左右的职能要求,秘书的业缘关系很大程度上影响着秘书职能的发挥。秘书的业缘关系中最典型的关系是秘书与领导的关系,能否妥善处理好与领导的关系,将直接影响到秘书的职能环境。

学习目标

　　1. 熟悉秘书的业缘关系的概念、特征和原则。

　　2. 明确并掌握秘书与领导关系的特征、处理原则和方法。

　　3. 明确秘书与同事及其他职能部门关系的处理。

重点难点

　　1. 秘书与领导的关系。

　　2. 秘书与其他职能部门的关系。

第一节　秘书业缘关系概述

一、业缘关系与秘书的业缘关系

　　业缘关系是人们由职业或行业的活动需要而结成的人际关系,如行业内部的领导与被领导关系、上下级关系和同事、同级关系,行业外部的彼此合作关系、伙伴关系、竞争关系、制约关系等等。与血缘关系和地缘关系不同,业缘关系不是人类社会与生俱来的,而是在血缘关系和地缘关系的基础之上由人们广泛的社会分工形成的复杂的社会关系。

　　秘书的业缘关系是指秘书在其社会工作中结成的人际关系。作为社会关系的一种具体表现形态,秘书的业缘关系对人际交往双方的心理、行为将产生重大影响,进而直接或间接地影响工作效率与工作结果。

　　在组织的结构系统中,秘书部门无疑处于中介地位。从横向看,它是各职能管理部门信息融合、集散的重要枢纽,属于职能综合的中介;从纵向看,它既是决策层与执行层的结合部,又是决策层与职能管理层间的纽带,属于决策执行转换中介;从内外看,它不仅吸收外界信息能量,同时向外释放信息能量,属于组织信息能量的交换中介;从运转过程看,它不但是组织内部各子系统协同配合的调节中介,也是组织与环境间适变与应变的中介。很显然,秘书的职能和地位决定了秘书要与诸多方面发生经常性联系。作为联系的主体,秘书与众多不同类型的人物结成程度不同的业缘关系,了解这种业缘关系的形态、特点,把握这种业缘关系的发生、发展和变化规律,掌握调节这种业缘关系的原则,对于提高秘书这一职业群体的活动效率,有着不可替代的作用与意义。

二、秘书业缘关系的特征①

(一)强制性特征

强制性特征是秘书在社会组织中人际关系的基本特征。从本质上讲,业缘关系是排斥私人情感的,它是人与人之间一种直接的角色联系。在社会活动中,秘书与交往的一方都以各自的角色出现,必须以社会利益和角色规范建立和发展人际关系,交往行为表现为一定固定模式。依照角色规范,不管交往的满意程度如何,秘书都必须自觉或不自觉地为实现和完善这类关系而调节自己的交往行为,甚至在不得已的情况下仍要被迫进行交往,不以个人间的好恶情感为转移,这一点尤其体现在秘书与领导的关系上。强制性特征表明,只要职业上的联系存在,业缘关系就将继续存在。

(二)首属性特征

首属性特征是秘书业缘人际关系的主观需要,也是一种客观存在形式。由于人们之间利益关系不同,需要程度不同,吸引程度不同,造成交往频率上的差别,我们把交往频率高、关系密切的称为首属关系;反之为次属关系。秘书活动的内容和特点,要求秘书必须具备首属的人际关系。职业关系构成的强制性是一种客观存在,但通过增加交往频率,可为密切两者关系提供前提条件。在人际交往中,交往双方都在有意无意地向对方施加着影响,通过信息和情感的交流引起对方思想和心理行为的变化,影响对方与自己协同动作,从而为修正或密切双方关系奠定基础。

(三)综合变量特征

秘书活动中的具体业缘关系的融洽与否,是关系双方在实际交往中所扮演的社会角色与其所表现出的角色行为(即人际角色)的综合变量。

在秘书的业缘关系中,双方的社会角色一般是固定的,其角色身份很少变化,双方在职业群体中的社会地位及其相应的社会规范,决定的人际行为模式一般也是不变的。因此,这一社会角色因素是影响秘书业缘关系的常量。然而具体的业缘关系是人与人之间直接交往的结果,所以,现实中秘书具体的业缘人际关系满意程度如何,主要取决于交往中双方的人际角色,犹如同一台戏、同一角色,不同的扮演者会得到不同的效果。

---

① 姚怀山:《浅析秘书的业缘关系》,《延安大学学报》1996年第1期。

三、秘书业缘关系的原则

(一) 社会利益原则

社会利益原则是指秘书从整个社会利益出发去协调业缘关系的原则,社会利益是秘书发展业缘关系的出发点与立足点,在背离社会利益的大前提下,任何所谓"良好的业缘人际关系",其本质只能是满足个人私利或以小集团利益为核心内容的庸俗人际关系。目前社会上存在的拿原则做交易、以权谋私、拉帮结伙、宗派主义等不正之风,正是这种病态人际关系的具体表现。强调并执行社会利益原则,才能在实际工作中建立和发展起积极、健康的秘书业缘关系。

(二) 平等互助原则

在职业群体中,业缘关系就其实质而言是一种平等互助关系。秘书的人际活动中坚持这一原则,有助于消除或以领导人的亲信自居,或认为自己只是个"仆人"的错误观念,消除自恃高人一等或低三下四的病态心理。在社会生活中,每个人都不可能离开他人而独立存在,每个人都需要在为他人服务的同时接受他人对自己的服务。任何种类的人际关系都是人们为了寻求某种满足而进行相互交往的产物,良好人际关系最重要的特征就是关系双方需要的相互满足。以绝对的等级观念对待交往,企图从与他人的交往中为自己获得好处,或只讲索取不讲奉献,或只求帮助而不想给别人以帮助的秘书,都不可能与别人建立、巩固和发展良好的业缘关系。

(三) 情感原则

人际关系作为社会关系的具体表现形态,是通过具体的人与人之间的情感联系体现出来的。秘书的业缘人际关系也是这样,在社会活动中,我们看到的只是某一具体秘书与另一具体职业者之间的个人关系,他们都以一个具体的、有血有肉、有情感、有思想的活生生的人出现在人际交往中。任何人都是理智与情感的统一体,都需要情感交流,并在交流中得到感情补偿,实现心理平衡。在秘书的业缘人际交往中,会有彼此对对方态度、行为的赞同与否,彼此需要的满足与否,并由此产生相应的情感。秘书业缘关系的首属特性可以提高感情的互补质量。交往频率越高,彼此关系越密切,双方对感情的体验就越深刻越细腻,情感的深化就成为可能。高质量的情感关系反映在工作上,常常表现为信赖、理解和支持,从而使工作中的不协调得到调和;工作中的和谐又反过来维系和发展了彼此的情感,从而形成良性循环。

(四) 诚实守信原则

诚信即"诚实"与"守信",是人与人之间沟通的基础,诚实守信是人际交往最基本的要求,所有人际交往的手段、技巧,都应建立在真诚交往的基础上。秘书人员在处理人际关系时,要树立诚信的观念。在秘书工作中诚信有着重要的价值。秘书岗位是组织的一个重要窗口,信用度的高低,直接影响单位的形象。秘书待人接物中要诚实守信,如能办事情的要积极去办,办不了的要说明原因。切忌对别人的请求漫不经心,当面答应,一转身就忘。只有忠诚老实,言而有信,态度诚恳坦率,行为举止彬彬有礼,才能在社交活动中赢得广泛的拥护和支持,进而拥有和谐的人际关系。

第二节　秘书与领导的关系

秘书是领导的参谋和助手,领导是秘书最主要的工作对象,为领导服务是秘书工作的立足点和出发点。秘书与领导能否融洽、和谐地相处,是秘书业缘关系中最重要的问题。因此,正确处理与领导的关系,是秘书人员充分发挥主观能动性,搞好秘书本职工作的必要条件,也是秘书工作岗位对秘书人员的特殊要求。

一、秘书与领导关系的认识

秘书角色具有伴生性,秘书的存在是以领导的存在为前提的,当然,领导也离不开秘书,所以两者是相辅相成的伴生关系。做好秘书工作首先要处理好与领导的关系,而处理好与领导的关系的前提是正确认识领导与秘书的关系。

(一)人格地位上的平等关系

在现代法治社会,每个公民人格平等,人格尊严受到法律保护。由此,秘书与领导在人格上无疑是平等的,也不应有尊卑贵贱之分。秘书是领导的助手,在工作上,秘书要服从领导的安排,但在人格上,秘书是独立的,这种独立性是不以人的主观意志包括领导的意志为转移的,秘书与领导没有人身依附关系,秘书绝对不是领导的奴才。秘书人员应该摆正自己的位置,既要在工作中服从于领导,又要保持自己独立的人格,充分展示自己的聪明才智和人格魅力,而不能凡事唯唯诺诺、卑躬屈膝,丧失自己的思想主见,放弃自己独立的人格。

(二)实现工作目标的同事关系

同事是所谓行事相同、相与共事的人,后指在同一单位工作的人。秘书与领导无疑具有同事关系。秘书与领导一起共事,是为了共同的工作利益、共同的目标走到一起,形成主辅一体化的合作关系。因此,秘书与领导在实现目标的过程中必须互相合作。实现共同的目标是领导与秘书共同的事业基础,也是两者密切配合关系的基础。

(三)组织架构中的上下级关系

任何社会组织都是按照一定的规范进行架构的。领导角色和秘书角色在组织架构中属于上级和下级的关系。领导具有决策权和指挥权,秘书在工作中必须接受领导的指挥,尊重组织赋予领导的权力，不越权行事。

（四）工作过程的主辅关系

秘书工作是为了满足领导工作的需求而存在的，秘书是领导的参谋和助手，设置秘书部门、配备秘书，就是为领导综合服务。在完成共同目标的过程中，领导无疑承担了主导性角色，而秘书则起到了辅助性作用，配角是秘书角色的基本内涵。秘书在工作中应摆正自己的位置，在工作中不能喧宾夺主。

（五）工作沟通的双向交流关系

尽管在组织架构中领导与秘书是上下级关系，在工作过程中领导与秘书是主从关系，但并不意味着在工作沟通过程中强调的是单向指挥和命令。在秘书与领导的沟通过程中，既有领导对秘书的指示、指导，又有秘书对领导请示汇报；既有领导向秘书了解情况，又有秘书向领导主动参谋。只有建立和保持这种密切的双向沟通关系，才能完成良好的主辅配合。

（六）工作绩效上的一体关系

秘书的绩效与领导的绩效紧密相关。作为领导的参谋和助手，秘书工作的绩效往往体现在领导工作的绩效中，这是由秘书工作的性质和特点所决定的，秘书的价值具有隐匿性特征，秘书业绩的考核通常是以能否满足领导工作的需求为标准的。秘书立足本职，主动提供有效的辅助和服务，促进领导工作绩效，同样也显示了自身的工作绩效。

二、秘书与领导相处的主要原则

秘书与领导之间呈现出上述多重的关系特征，秘书与领导相处时，要注意把握好以下原则：

（一）服从而不盲从

服从与盲从虽只有一字之差，但意义却大相径庭。服从是无条件地执行，不找任何借口，快速认真地依从领导或上级的指令完成任务；盲从则是对领导或上级的指示、决定，在不理解其意图的情况下一味附和、一概听从、一律执行的盲目行为。从这个角度来讲，服从是一种尊重、一种纪律，也是一种责任。但服从不等于盲从。服从，需要辩证思考、理性判断、客观分析、保持主见，对领导的能力、学识、水平等可以认同和赞赏，但不能迷信、崇拜和不分青红皂白。尊重领导，也要张弛有度、明辨是非。领导也有说错话、办错事的时候。如果发现领导有错，秘书要冷静思考，权衡利弊，积极提醒。特别是在一些原则立场和大是大非面前，如果发现领导决策出现问题，更不能一味顺从，而要想方设法及时向领导坦诚地阐明自己的看法，提出自己的意见、建议，而不能明知不对，有错不纠，更不能去帮倒忙。

【案例】

陈毅市长换秘书

据《人民政协报》载,解放初期,陈毅担任上海市市长,他身边有两个秘书。每当陈毅在批文件、作决策时,很想知道秘书的意见和看法。但这两个秘书总是说:"您的决定太英明了。""您的批示太正确了。"对这种现象,陈毅起初只是皱眉头,可事后检查工作时,他发现这段时间里做了不少错事,心里很不好受。他说,秘书顺从、恭维我虽然不是坏心,但一个人听不到不同意见,总是听一些悦耳的恭维话,就难免要犯错误。于是,陈毅决定换秘书。他要求新调来的秘书,要敢于向他反映真实情况,敢于提出不同意见,不要只是唱赞歌。秘书们按照陈毅市长的要求努力去做,果然,后一段时间的工作比以前好多了。

【分析】 秘书作为领导的辅佐人员,应该服从领导的指令。服从是一种纪律和责任。但是秘书的服从不应该是盲从。所谓"智者千虑,必有一失;愚者千虑,必有一得。"任何人在考虑问题时,不可能总是正确的,领导者也不例外。有些秘书虽然工作勤勤恳恳,但过于谨小慎微,对领导者的决策或意见不辨是非曲直,不管正确与否,一味地执行与盲从,有时明知领导有错,也不采用适当的方式提醒,影响了领导的工作成效。盲从不是秘书与领导相处的原则。

(二) 尊重而不谄媚

领导是权力的象征,是国家机关或某个社会组织的代表。尊重领导,是秘书工作纪律的重要组成部分。一个称职的秘书必须尊重领导,维护领导的权威。例如由于秘书同领导有着较深层次的接触,或多或少地了解领导者的一些隐私,比如家庭背景、社会关系、日常爱好等,这都要求秘书尊重领导,不能随意公开张扬,更不能把它们当作"内部消息"来哗众取宠。另外,秘书对领导的尊重还表现在不能仪态失检、出言不恭;对承担的工作不能讨价还价;对领导不能妄加非议;要承受得起委屈。但是尊重领导并不等于溜须拍马、阿谀奉承,更不能无原则地苟合。

(三) 参谋而不越位

秘书人员是领导的参谋和助手,对领导的工作和某些决策提供建议和意见,是秘书工作的重要职责。但是,秘书工作毕竟是辅助型工作,因此,要把握好参谋建议的分寸和度的问题。即使是秘书认为非常正确的意见和建议,秘书人员也只能积极建议,而不能进行干预。秘书人员只能尽可能向领导提供全面、客观、准确的资料、信息等,供领导决策时参考。

(四) "实言"而不"食言"

中国自古就有"修辞立其诚"之说,古代还要求从政的官员要"立言"、"立诚",倡导"修身、齐家、治国、平天下"等。可以说，真诚是相互信任的基础，体现在工作中就是实事求是，"不唯书、不唯上、只为实"。比如，向领导汇报工作、反映情况要真实准确、客观全面，有喜报喜、有忧报忧；向下级传达文件政策要原本原样，既不夸大，也不缩小，更不"走调"；日常参谋服务工作，要注重调查研究，准确全面掌握情况等，而不能偏听偏信，"听到风就是雨"，也不能拿假情况去哄领导，更不能"假传圣旨"。秘书要言而有信、有条不紊，做到言必行、行必果，不能"口惠而实不至"或说话、办事丢三落四。这样只能招致别人的嫌弃，失去领导和他人的信任。

（五）补台而不拆台

由于领导和秘书各自的经历、职责、地位不同，决定了彼此间的差异性，正是这种差异性，确立了两者之间的互补关系。因此，当领导工作中出现不足或遗漏时，秘书应当及时"补"好"台"，做好拾遗补缺和一些善后工作。从某种意义上说，"补台"工作在许多方面表现为"打圆场"。比如，在日常工作中，领导成员之间、领导与部门之间由于种种原因，难免会出现一些误解甚至产生矛盾和纠纷。原则上，对于领导之间的矛盾和纠纷，秘书必须保持中立和沉默态度，不能随意去介入；但在可能的情况下，要做些消除误会和隔阂的规劝、调和工作，而不能幸灾乐祸，甚至去做"搅局"者或"拆台"者。这是秘书工作纪律所绝不允许的。当然，秘书与领导之间的关系是相互依存、相互作用的，因此，仅有秘书对领导单方面的服从、尊重、理解和"补台"是不够的，领导也应当从关心、理解和支持的角度，适当给秘书"补个台"。只有彼此尊重，相互配合，相互关心和支持，才能实现共同的工作目标，发挥出最佳的工作效能。

【案例】

一天，某公司总经理秘书小张正在办公室整理文件，这时，本单位一位以爱告状闻名的退休员工谭某走了进来，说要找总经理。小张先热情地招呼他坐下，然后敲开了总经理办公室的门，请示总经理如何处置。总经理此时正忙于公司业务，不想见谭某，非常干脆地对小张说了一句："告诉他我不在。"就又低头忙他的去了。小张回到自己的办公室，对谭某说："领导不在办公室，你先回去，有什么事我可以代你转告。"既然这样，谭某也无话可说，心有不甘地离开了秘书办公室。

约过了一个多小时，小张起身去档案室，来到走廊，想不到却看见总经理与谭某在卫生间门口握手寒暄并听到谭某说："刚才小张说你不在办公室！""哪里，我一直在啊！"总经理脱口而出地回答。

原来，谭某离开秘书办公室以后，并未回家，而是不甘心地在办公室的走廊内来回走动，刚巧碰上总经理上卫生间，急忙抢上前去打招呼，这才有了刚才那一幕。事后，谭某逢人就说小张不地道、品质太差、欺下瞒上。小张有口难辩，虽然感到很委屈，但他从不对人解释此事，听到议论，也一笑置之。

【分析】 秘书在与领导相处的过程中,因为种种原因,会有不被理解甚至遭受委屈的情况。在不违背原则的前提下,秘书应该有宽阔的胸襟,顾全大局,维护领导的形象。

三、秘书与领导关系的处理方法

(一) 了解领导,深入领会领导的意图

首先,要了解领导的工作思路。领导是组织的决策者和指挥者,领导的思路反映了组织的管理思想、管理目标。秘书是领导的助手,了解领导的工作思路是开展秘书工作的基础,秘书只有了解领导工作的思路,才能使自己的工作与领导步调一致,才能急领导之所急,满足领导工作的需求,实现秘书工作的价值。

其次,要了解领导的工作方法。领导在长期的工作实践中,会形成自己的工作方法和工作节奏,秘书要熟悉领导的工作方法和工作节奏,并且要尽量与领导的工作方法与工作节奏保持一致。如熟悉领导的工作方法和工作节奏,秘书就能适当地为上司安排日程,并清楚安排在什么时间、什么场合最为适宜。

最后,要熟悉领导的个性特点。领导由于不同的个性而形成了不同的领导风格、处世方式,对此,秘书要善于去了解、熟悉和把握。熟悉了领导的个性特点,才能更好地领会领导的意图,密切配合领导的工作。如果领导是小心谨慎、事必躬亲的,秘书在工作中要更加仔细、严谨,凡事多请示汇报。如果领导比较超脱,秘书既要忠于职守,消除依赖心理,敢做敢为,又要按章办事,不能越权脱轨。秘书只有了解领导,才能要准确领会领导意图。日常工作中领导者的一个手势,一个表情,秘书就可以领会领导的心理变化。领会领导意图,读懂领导,是开展秘书工作的基础。

(二) 尊重领导,维护领导的权威,防止越位

领导是组织的权威,权威能产生群体的凝聚力,使领导得以实施指挥和命令。秘书人员作为领导的最直接下属,应时刻注意尊重领导,维护领导的形象和尊严,防止擅自越位。

一防止角色越位。在工作中,秘书始终处于辅助地位,必须十分明确并找准自己的位置。否则,就是越权、失位和犯规。在行政管理中,不准"越位"是为了保障工作有序,避免工作混乱,不干扰领导或上级的工作,不影响下级层次的关系。因此,秘书必须始终明确自己的定位是"二传手",在思维上可以"越位"、"换位",但在行动上却不可"越位",更不能以"二首长"自居。

二防止决策越位。秘书不能擅作主张,而应该遵从领导工作意图行事,也就是只可参"谋",不能参"断"。凡遇到涉及政策性的新情况、新问题,无政策、无前例的要请示;凡遇到带有方向性、全局性、关键性的问题,必须汇报;凡遇到需要变通或部门协商解决的问题,需征得领导同意;凡经领导议定事项,不能随意改变、"走调"或"另辟蹊径"。

三防止表态越位。秘书可以在领导决策过程中提供信息、意见和建议，甚至善意的提醒、解释、规劝，但不能轻易表态。因为表态属于决策范畴，同时也应与身份相符。一般说来，涉及重大问题和事项，均须由领导表态。任何超越身份的表态都既是不负责任的、不明智的，也是无效的做法。因此，秘书在与基层群众接触或日常工作中，不能随意乱表态或乱答复。

四防止场合越位。由于工作关系，许多时候秘书会随从领导参加各种会议活动，这种情况下，秘书绝不能借此来张扬和显示自己，更不能出现与领导"抢镜头"、"争座位"的现象。在公众面前，不能喧宾夺主，不能出现场合越位。

（三）加强沟通，与领导建立良好的友谊

秘书与领导在工作上有密切的合作关系，需要保持密切的交流和沟通。而秘书与领导在如此密切的交往过程中，没有个人感情成分的参与是不可想象的，秘书与领导之间的个人感情本身就是二者关系的组成部分，是对角色关系的润滑与调节。事实上，历史上一对成功的主官与辅佐者之间，大多有着深厚的友谊。如清代的幕友，从名称上我们就可以看出两者之间除了存在雇佣关系以外，还有朋友的涵义。

当然，与领导建立起良好的友谊关系并不意味着秘书可以忘记自己的身份，甚至在工作场所与领导称兄道弟、搂肩搭背。特别是秘书与领导是异性时，更要把握好与领导关系的分寸。其中女秘书与男领导的关系更为典型，因为女性在秘书群体中占有绝对的数量优势，而男性又是领导群体中的主导。近年来，女秘书与男上司的关系在公众的心目中一直非常微妙。我们认为女秘书与男上司应加强沟通，与领导建立良好的友谊关系时要特别注意自尊和自重，要注意把握好分寸，注意分辨工作关系和私人关系，保持适当的距离。

第三节 秘书其他的业缘关系

一、秘书同事之间的关系

秘书同事之间的关系是指同属于秘书部门内的秘书人员之间的同事关系，如同级秘书人员，同一办公室的人员等，他们之间在职务上往往是平等或相近的，又在同一个空间里工作，接触频繁。秘书同事间，是否能保持良好的合作关系，对秘书的工作和发展有很大的影响。

同事关系的性质是分工合作，平等共事，良性竞争，有序互动。也就是在一个集体中，在共同的直接领导人的组织指挥下，各自工作既有分工，又有合作。有的是长期的固定分工，有的是为完成某一项任务的临时分工，但必须共同努力才能较好地完成任务。同事之间工作上有合作也有竞争，没有竞争就不会有活力，没有合作也难以取得成功。但竞争是合作中的竞争，是在共同目标下，充分发挥各自才智的良性竞争。同事关系的最佳状态是团结和谐、活泼有序、配合默契、奋进舒畅，具有凝聚力、战斗力、创造力。

(一)了解和尊重同事,建立良好的人际关系[①]

同事之间建立良好的合作关系并非一蹴而就,它需要在日常交往中不断培养和维护,从而达到相互信赖。要形成相互信赖的人际关系,秘书人员应当进行全方位的感情投入。

一是了解同事。了解同事是建立良好人际关系的基础。在日常工作中,要注意了解同事所分管工作的内容,了解同事的性格、好恶等。秘书工作多是环环相扣的,互相了解有利于把握好工作的结合点,为良好的合作创造条件。

二是让同事了解自己。主动地把自己各方面的情况袒露在同事面前,让同事了解自己,这是秘书人员彼此获得信任、建立良好合作的关键。在与同事的相处中,要把自己真诚、守信、热情等优秀的品格展现出来,让同事感到你值得信任。真诚,即与同事相处应以诚相待,诚实真挚,不道人之短。守信,唯有守信,才能赢得同事的信赖,才能让同事愿意与你真诚合作。热情,是对人要热情,如主动帮助同事解决困难,同事受到委屈,要及时安慰等等。

了解同事和让同事了解自己是良好合作的心灵之桥,通过日常交往,双方才能互相理解,相互信任,为全面合作打好基础。

(二)注重工作中的分工与合作,提高配合的默契度

同事本身就是为了完成组织共同的职能目标而共事的。因此秘书与同事之间需要合理的分工和合作。如某公司要接待一批客人,需要秘书人员做好接待工作,包括接机、陪同参观、安排会谈等,这些工作的完成需要良好的合作。

首先,独立的工作能力是良好的合作基础。如果一个秘书无法独立完成好他所分担的工作,那合作也就无从说起。

其次,要注重合作中的互补,即知识的互补、能力的互补和性格的互补,如写作能力强与书画能力强的秘书互补,便于做好宣传工作。

再次,是注重合作中的集思广益。与人合作难免遇到意见分歧,遇到共同的难题,这时候,应当做的不是互相推卸,也不是互相埋怨,而应当共同讨论,集思广益,求得最好的解决办法。

最后,互相帮助,宽容相待。如果在合作过程中遇到同事工作失误,切不可落井下石,应该多体谅同事的难处,尽力给予帮助。

【案例】

上司挨骂之后

这家公司规模不大,总经理办公室有三位秘书,主任老刘、工作经验丰富的小张和入职

---

① 陈祖芬:《秘书同事之间合作刍议》,《秘书》1999 年第 6 期。

不久的小王。这天上午，小张外出有事。十点左右，企划部有人来电话让小王过去取份材料，她刚走，总经理就来电话，让主任把去年的工作总结送过去。负责文件收发的是小王。主任左翻右翻怎么也找不到去年的工作总结，于是等得不耐烦的总经理在电话里大发雷霆："怎么搞的！连份总结也找不到，你这个主任一天到晚在干些什么？"主任非常沮丧，只好等小王回来。小王刚进门，主任就把自己胸中的怒气全部朝小王头上倾泻："托您的福，总经理给了好果子吃！你干什么去了？"小王想说明，但主任没有给她说话的余地，小王怎么受得了这样的委屈，她泪流满面地冲出办公室，屋里只剩下主任对着天花板抽闷烟。这时，小张回来了。

　　面对这种情况，小张应该怎么办呢？

　　【分析】　小张的处理方法就涉及同事关系的处理。如果小张对主任说："小王经常犯这种毛病，存完文件不说一声，我都说过她好几次了！"从表面上看，小张是撇清了责任，但却有落井下石之嫌，不利于同事关系的处理。因此，小张正确的做法就是赶紧找出文件交给主任，寻找适当的机会缓解主任和小王的关系，并帮助小王做好文件存放管理工作，这样才有利于同事之间的长期合作。

二、秘书与各职能部门人员的关系

　　秘书与各职能部门人员的关系，是一种在组织内部工作上的分工与合作、相互支持、相互配合、相互制约的关系。也可以说这是一种广义上的同事关系。

　　日本学者夏目利通在《秘书知识趣谈》中指出：上司的信任是秘书的根本，同样，各科室的同事对秘书是否信任，也左右着秘书的前途。所以处理好与各职能部门人员的关系也非常重要。

(一) 明确职责，互相配合

　　一个组织机构的正常运转需要各职能部门各司其职，互相配合。离开了各职能部门，领导和与领导紧密相连的秘书部门就成了空架子。秘书人员在工作中要明确自己的任务，履行好承上启下、联络左右的职责。

　　秘书人员平时应注意与职能部门加强联络，培养信任与感情。秘书部门的工作需要得到各职能部门的协作与配合，各职能部门的工作也需要秘书部门的支持与合作。平时各职能部门需要向领导反映情况、提出建议等，常常需要通过秘书人员与领导联系或沟通。作为秘书，应站在全局的角度支持和帮助各职能部门开展工作，解决疑难问题。同时，秘书人员为了贯彻领导的决策，完成领导交办的事项，必须依赖于各职能部门的支持与具体执行。

(二) 摆正位置，相互体谅

　　作为秘书，对自己的身份应该有清醒的认识。领导的下属不是自己的下属。秘书在向各职能部门人员传达领导的指示时要注意说话的口吻,时刻提醒自己要扮演好秘书角色。

同时由于各自的职能不同,看问题的角度不同,秘书部门与各职能部门之间在工作中会产生各种矛盾。秘书部门与职能部门之间应该多换位思考,加强沟通,互相体谅。

【案例】

市场部想以降价的方式在国庆节期间搞促销,扩大本公司产品的市场占有率,于是向总经理书面请示,请示转到总经理办公室秘书手上。秘书从销售部那里了解到降价会损害经销商的积极性,从长远看对产品长期销售不利。所以秘书在把请示送给总经理的同时把销售部的意见也向领导作了汇报,总经理没有同意市场部的请示。事后,市场部认为秘书在故意习难他们。

【分析】 市场部、销售部各有不同的职责,在上述工作过程中,从部门各自职责出发都是合理的。秘书人员应该全面收集决策信息,为总经理提供信息服务。市场部门因为请示没有获得审批而迁怒秘书人员,虽然心情可以理解,但其实是对秘书人员的误解。秘书人员应该与市场部门加强沟通,特别要注意不能把工作矛盾转化为个人恩怨。

三、秘书与基层员工的关系

秘书人员除了要与领导处好关系、与同事处好关系外,还应该与基层员工处好关系。如果说秘书人员与领导和同事之间关系处理得好与坏,直接影响到组织内部的工作效能,那么,秘书人员与基层员工的关系处理得好与坏,则严重影响到组织的整体形象。

(一) 一视同仁,平等相待

秘书人员处于领导部门的中心位置,处于领导的光环之中,很容易产生优越感,容易出现"狐假虎威"的现象。面对基层员工,秘书人员应该一视同仁、平等相待。特别是秘书人员在接待基层员工来访时,应热情使用礼貌用语,接待时应放下手头工作,专心听对方讲话,并作必要的记录,给他们倾诉的机会。对员工反映的问题不推诿、拖延或敷衍了事。

(二) 重视基层员工的意见,做好群众和领导之间的桥梁

秘书人员要与基层员工处理好关系,就必须重视基层员工的意见,做好群众和领导之间的桥梁。秘书可以在不涉及保密的情况下,尽量采取多种方式向基层员工介绍整个组织方方面面的情况,让员工了解组织的目标和中心任务。同时秘书人员应经常下基层征求意见,收集群众关心的焦点和热点问题,把合理的建议和要求带回来,提供给领导,让领导的决策更贴近群众。

秘书除了上述关系以外,还有其他的业缘关系,如秘书与新闻媒介的关系、与客户的关

系、与主管部门的关系,与社区公众的关系。秘书是一个组织的窗口和门面,同时也承担着树立良好的公众形象的责任。因此,秘书人员必须具备良好的公共关系意识和能力,以平等互惠、共同发展为基本原则,与相关公众做好沟通和协调工作。如企业与顾客之间、企业与竞争者之间、企业与媒介之间、企业与政府职能部门之间,都有不同的利益需求问题,都有可能因各种原因产生矛盾纠纷或误会,都需要秘书人员使用协调手段以避免或减少冲突,达成共识。只有这样,才能为组织开拓关系,广结人缘,为组织的存在和发展减少障碍,创造和谐的公众环境。

【复习思考题】

1. 如何认识秘书与领导之间的关系?
2. 如何处理秘书与领导的关系?
3. 如何处理秘书与同事之间的关系?
4. 案例分析。

(一)

关厂长四十有五,在工作上严格要求是出了名的,谁要在工作上打马虎眼,他粗大的嗓门会叫人受不了。然而,下级有个病痛,他忙到半夜也要亲自探望。小陈是新调到厂长办公室的秘书,在她之前,已经有3个人因为关厂长的坏脾气而离开。小陈听说了别人对关厂长的看法,虽然大家都劝她不去为好,但她倒想去见识见识这个关厂长。上班的第一天,第一次见到关厂长,关厂长礼貌地接待了小陈,交代了一些工作之后,关厂长便忙着去忙事情了。关厂长留给小陈的第一印象还算不错。几天后,关厂长通知小陈随他去与外商洽谈技术合作项目,早上9:30出发,同行的有总工和外请的翻译。这个项目小陈在技术科时就知道了,方案也是她在总工指导下制定的。还不到8:00的时候,她就到技术科准备一些资料。没想到,一阵急骤的电话铃声响起,同事转告小陈,说厂长找她,火气很大。小陈立即赶到厂长办公室,关厂长上来就没有好声气:"上班时间串什么门啊?我让你在办公室等着,9:30出发,你到处跑什么?"小陈也火了,不是还不到9:30吗?但还是忍住,沉默着听关厂长"发威"。听到关厂长接下来的话,小陈才知道,原来是总工住院了,翻译也因事不能来,如果因此推迟谈判,对方可能会去找新的合作伙伴。厂长为此事很着急,知道这个情况后,小陈原谅了关厂长的坏脾气。"您对这个项目熟不熟悉?"小陈问。"主要内容清楚,有些细节不很熟悉。"关厂长说。"细节和全部内容我都熟悉,我参加过这个方案的起草。"小陈自信地说。关厂长眼睛一亮,但马上又暗了下来:"可翻译没有来啊。""外商不是美国人吗?"小陈问。关厂长肯定以后,小陈说道:"我认为我能行。"小陈觉得没有必要谦虚。关厂长欣喜万分,也意识到了自己之前的态度不好。他立刻让相关人员做好了准备工作和小陈一起出发了。谈判成功了,在谈判当中,小陈又当翻译又和老外谈技术合作的细节,关厂长把关决断,配合得十分默契。

由于小陈对对方的情况十分了解,还适当地称赞了几句对方的技术成就和经济实力,对方代表十分高兴,伸着大拇指用简单的汉语说:"关先生,我羡慕您呀! 您的秘书才华出众,年轻有为。"回来的路上,关厂长对小陈的表现非常满意,当他在说着夸奖的话的时候,小陈却提醒厂长要去医院看总工,对于关厂长要设宴犒劳的邀请,小陈也婉言谢绝了。大家听说厂里新来的秘书把厂长"制服"了,都很佩服她。可是小陈却认为:领导也是人,在他为难的时候,作为秘书应该亲近一点,热情一点,尽量帮他分忧;在他成功的时候,高兴的时候,适时提醒一些可能忽视的应办事务。

结合上述案例,请问:

(1) 作为秘书,小陈是如何处理好与关厂长的关系的?

(2) 秘书处理人际关系,尤其是处理与上司的关系,应该注意哪些技巧?

(二)

谢晓萱是一个漂亮聪明的姑娘,今年大学毕业后应聘到一家公司上班,在总经理办公室当秘书。她同学开玩笑说:"哟,小谢当官了,秘书相当于经理啊。"谢晓萱听了心里也美滋滋的。谢晓萱从上班第一天开始,就感觉很难受。原来,她们办公室还有一位叫韩静的秘书。这位韩秘书比她早来两年,自觉资格比她老,对她不苟言笑,经常指使她干这干那,对她做的事情横挑鼻子、竖挑眼,交给她一堆跑腿的活,但是有一个地方不让她去,就是总经理的办公室。谢晓萱一开始很委屈,很气愤,很想质问她凭什么这样对待她? 想跟她大吵一架,辞职离开。但谢晓萱生来是个要强的人,转念一想,这也许是个挑战,我一定把工作做得更好,让韩秘书也不得不满意。所以,在以后的工作中,谢晓萱更努力,早来晚走,各项工作也做得有条不紊。有一次,韩秘书又让她去跑腿,叫她过来递给她一份合同,交代道:"这是一份很重要的合同书,你马上按这个地址用特快专递寄走。"谢晓萱不敢怠慢,赶紧打车到邮局。邮局里人很多,在排队等候的过程中,她不经意地看了一下合同的内容,忽然发现合同内容中货款总额的大小写互相不符合。货款总额的小写是 280 000.00 元,而货款总额的大写却是贰佰捌拾万元。谢晓萱生怕数错了,仔细地数了好几遍货款小写的那几个"0",结果的确比大写少了一个。谢晓萱心想是韩秘书小写少打了一个"0"呢? 还是大写打错了呢? 现在谢晓萱内心很矛盾,把合同书就这么发了吧,合同内容有错误,可能会给公司造成不利影响,韩秘书也会因此受到严厉批评。不发吧,想想韩秘书那可恶的嘴脸,真想就这么发了,让她尝尝挨批评的滋味。思想斗争了半天,最后,谢秘书还是决定不发了。她回到公司马上去找韩秘书,韩秘书正在总经理办公室帮总经理整理文件,谢晓萱把她叫出来时她很不耐烦,说:"找我什么事? 合同书发走了吗?"谢晓萱说:"没发走,因为合同金额打印有错误。"韩秘书不相信地说:"不可能,我不可能打错,准是你看错了。"谢晓萱说:"的确错了,不信你看。"韩秘书拿过合同仔细一看,还真是错了。这件事情过去了两天,谢晓萱突然接到韩秘书发的短信:"这次多亏了你,真谢谢你。"谢晓萱很惊讶,马上回了个短信:"应该的,我们应该互相帮助。"

从这件事后,韩秘书对谢晓萱的态度彻底改变了。

结合案例,请回答:

（1）本案例中,如果谢秘书把有错误的合同书发出去会有什么样的后果?

（2）如果你是谢秘书,你怎么对待敌视你的韩秘书?

（3）秘书应怎样正确处理与同事之间的关系?

【扩展阅读】

1. 王守福:《秘书公关与礼仪》,大连理工大学出版社 2014 年版。

2. 范作惠:《秘书与领导相处的原则艺术》,《办公室业务》2010 年第 1 期。

第十一章

秘书的职业化

第十一章
秘书的职业化

本章概述

中国秘书的职业群体已经初步形成，中国开始走向秘书职业化的道路。但是，由于历史、社会和秘书职业自身的原因，秘书职业化的道路充满坎坷。从秘书个体来说，从业人员要做好秘书职业生涯的规划。从秘书人才培养的角度出发，我们应该改革秘书教育，适应秘书职业化发展的需要。

学习目标

1. 熟悉中国秘书的职业化现状。
2. 熟悉秘书职业生涯的发展。
3. 了解构建适应秘书职业的秘书教育体系。

重点难点

1. 中国秘书职业化的表现
2. 秘书职业生涯的规划

第一节　中国秘书的职业化进程

一、中国秘书职业化的表现

按照中国的传统观念，秘书被视作行政人员的一部分，作为一种职务、职位而不是一种职业存在于党政机关和企事业单位中。1961年商务印书馆出版的《四角号码新词典》对秘书的解释是"掌管机要和文书的干部"。这种观念与欧美发达国家秘书的职业化状态相距甚远。随着中国国际化进程的进一步加快，有关秘书的传统观念也受到了严重挑战。在商务秘书、涉外秘书、私人秘书等多类型的秘书大量涌现的社会背景下，中国秘书也开始了职业化的进程。

（一）秘书职业群体的形成

职业是人们在社会中所从事的作为谋生手段的工作。从社会角度看职业是劳动者获得的社会角色，劳动者为社会承担一定的义务和责任，并获得相应的报酬；从国民经济活动所需要的人力资源角度来看，职业是指不同性质、不同内容、不同形式、不同操作的专门劳动岗位。从职业的定义分析，秘书作为一种社会职业已经毋庸置疑。

改革开放以来,随着市场经济的逐步发展,各类企业和公司对秘书从业人员的需求激增,秘书队伍迅速扩大。秘书群体的扩大,使党政机关的秘书人员在整个秘书队伍中所占比例大幅缩小。越来越多的人认识到,秘书不再是行政管理系统中的一种职务,而是整个社会行业分工中的一种职业。从业人数扩大,稳定职业群体的形成为秘书职业化提供了基础。

(二)用人机制的市场化

分配和系统内选拔不再是秘书上岗的主导形式。在市场经济条件下,买方与卖方都有选择的自由。用人单位和个人可以通过中介,如人才市场、劳务、招聘等方式进行双向选择,有了多样化的选择空间和方式。秘书可以选择自己心仪的工作单位,各单位或者个人也可以选择符合自己要求的秘书。而用人单位和被聘用的秘书人员是通过合同的形式来确定雇佣关系的。这样一来,也使得秘书这一职业的流动性有所增强,秘书人员不再是被动上岗,如果不满意现状,秘书可以主动辞职选择更适合自己的服务对象。

(三)秘书职业认证制度的推行

随着秘书从业人员的日益增加,社会对秘书人才的需求日益专业化、高层化,客观上就要求有一定的机制来规范这类人才的教育及培训。从秘书自身看,他们也需要有一定的规范来为其职业提供相应的保障,使其职业优势在社会上得到认可并取得足够的发展空间。在这种情况下,1998 年 6 月,国家原劳动部发布了《秘书职业资格鉴定试点工作方案》,在北京、上海等 10 个省市展开秘书职业资格培训和鉴定的试点工作。2000 年 3 月,国家劳动和社会保障部发布了《招用技术工种从业人员规定》,决定自 2000 年 7 月 1 日起,秘书与其他若干技术职业必须持职业资格证上岗。随着时代的发展,为了降低就业创业成本,调动各类人才就业创业积极性,2015 年 11 月 20 日,人社部决定对原劳动和社会保障部的《招用技术工种从业人员规定》予以废止。尽管这意味着秘书不再强制性地需要持证上岗,但是秘书职业资格认证已具有较大的社会影响力。

【知识链接】

秘书国家职业标准(节选)
(2006 年 7 月 20 日起施行)

1. 职业概况

1.1　职业名称

秘书。

1.2　职业定义

从事办公室程序性工作、协助上司处理政务及日常事务并为决策及实施提供服务的人员。

1.3　职业等级

本职业共设四个等级,分别为:五级秘书(国家职业资格五级)、四级秘书(国家职业资格四级)、三级秘书(国家职业资格三级)、二级秘书(国家职业资格二级)。

1.4　职业环境

室内,常温。

1.5　职业能力特征

具备文字与语言沟通能力、综合协调与合作能力、逻辑思维与分析能力等。

1.6　基本文化程度

高中毕业(或同等学历)。

2.　基本要求

2.1　职业道德

2.1.1　职业道德基本知识

2.1.2　职业守则

2.2　基础知识

2.2.1　文书基础

(1)应用文书的概念与制发程序。

(2)应用文书的格式。

(3)应用文书的要素。

(4)应用文书的表达方式。

2.2.2　办公自动化基础

(1)计算机基础知识。

(2)WindowsXP 操作系统的使用。

(3)Word2003 应用基础。

(4)Excel2003 应用基础。

(5)PowerPoint2003 应用基础。

(6)计算机网络应用基础。

2.2.3　沟通基础

(1)沟通的基本概念与内容。

(2)沟通的方法与技巧。

(3)横向沟通与纵向沟通。

2.2.4　速记基础

(1)速记概述。

(2)手写速记知识。

(3)计算机速记知识。

2.2.5 企业管理基础

(1) 企业管理常识。

(2) 企业文化知识。

(3) 企业人事管理知识。

(4) 企业公共关系知识。

(5) 企业经营常识。

2.2.6 相关法律、法规知识

(1)《中华人民共和国公司法》相关知识。

(2)《中华人民共和国合同法》相关知识。

(3)《中华人民共和国反不正当竞争法》相关知识。

(4)《中华人民共和国劳动法》相关知识。

(5)《中华人民共和国知识产权法》相关知识。

(6) 世界贸易组织法相关知识。

3. 工作要求(略)

(四) 秘书人才培养的规模化

20 世纪 80 年代初,上海大学文学院、江汉大学等高等院校率先在全国开设秘书专业,秘书人才的培养向"师傅带徒弟"的传统模式发出了挑战,秘书人才的培养成为高等职业教育和中等职业教育的目标之一。数百所高等院校和更多的中等专业学校开设了秘书或者文秘专业。每年有大量的秘书专业的毕业生加入秘书从业人员的队伍。高等教育和专业化的训练,促进了秘书工作专业化的进程。

(五) 秘书职业具备初步的规范化标准

原劳动和社会保障部发布的《秘书国家职业标准》(2006 年 7 月 20 日起施行)对秘书职业的职业定义、职业等级、职业道德、职业能力特征作了明确的界定。《秘书国家职业标准》对秘书职业的规范化发展起到了良好的导向作用。各类秘书学会和秘书协会的出现也有助于秘书职业的规范化发展。

二、影响秘书职业化发展的因素

尽管秘书在中国已经走上了职业化道路,与西方国家相比,由于历史和社会的原因,我国的秘书职业化还处于初级阶段。

(一) 与西方国家相比,我国的秘书职业化起步较晚

秘书在西方一出现其职业特征就非常典型,"在英国,秘书是第一大职业群,在美国是第

三大职业群"。① 而在中国,从古代到近代,从最初的史官、中书舍人到秘书长、办公室秘书,秘书一直与职官或者说官员联系在一起,秘书往往被视作一种行政职位,秘书没有独立的职业规范,更谈不上职业建设。因此,我国的秘书职业化还处于发展的最初期阶段,与发达国家相比还有相当大的差距。

(二) 社会公众对秘书角色的认知偏差阻碍了秘书职业化的发展进程

首先,"官本位"的观念依旧影响着人们对秘书的认识,秘书岗位往往被视作快速晋升的一条捷径而不是一种终身从事的职业。事实上,党政机关、企业和事业单位的大多数秘书人员,并没有把从事秘书工作当作终身追求、献身的职业,而是把它当成晋升的跳板。许多争着进党政机关当秘书的人,大多出于"入仕"的动机,认为秘书是"干部"、"准官员",是"二把手";或者认为秘书是领导的身边人,容易得到领导的宠幸,从而达到升迁的目的。"领导身边好办事,领导身边好提拔"是许多秘书的任职动机。而从党政机关、企业和事业单位秘书人员的任职情况来分析,秘书确实属于流动性最大的岗位之一。秘书队伍的不稳定影响了秘书职业化发展的进程。

其次,秘书腐败现象的存在极大地影响了人们对秘书的看法。在现实社会中,有些秘书分享和递延了领导的权力,实施违法的行为。秘书腐败特别是公务秘书的腐败已经成为一种比较普遍的社会现象,秘书群体的形象受到了很大的损害,秘书职业出现了被妖魔化的倾向。在公众这样的认识中,秘书职业化进程必然受阻。

最后,公众对女性秘书形象的误读使秘书的职业化道路蒙上了一层阴影。随着社会主义市场经济的发展,我国女性秘书队伍不断壮大,特别是在企业中,秘书岗位几乎被年轻女性所垄断,她们以自己独特的性别优势,在秘书工作中得心应手,并以勤勉、细心、认真负责、一丝不苟的工作态度得到上司的肯定,她们是秘书从业队伍中的主力军。然而,不可否认,社会公众对女性秘书特别是年轻漂亮的女性秘书存有诸多误解。这种现象的出现固然源于一些女性秘书本身素质不高,但与媒体的推波助澜和中国几千年"红颜祸水"的封建文化观念的积淀关系深厚,同人们对女性性别角色的夸大解释有关。客观审视女性秘书的职业状态,不难发现,公众对女性秘书的形象存在着"误读",这种"误读"现象带来的消极影响和潜在危害是多方面的,它不但严重损害了女性秘书的职业形象和人格尊严,也使管理者们作出不利于秘书职业健康发展的决定。

(三) 秘书教育特别是秘书高等教育的质量不高,使秘书职业化发展缺乏足够的内在动力机制

父传子、兄传弟的世袭和师傅传徒弟的个体教育已远离这个快速发展的时代,建立完善的秘书教育培训体系,培养出大批高质量的、符合秘书职业标准规范的、适合市场需求的秘

① 杨剑宇:《涉外秘书学概论》,湖北科学技术出版社 2000 年版,第 193 页。

书,是秘书职业化快速发展的基本保障。然而我国近四十年的秘书高等教育和职业培训的历史还不能为秘书职业化快速发展提供保障。教育培训体系明显滞后,秘书教育与秘书职业的断层将严重影响秘书职业化的发展进程。

(四) 用人单位聘用秘书的误区也影响着秘书的职业化进程

社会公众对秘书角色的认知偏差也影响着用人单位对秘书的聘用策略,从现状分析,用人单位特别是企业聘用秘书的心态尚未完全成熟,还存在以下误区:

一是只重视秘书的外在特征,盲目地认为秘书只是一种形象展示,忽略秘书的内涵和实际工作能力。

二是秘书的工具化。目前,我国企业已进入世界经济的竞技场,企业正面临前所未有的考验,作为企业的秘书也承受着前所未有的压力。在改革开放进一步深化的形势下,企业对秘书素质的要求更高更严了。但某些领导使用秘书侧重于工具性,如有些企业秘书基本上是被作为翻译、打印、跑关系等工具来使用,忽略了秘书的参谋作用和助手作用,只是在中低层次的位置发挥秘书的职能。这种意识使秘书的作用没有得到更多更好的发挥,也使秘书辅助性的功能没有得到恰当的运用。

三是过分强调秘书对领导个人的忠诚。一些用人单位过分强调秘书对领导个人的忠诚,认为秘书必须是"自己人",他们不相信秘书的职业技能和职业道德,只认可血缘、乡缘等特殊的关系,只选拔或聘用"自己人"担任秘书,任人唯亲的现象在秘书的聘用过程中非常普遍。

秘书职业化是社会发展的趋势,但目前秘书职业化进程仍处在困境中。摆脱困境需要各个职能部门以及社会各方的协调配合、共同努力;需要秘书学理论体系的进一步建构和完善、秘书职业技能的进一步专业化和精细化、秘书学学科体系的进一步高层次化;需要秘书人员增强自我职业意识。当然还涉及制度的完善与更新,需要相关人员的共同努力,形成有效的互动机制,产生综合效应,只有这样,问题才可能解决。

三、加快秘书职业化发展的途径

第一,必须努力培养正确的角色意识。秘书的角色意识,是秘书人员对秘书角色的心理体验,是对秘书责任、义务的自我感知的心理活动。如果淡化和削弱了这种心理活动,秘书人员就无法发挥秘书作为具有强烈社会责任感的人的主观能动作用,不可能成为一个优秀乃至卓越的秘书。因此秘书从业人员应该破除社会对秘书职业存在的种种认识上的偏差,从秘书的性质、地位、功能等核心问题出发,正确理解领导的助手的内涵,努力培养正确的秘书角色意识。

第二,必须加强秘书职业道德建设。当前秘书工作的现状,一方面是人员分布广泛。另一方面,由于秘书人员分布于不同的领域和不同的岗位,其所遵循的道德准则各异,缺乏统一的职业道德标准。政务部门的秘书工作者一般遵循的是党政干部的职业道德,而作为社会性文秘服务人员一般遵循的只是商业道德,甚至还在遵循旧的传统道德。由此,我们必须建立规范的、科学的,具有秘书特色的职业道德体系。在秘书职业道德体系构建中,我们既要继承丰富、独特的传统的秘书道德,如"清正廉洁"、"成官之美"、"秉笔直书"、"尽心尽言"等等,又要做到不断发展,不断创造,注意把社会主义市场经济要求的新的伦理体系、职业规范体系融入到新的秘书职业道德体系中。

第三,增强秘书职业的自豪感和认同感。秘书是一种比较缺乏自豪感的职业,增强秘书职业的自豪感和认同感将是一个不断领悟、长期实践的过程。因此,通过广大秘书工作人员认真进行职业文化的学习研究,把职业的义务,权力、规范、情感、态度内化为支配自己行为的观念,来弘扬社会主义秘书职业尊严,塑造良好的职业形象,形成整体的职业气质和素养,增强秘书职业的自豪感和认同感。

第四,建立健全秘书职业立法,保证秘书职业化的健康运行机制。由于秘书岗位的特殊性,通过立法形式,明确秘书的职权、职责、任职资格、地位和限制等,规范秘书的工作和用人选拔制度,充分保障秘书职业的权利,明确秘书职业的社会义务,防止秘书无作为,杜绝秘书腐败现象,进而营造出一个竞争有序、积极向上的秘书职业环境。

第五,改革秘书教育,培养社会需要的秘书人才。在秘书职业化时代,秘书教育改革的重点是在如何尽快修复秘书职业和秘书教育的断层,使秘书教育成为培养秘书人员、提高秘书从业人员素质的基本途径。首先,树立高等秘书教育必须与秘书职业相结合的观念是修复秘书教育和秘书职业断层的基本前提。其次,确立以合格的职业秘书为秘书专业的培养目标是修复秘书教育和秘书职业断层的有效保证。再次,优化课程结构、培养职业技能是修复秘书教育和秘书职业断层的基本途径。最后,优化教师队伍,更新教学手段和方法是修复秘书教育和秘书职业断层的重要手段。

第二节　秘书职业生涯的发展

职业生涯是一个人一生所有与职业相连的行为与活动以及相关的态度、价值观、愿望等连续性经历的过程,也是一个人一生中职业、职位的变迁及职业目标的实现过程。简单地说,一个人职业发展的状态、过程及结果构成了个人的职业生涯。初涉秘书职业的人,应该充分认识自己,客观分析自己的能力、目前的机遇、所能达到的目标以及实现自我价值的可能,为自己制订好秘书职业生涯规划。

一、秘书职业生涯的特点

(一) 工作成绩的潜隐性

秘书工作及其价值创造具有潜在性和隐蔽性。秘书的劳动和成绩,往往不能和他们的名字直接联系在一起,他们所起草的文件是以组织的名义发出的,他们所撰写的报告或部分文章,是以领导的名字出现的。他们从事大量的办公室日常工作,如接打电话、整理文档、安排领导日程、接待来访者等都难以直接显出工作成绩,秘书的工作成绩具有潜隐性。

(二)工作对象的广泛性

秘书工作的对象具有广泛性。秘书工作遍及社会架构的各个方面,秘书从业人员遍布党政机关、社会团体、军队院校、工商企业以及任何有需要的社会个体。秘书服务对象越来越广泛,除了传统的政治、经济、军事、文化、教育等领域外,受雇于社会知名人士、专家学者、娱乐明星的秘书也越来越多。

(三)自我提高的机遇性

秘书工作内容广泛、综合性强、领导要求高,这对秘书既是一种压力,又给他们提供了成长的环境和条件。另外,秘书位居领导身边,因为工作关系很容易与领导建立感情,得到领导的器重和赏识,秘书部门所处的枢纽位置也使秘书比其他人员有更开阔的视野。这些都有利于秘书的迅速升迁。

二、秘书职业生涯的路径

秘书职业生涯的发展方向呈现出以下路径:

(一)上移

秘书职业生涯的上移,即由秘书的低级职位向高级职位发展。这包括两种情况:一是在秘书岗位上正常晋升。秘书的层级一般划分为初级秘书、中级秘书和高级秘书三级,由初级秘书向高级秘书发展是一种自觉的职业发展追求。如企业的行政秘书可以上升为行政主管,政府的秘书科员可以上升为秘书科长、办公室主任等等。二是在秘书岗位外的升迁。秘书人员尤其是高层管理者的秘书,如果工作卓有成效,得到领导者的肯定和赏识,就很容易晋升为管理者。如秘书可以发展为人力资源主管、公关经理、客户经理、商务主管等等。

(二)侧移

秘书职业生涯的侧移,即秘书在组织内职位的横向变动。侧移有三种情况:一是秘书为了积累从事高级职位工作的经验,常常有意识地跨部门侧移。二是根据用人单位的需要发生侧移。三是秘书因目前的工作与个人能力、兴趣等不符发生侧移。由于秘书岗位综合性较强,与人力资源、公关、新闻宣传、文化创意等部门具有较强的相关性,因此,与其他岗位和职业相比,秘书职业比较容易发生侧移。

(三)移出

秘书职业生涯的移出即从秘书职业中退出。移出既有客观原因也有主观原因。客观方面,如薪资待遇不够理想、与领导难以相处等,这时秘书主动移出有利于个人成长和职业发展。主观方面,或是想改行,或是想自己创业。由于在秘书工作中积累了一定的知识、经验,移出者容易在其他行业获得成功。

【知识链接】

行政类　这类秘书可以直接过渡到行政主管、办公室主任、综合事务管理部主任等职位,常见于政府部门、大型企业等。主要负责公司工作计划的制订、组织实施及日常工作管理;负责办公室行政管理制度建设;负责公司行政事务的管理;负责重点工作的督办、检查、落实、反馈;负责公司对外联络、协调工作以及参与并实施公司的各项规章制度。

助理类　这类秘书可进一步发展为总经理私人秘书、总经理助理,主要工作是协助总经理进行日常工作安排;进行日常内外事务的联系;组织协调各部门之间的工作配合;负责总经理日常事务的办公支持,纵横沟通以及相关资料的管理和简单翻译工作。

人事类　可以发展为人力资源主管,主要工作内容是遵循公司发展计划,参与编制和落实人力资源战略;参与设计、整合符合公司发展的组织规划和结构;参与制定公司发展不同阶段的招聘战略并实施;参与整合、设计、实施具有竞争优势的薪资体系;组织各种类型的培训和设计各类人员发展计划;参与整合、设计绩效管理体系的制定;参与推进企业价值观和企业文化以及公司员工关系的管理。

公关类　这类秘书的工作内容是制定公关策划方案并依据活动项目变化及时调整;监督、实施市场公关活动;负责客户服务日常运作,参与各项收费指标的实施与完成;参与解决重大投诉及事件的遗留问题,与有关部门进行实时沟通,保持良好的关系,包装公司品牌与形象;协调与其他各部门的合作。

业务类　这类秘书依托与上司抓业务形成的阅历与经历,可以进一步发展为商务主管、业务经理等,主要工作内容包括各业务群组的商务运作管理工作,收集并汇总客户、产品、销售利润等信息;制定、协调产品供货计划;解决客户投诉;收集相关的行业市场信息,提出市场销售方案;带领部门成员达成业绩要求等。

——任雪浩等《秘书国家职业资格鉴定的现状与就业前景》,《职业教育研究》2008 年第 12 期

三、秘书职业生涯的规划

(一) 科学设定职业生涯目标

一个人的成功与否很大程度上在于有无合适自己的前进目标,科学设定职业生涯目标是事业成功的基本前提,目标反映着一个人的理想、情怀和价值观。长期的职业生涯目标的实现有一个过程,因此需要将长远的目标分解到近期的目标中。职业生涯规划的期限可以

分为短期规划、中期规划和长期规划。短期规划为 3 年以内的规划,中期规划一般为 3—5 年,长期规划是 5—10 年甚至更长,对于秘书来说,一旦确定了自己的职业生涯目标,就要围绕这个目标去制订适合自己的短中长期规划,短期、中期规划要服务于自己的长期规划。

在设定职业生涯目标时要做好自我评估和环境评估。

自我评估包括分析自己的兴趣、特长、性格、学识、技能、智商、情商、思维方式、思维方法、道德水准等,分析自己是否合适做秘书这项工作。认识自己才能选定适合自己发展的秘书职业生涯路线,才能对自己的秘书职业生涯目标做出最佳选择。

环境评估是评估各种环境因素对自己职业生涯的影响。分析环境特点、自己与所处环境的关系以及环境对自己发展的有利条件和不利条件,科学制定职业生涯目标。

同时,由于时代的变化和自身认识的局限性,预先设定的职业生涯规划不可能一成不变。因此在脚踏实地朝职业目标努力的同时,也要根据实际情况及时调整职业生涯目标。

(二)根据职业生涯的目标,努力学习,提高自己的职业素养

1. 了解职业目标的基本要求

确定职业目标以后,要了解职业目标所需要的基本资格和素质要求。管理规范的组织,从领导到普通员工每一个岗位都有明确的描述,不仅对职责、业绩和考核内容有明确的表述,而且对能力、知识和素质也有详细的规定。要实现职业目标,就必须对职业目标有清晰的认知。

2. 注重培训学习

一方面,通过了解职业目标的要求,找到自己的差距,制订出明确的学习计划,朝职业目标的要求努力。另一方面,知识经济时代的主要资源和第一生产要素就是知识,只有不断获取新的知识,才能提高自己的竞争力,并在工作中取得业绩,获得认可。

(三)善于创造机会自我提升

个人职业生涯的发展离不开组织和领导的支持。同时,秘书工作者应该主动地、适当地展示自己,让领导更多地认识和了解自己。秘书位处领导身边,更为自我展示提供了便利条件。其一,秘书要充分发挥主观能动性,积极主动地开展工作。其二,秘书要提高工作的含金量,在"打杂"中创造机会。其三,秘书要开阔视野,充分发挥职务优势。

【案例】

小苗是天津某高科技公司总裁秘书。公司这几年从无到有,年营业额接近 10 亿元人民币。这天上午总裁正在召集各分公司负责人开营销会议,公司财务总监刘总给小苗来电话了:"小苗,你好!我是财务部的刘态。""刘总,您好!""总裁这几天能抽得出时间来吗?北京

天地证券公司的马总想过来拜访他，一起吃顿饭。""老板开完会后，我问一下老板的意思，回头给你电话。你看可以吗？""谢谢！"对方放下电话。

　　总裁散会后，小苗马上把财务部刘总的意思告诉总裁。总裁想了一会后反问小苗："你看我有必要见这个马总吗？"

　　"……"小苗不知如何回答是好，总裁也显得很失望。

　　【分析】　作为秘书，传递信息是她的一项主要工作。在传递这种信息过程中，秘书必须准确与及时。从这个意义上来说，小苗履行了自己的职责。但是，秘书又不是一个简单的传声筒，当她在传递这种信息的过程中，要尽可能地给它增加"附加值"，提高秘书工作的含金量。

　　由于天地证券公司是财务总监介绍过来的，所以小萌应该知道总裁对这个证券公司不熟悉，因此，小苗在将"马总要求见面"的信息传递给总裁之前，就应尽可能地收集有关天地证券公司的信息，将有关信息连同"马总要求见面"这个信息一起传递给上司，以方便他决策。

第三节　面向秘书职业　改革秘书教育

　　秘书专业是为秘书职业提供实用人才服务的专业，但是由于秘书教育基础的薄弱和自身发展的局限，使得秘书教育与秘书职业出现了断层的现象，表现为秘书教育重理论轻能力，缺乏职业教育的特色，缺乏理想的师资、教材、实验基地。因此出现了一方面是适用的秘书人才紧缺，另一方面是秘书专业毕业生在人才市场上受到冷落的尴尬局面。秘书教育与秘书职业的距离使得我们不得不更新观念，重新探索秘书教育的新模式。

一、树立秘书教育必须与秘书职业相结合的观念

　　秘书教育必须与秘书职业的现状相结合，我们应该清楚地意识到秘书教育的主要功能之一就是让学生掌握秘书职业必备的知识和技能。秘书专业是实践性很强的专业，秘书教育的目标是培养社会需要的应用型人才，与其他专业相比，它首先是一种职业定向教育。职业定向教育不仅要求学生掌握适应市场需要的专业理论和专业知识，而且要求把专业理论转化为从事职业的能力。

二、确立以合格的职业秘书为秘书专业的培养目标

　　由于历史的原因，秘书学专业一直以培养高素质的党政秘书为己任，随着党政秘书在职业秘书中主体地位的丧失，秘书教育的目标与秘书职业的需求开始脱节。因此我们必须调整秘书专业的培养目标，以培养秘书职业的主体为秘书专业的目标，而这个主体从目前来看

应该是商务秘书。秘书专业应该明确商务秘书的培养目标,实施综合性的职业教育,避免由于培养目标的不确定性和不稳定性给秘书专业带来困惑和迷茫。

三、优化课程结构,增强专业特色,提高专业的核心竞争力

确定了以秘书职业的主体——商务秘书为培养目标,就要建立一种新型的、适合培养现代秘书职业综合能力的课程体系。首先要处理好基础理论课、专业基础课和专业课之间的关系。基础理论课以必需、够用为度,强调针对性;专业基础课旨在培养学生运用基本能力和原理去解决秘书工作实际问题的能力,强调适应性;专业课是学生获得秘书职业知识的直接渠道,要多接触秘书工作实际,强调应用性。其次,根据商务秘书的培养目标,要增加经济类知识的教育。秘书教育应该围绕市场经济做文章,根据秘书职业主体的需要,教育应该强化市场经济范畴内的经济现象、经济规律、经济行为等方面的教育。最后,把培养秘书的职业技能作为秘书专业教育的重点。职业技能是由专业知识转化为从事职业的能力。秘书的职业技能一般包括表达能力、社会交际能力、组织活动能力、处理信息能力、运用现代化办公设备的能力等,秘书专业应围绕这些能力设置课程,促进学生从知识到能力的转化,切实强化实践性教育。

四、优化教师队伍,更新教学手段和方法

由秘书学专业的性质所决定,秘书学专业的专业课教师应当是既具有坚实的秘书学学科理论知识,又具有娴熟的秘书实践操作能力的人才。教师既要不断学习和钻研学科理论,又要尽快掌握学科先进的职业技能,密切关注秘书职业的发展动态。同时,为强化学生实践能力的培养,学校也可以建立一支校内专任教师和校外兼职教师相结合的师资队伍,从师资设置上保证学生学到扎实的基础知识、丰富的专业知识和社会实践经验,使学校与社会保持密切联系。

在保证师资质量的同时,还应该改进教育手段和方法,增强学生的创新思维和动手能力。在教学方法上,要重点解决学校课堂和职业秘书工作如何自然衔接的问题。为此,有些学校已经作了有益探索和尝试,比如多媒体教育的运用、案例教育的运用、模拟操作实验室的使用,把文书处理、会务管理、礼仪接待、电话事务等实用性较强的专业内容用灵活多样的教学方法来提高教学效果,增强学生的感性认识,使课堂教学尽快与社会实际接轨。

【复习思考题】

1. 中国秘书职业化进程的表现有哪些? 如何加快中国秘书的职业化进程?
2. 请结合自身的特点,虚拟规划自己的职业生涯。

【扩展阅读】

　　1.《秘书国家职业标准(2006 年版)》,中华人民共和国劳动和社会保障部制定。

　　2. 侯典牧:《谈秘书职业生涯发展的特点、类型及趋势》,《秘书之友》2008 年第 5 期。

第十二章

国外秘书的种类职级和职责

第十二章
国外秘书的种类职级和职责

秘书工作在国外经历了千百年的演进过程,至当代已相对成熟,积累下许多行之有效的经验,了解和研究它们对发展我国的秘书工作,尤其对涉外秘书工作很有帮助。国外秘书工作以美国、英国、日本最为典型。以下用两章的篇幅,分别介绍这三国的秘书工作概况,以资借鉴。

第一节　美国秘书的种类职级

美国是当今世界经济最发达、科技最强盛的资本主义国家。在美国,秘书是一项兴盛的职业,据美国劳工部统计,2014 年美国有秘书 398 万人,这数以百万计的秘书分布在各行各业,形成一个庞大的职业群。其秘书工作的职业化程度相当成熟,专业化水平相当发达,经验可资借鉴。

一、美国秘书的种类

美国劳工部按照秘书的职责性质分类,将所有美国秘书划分为行政秘书和专业秘书两大类。行政秘书指在各类机关、公司、企业中担任行政性职务的秘书。专业秘书是根据秘书所从事的专业工作这一标准分类,与从事行政事务的行政秘书相区分,是指在各种专业领域、专业部门或者专业人员身边工作的秘书的总称,它是包含多种秘书职位在内的一类职位,简称 OT 类。对这两大类秘书综合介绍如下:

(一) 美国行政秘书

也称行政助理、管理秘书,是美国行政管理协会(The Administrative Management Society)划定的四类秘书之一,指在各类机关、公司、企业中担任行政性职务的秘书,占美国秘书的大多数。行政秘书按职权可分为:属于领导职位的秘书,如公司秘书、秘书长等,他们具有相当的权力;一般行政秘书,其职责为记录上司口述、接答电话并向上司转达;接待来访;打印信函、文件;安排经理的约见;为上司起草信函、讲话稿、报告、备忘录;代上司阅读、签署、寄发某些信件;编辑、校对文件;为上司查阅资料、摘录有用的内容;选购办公设备与用品等等。

1. 美国政府秘书

即在美国联邦、州、市、县政府和驻外使、领馆、军事基地等处工作的秘书。其等级的划分和任命根据考试成绩而定。凡欲从事这类秘书工作的大学毕业生,须先取得打字、速记的证书,并参加秘书能力考试。被录取者,第一年为试用期,三年后转为固定职业,并有资格申请担任联邦政府中任何机构的秘书工作。如离开联邦政府,只要在三年内回来供职,可保留其累计的可以请病假的天数而不扣工资。

2. 美国公司秘书

美国公司中接受并执行董事长指令的秘书,属行政秘书中领导职位的秘书。其职责为监督、管理公司财务、人事、对外联络事务;与公司总经理采购、生产、销售、运输等部门经理保持联系;负责协调工作;向董事会汇报公司财务、人事关系状况、答复董事会质询等。

3. 美国经理秘书

指美国公司经理的高级秘书。其职业为全面负责秘书及行政事务,制订有关计划、方案,并负责按期完成等。经理秘书须对公司的结构、惯例、政策、工作程序相当熟悉,并具备秘书和行政工作的高级技能。担任这类秘书要求有 6 年以上的大学学历,经过严格考试而获得特许职业秘书资格证书者。

(二)美国专业秘书

指与从事行政事务的行政秘书相对应,在专业部门或专业人员身边工作的秘书,类似于日本的事务秘书,包括法律秘书、技术秘书、医学秘书、教育秘书、财经秘书、通信秘书。他们除具有秘书工作知识和技能外,还须具有相当程度的专业知识,属于复合型秘书。

1. 美国法律秘书

指在美国司法机关、律师事务所、工商企业法律部门,作为法官和律师助手的秘书。法律秘书必须遵守职业准则,精通联邦及州法院条例、掌握法律专门术语和工作程序,能熟练使用规范的法律字典,熟悉司法文书形式,能起草法律文件、掌握打印、速记、录音等技术。初入法律系统从事秘书事务者,只是作速记员,待具有 5 年以上该专业工作经历,提出申请,加入全国法律秘书协会,经该会考试合格者授予法律秘书名衔。法律秘书的薪金在秘书界最高,并有不少人跃升为律师。

2. 美国技术秘书

也称工艺秘书,美国政府技术部门、科研机构和工程技术公司中作为高级科学研究人员助手的秘书。其主要职责为:记录、编写技术资料、文件、报告和科研合同;编制技术项目预算、各种报表、图纸;保管技术性档案;承担实验室的事务工作等。技术秘书须掌握专业需要的科学技术及数学、会计学、物理学等知识,熟悉工程、技术术语,精通技术性口述的记录,并能从事收发邮寄、通讯联络等一般秘书事务,还得搜集资料,收藏技术书籍,剪辑技术报刊等。

3. 美国医学秘书

也称医药秘书,美国医疗系统中作为医生助手的秘书。其职责为:与病人预约就诊时间;办理病人就诊手续;为医生指定的病人联系会诊医院;打印病人的医疗记录并归档;向病人收取医疗费用;订购医疗器械、药品等;有的还为病人测量体温、保管病人病历等。医学秘书要求具有良好的医德,掌握生物学、生理学、人体解剖学、心理学、护理常识等基础知识,熟悉医药法、医学术语、医疗工作程序等。

4. 美国教育秘书

在美国教育系统担任秘书工作,为高等院校校长、院长、系主任、教授等服务的秘书,绝大多数为女性,属于教职编制。其职责根据服务对象不同而不同,大城市高等学府中的秘书要求较高,地方学院中秘书的职责较宽。一般负责接待来客、接答、转达电话;为校长、院长、系主任编制一周或一天的工作日程、安排约会;起草、修改、打印有关文件、报告、负责会议记录;收集资料、保管档案;协助管理学生学籍、考勤、成绩登记;与学生、家长、教师保持联系;订购、保管办公用品;为上司和教职员工收发邮件等。教授的秘书除替教授打电话、写信、安排约会、活动日程外,还须搜集出版的专业书刊,整理学术会议上的文献报告,为教授准备教学讲义或科研论文资料,制作图表、录音带、幻灯片等。一位大学教授往往得有两三名秘书,才能完成教学、科研任务。教育秘书有自己的组织——全国教育秘书协会,为全国教育协会隶属组织,该协会为改善教育秘书的工作条件、增加薪金、保证退休福利以及保险等事项而努力。

5. 美国财经秘书

美国协助雇主管理财务的秘书。其职责为掌理公司的财务事项,有的还兼管雇主私人的金融票据,如支票簿、薪金支票、股利支票、家庭证券等。平时的工作为去银行存款、开支票、调节银行结单、处理小额保证金、记录收入资金等。财经秘书除须掌握一般秘书知识、技能外,还必须通晓金融术语、银行工作程序等知识。

6. 美国通信秘书

也称文字处理员,美国公司中专事文字处理的秘书。由于他们供职中所需要的设施、技术的高度专业化,故又属于专业秘书之列。美国行政管理协会将通信秘书划分为首席文字处理员和文字处理员两类。

(1) 美国首席文字处理员

美国公司中高级通信秘书。其职责为:操作各种文字处理装置;从复杂的信息源中制作和修订难度很大的各种文件,如长篇的技术、统计报告;检索以往输入的各种原文、数据;领导低级文字处理员等。他们除须具备相当的业务能力外,还需要具有一定的组织领导能力。

(2) 美国文字处理员

美国公司中的低级通信秘书。其职责为:按照规定的时间、质量输入、编辑、修改、传送中等难度的打印文件;校对、编辑自己的文字工作等。有些公司还要求他们承担一般性的秘书事务。文字处理员除须能操作文字处理设备外,还须通晓本部门技术性术语和本公司经营情况。

二、美国秘书的职级

秘书作为一项成熟而兴盛的职业,在美国,对其职级的划分甚为细密,不同职级的秘书人员,他们的任职资格、职责范围、工作报酬都有明确的规定。

美国秘书统称"一般管理、文书、事务"职业大类,下分41个细类,其职级由低至高,技术要求也由简单到复杂,工作范围由单纯至综合,年薪也由2级的9千美金至15级的4万美金不等。如5级以下秘书一般由相当于中专程度的职业学校短期培养;6级以上秘书一般由学院或大学培养,为本科生或专科生。2级至15级秘书的职责分别为:

2级,信使,负责驾车送信;

3级,文件收发、管理,文书兼打字,操作办公设备,电话接线员,卡片穿孔人员;

4级,文书兼速记、记录,文书兼录音、复制,电传机操作,电子财会机械操作人员;

5级,来往函件文书,印刷文书,通讯文书,电子计算机辅助人员;

6级,秘书,一般文书管理,一般通讯管理,密码编制,译码设备操作;

7级,电子计算机操作,通讯中转设备操作;

9级,后勤专管理人员;

12级,电子计算机专业人员,日程分析、管理分析、通讯管理,通讯专业人员;

15级,日程安排人员,须对本机关或公司情况了如指掌,为上司安排工作日程,辅助综合管理。

在美国的公司企业中,秘书的职级划分常见的有:

1. 美国见习秘书

美国企业中低层次的秘书,其主要职责为接待来客、打字、接听电话、预定约会,以围绕人际关系展开工作为主。如见习秘书能有效地与人交往、善于交际,具备了相应的能力,可被晋升为正式秘书。

2. 美国正式秘书

美国企业中经过见习阶段,具备了相应能力的秘书,实为企业领导的行政助手。其职责远比见习秘书要宽,包括收集、整理有关资料,拟写报告、备忘录、打印信件及其他文书、安排上司旅行,拟制某部门的工资单及按授权管理小额现金等。正式秘书又分为行政秘书和通信秘书两类,行政秘书主要负责处理业务信件和电话,收集资料,保管文件,打印文件;通信秘书则主要负责使用办公设备誊写、打印文稿。

3. 美国 A 级秘书

美国行政管理协会划定的四类秘书之一,是社会团体内中层领导、大公司中级管理人员的秘书。其主要任务是行使范围不定的秘书职责,如起草或抄录内容较复杂的保密信件等。A级秘书须具备本公司有关政策、工作程序方面的知识,并熟练掌握中级以上秘书及行政工作技能。

4. 美国 B 级秘书

美国行政管理协会划定的四类秘书之一,是社会团体内基层领导、大公司中基层管理人员的秘书。其主要任务是行使范围有限的秘书职责,即记录上司口述、誊写速记稿、录音稿、接答、转达电话,安排上司约见或公务旅行,答复日常信函,保管档案,迎来送往。B级秘书须具备一般秘书工作、办公室工作知识及技能。

美国劳工部则依照二方面的标准,粗略地划分秘书的职级。

第一,根据秘书所服务对象的级别高低而划分职级。秘书所服务对象就是上司,上司级别的高低,根据其管理的组织的规模大小、人数多少,在组织中的贡献、作用、地位而定。上司级别高,为其服务的秘书的类别也相应较高。据此标准,秘书类别从低到高一共分为四级:LS-1级、LS-2级、LS-3级、LS-4级,简称"LS"类。

第二,根据秘书职责大小划分职级。按此标准,秘书一共分为两类,即LR-1级和LR-2级,简称"LR"类。LR-1级秘书低于LR-2级秘书,其职责是根据上司的指示精神,独立完成程序性的办公室日常工作,即主要承担事务性工作。LR-2级秘书除了完成与LR-1级秘书类似的日常工作外,还要根据自己的知识、经验、技能和判断力,主动完成一些较为复杂、难度较大的工作任务。

第二节 英国和日本秘书的种类职级

一、英国秘书的职级和种类

据英国国家统计局统计,2010年英国有秘书370万人。

(一) 英国政府秘书

指在英国政府机关中供职的秘书人员。他们属于文官中的事务官,为公务员,其供职任期不受内阁更替的影响,为终身制,直至退休。他们的任用、职权、责任、利益、晋升均有严格规定,并划分为行政级、执行级、文书或办事员级、助理文书四级。

1. 英国行政级秘书

英国文官委员会划定的四类政府秘书之一,是担任政府各部长主要助手的高级秘书官,相当于秘书长或办公厅主任。其职责为代部长草拟提交国会或内阁会议讨论的政策方案,沟通、协调内部各部门关系,改进机关结构和工作方法,对机关内行政人员进行管理和考核、监督。他们须具有丰富的学识、很强的组织、判断、创造能力,并规定不得参加任何政党活动以保持中立的非政治性地位。他们大多毕业于名牌大学,并受过良好的专业训练。

2. 英国执行级秘书

英国文官委员会划定的四类政府秘书之一,为中级秘书官,相当于秘书科长、办公室主任。其职责为:对法规范围外次要的、特定的案件作检讨性分析,对较重要的案件或问题作主动观察与考查;对较小范围或较少分量的事务进行直接领导。有的还负责机关内部的管理、考核,解决公务中的纠纷,支持较重要工作的进行等。他们一般毕业于文官学院或其他大学。

3. 英国文书或办事员级秘书

英国文官委员会划定的四类政府秘书之一,为一般秘书人员。其职责为:按一定的法规、指示处理特定事务,按规定格式准确记录、回答问题及统计资料,作简单的文书草拟,收集、提供、保存资料,为上司决策提供依据。他们一般为大专或中专毕业生。对此类人员的要求为:

(1) 工作应迅速、准确、整齐、利索,切忌拖拉、含混而没有效率。

(2) 与公众交往时要耐心、和气、友善;切忌傲慢、懒怠或官僚作风。

(3) 他们的工作多为循例照办,自行决断的甚少,故要求严守纪律、服从指令。

4. 英国助理文书级秘书

英国文官委员会划定的四类政府秘书之一,为低级秘书人员。其职责为:打字、速记、缮印、接答电话、接待来客等。他们大多为高中或中专文化程度的女青年。伦敦及各地均设有此类专门学校,培养这类人员。

(二) 英国执行秘书

英国工商企业中受高级经理雇用的一种私人秘书。他们是雇主的得力助手和私人代表,须对雇主的活动和工作范围有详细了解,为雇主分担许多具体事务,在一定范围内有决定权,并能代表雇主进行业务洽谈。

(三) 英国公司秘书

英国公司中的高级行政职员。英国公司法规定,每一公司必须配备一名专职秘书,同时可配备助理秘书或代理秘书,以备公司秘书缺席时代行职责。公司秘书的职责除从事一般性行政事务、保证公司业务活动符合公司法及公司规章外,还有:

(1) 新成立的股份有限公司正式营业前,他须向公众作出法定宣告。

(2) 签署年度损益表及其附件。

(3) 如公司被法院下令解散,他须向官方证实清算声明书。

（4）如公司解散后的清算人是由债权人任命，则须向清算人提交经其证实的清算声明书。

（5）股份有限公司转化为无限公司、无限公司转化为有限公司，他均应在申请书上签字。

公司法对秘书的违法处罚也作有规定：届时未提交分配股息的报告书，未及时颁发股份或债券证书，未在营业地以外的公开刊物上公布盖有公司大印的公司名称，不允许在册股东和债权人检查公司业务情况，不保存会议记录，不向有关人员寄送公司负债表、审计员报告和董事会报告，则对公司秘书罚款处理。如有伪造公司簿记、篡改公司负债表等报告、文件，泄漏公司秘密，利用职务之便，私自从事股票和货物买卖以谋取不正当利益，则依法追究刑事责任，可处以 3 年有期徒刑。

（四）私人秘书

被雇主雇佣，为雇主个人服务的秘书。在欧美、日本等发达国家雇佣私人秘书相当普遍。私人秘书不仅须熟练掌握打字、速记技能，还须有丰富的商业、秘书学知识，要求颇高。在英国，欲谋得私人秘书职位者，须经专门考试，持有合格证书，方能应聘。英国私人秘书资格考试机构有商业和技师教育委员会、伦敦工商会、彼特门考试学院及皇家艺术学会，颁发的证书有：私人助理毕业证书、私人和执行秘书毕业证书、私人秘书证书、高级秘书证书、专业秘书证书等。英国还有不少私人秘书团体，如合格的私人秘书学会、私人助手和秘书学会有限公司、专业秘书协会等。

二、日本秘书的种类

日本秘书根据其所供职的系统、资历、模式，可划分为如下几种：

1．"日本型"秘书

指日本国内以传统方式从事工作的秘书。其基本特征为：既未经过专业训练，也未经过秘书业务技能考察；他们多半在企业、机关的秘书课、总务课等秘书部门供职；大多不懂英语等外语；因对秘书业务技能无明确规定，其工资待遇也不明确。近年来，随着对秘书专业技能要求日益提高，"日本型"秘书与"欧美型"秘书的差距已逐渐消失。

2．"欧美型"秘书

指日本国内具备欧美国家秘书一般特征的秘书，与"日本型"秘书相区别。其基本特征为：以秘书工作为专门职业，具备速记、打字、计算、资料整理等专业技能；主要在外资企业、外国驻日使馆、办事机构工作；英语水平很高；他们一般都专属于某一特定上级；因此对秘书业务技能要求明确而严格，其工资待遇依据业务能力的强弱而定。

3．日本公务秘书

也称政治秘书，指精通国会或政党、内阁等结构的公务员性质的秘书。其中在国会、官厅、地方公共机构工作的秘书,除了要求了解国会或政党、内阁的结构外,还要求精通法律制定程序和有关机关详细工作程序,国会议员秘书还得将与自己所居之地联系的工作作为重要任务。

4. 日本事务秘书

指在医师、律师等专业人员身边工作的秘书。他们除具有秘书工作知识和技能外,还须具有相当程度的专业知识。协助医生工作的秘书(也称医学秘书),要配合医师接收病人、从事社会保险等与医疗事务有关的工作。跟随律师的秘书(也称法律秘书),要协助接待委托人、调查案件、与法院联系,代替律师与委托人预谈,整理材料等。会计师、税理士(专门处理纳税事务的专业人员)的秘书,要掌握簿记、会计知识。大学教授、研究人员的秘书,则要善于搜集、剪贴资料并整理立卷。

5. 日本外事秘书

指擅长外语、在外资企业和各国驻日使馆供职的秘书。随着日本外资企业增多,加上103个大使馆,这类秘书数量日增。他们为了和外国秘书共同工作,必须精通外语,能将上司的话当场速记下来,再打印出来,还要求能以优美、准确的日本语进行翻译,并用日文准确无误地拟写文件书信,并要能为外国来客当向导,陪同观看歌舞等文娱表演,懂些茶道、花道以及日本其他文化历史知识。

6. 日本企业秘书

也称公司秘书,即董事长和经理的专职秘书。主要从事接待来客、接打电话、联络等事务,以女性居多。这类秘书特别需要有高度的服务精神,有愉快、和蔼、亲切、礼貌、爽快、幽默感等职业素质,以反映出企业的良好形象。

7. 日本私人秘书

日本党政要员、议员、大企业家、有名望的学者、教授和影视、体育明星等社会名流都雇用私人秘书,少则一二名,多则几十名。这些私人秘书负责对外联络、接待、公关工作、安排雇主一天、一周或一旬的工作流程。日本"党魁"的秘书多达 30 至 50 名,职责分工细密,其中只有一二名为其心腹,又称"左右手"。

三、日本秘书的职级

1. 日本见习秘书

日本秘书级别之一。她(他)们未受过专门的秘书教育,从事秘书工作不足一年,对整个秘书工作尚不熟悉。其主要职责为值班、接电话、接待来客等服务性工作。

2. 日本初级秘书

日本秘书级别之一。系由日本秘书学教授森胁道子在专著《女性秘书入门》中,依据秘书业务水平而划分的秘书低层等级。初级秘书一般能完成上司指定的工作,基本了解秘书职责和工作方法,已有 2—3 年的工作经历,除能熟练地处理见习秘书的各项业务外,还能承担文书收发、信函起草、预订车、船、机票等业务。其工作能力基本上得到上司和同事的认可,已具备作为上司个人秘书的候选资格。

3. 日本中级秘书

日本秘书级别之一。系由日本秘书学教授森胁道子在专著《女性秘书入门》中,依据秘书业务水平而划分的秘书中层等级。中级秘书须能主动分担上司杂务,减轻上司行政工作的负担,并能独立进行工作,一般已有 4—5 年工作经历,能够指导新秘书的业务,其主要工作是为上司安排日常活动日程,必要时也代表上司对外谈判。

4. 日本高级秘书

日本秘书级别之一。系由日本秘书学教授森胁道子在专著《女性秘书入门》中,依据秘书业务水平而划分的秘书最高等级。高级秘书须能给上司以有力的协助,能提供解决问题的有效方案,工作中能发挥作用并取得相应成绩。他们是上司名副其实的助手,基本上不处理具体日常事务,主要负责秘书室(科)的领导工作。在公司召开董事会等时候,则是上司的高级参谋。

在日本的机关企业中,则存在着男性秘书集团和女性秘书集团。男性秘书集团称为"管理决策集团",起参谋咨询的辅助决策作用;女性秘书集团则处理日常办公室杂务,如接听电话、接待来客、安排约会、打字等。

第三节　国外秘书的职责和素质要求

一、美国秘书的职责和素质要求

(一) 美国秘书的职责

美国秘书工作范围大致分为三方面:

1. 指派性事务

即上司临时交办事务,包括誊写书信、草拟、拍发电文,去银行存款、取款,去图书馆查找资料,上司外出时为其订票、订旅馆房间等。

2. 日常事务

即在没有指标或监督情况下进行的工作,包括开启邮件、文件归档、补充办公用品、接答电话、管理保密材料、准备定期工作报告、搜集有关资料等。

3. 独创性工作

即发挥秘书的主动性,运用创造性的工作方法协助上司,如不等上司询问便抢先完成某些工作,注意收集信息以供上司决策时参考等。

秘书越能有效地完成指派性事务和日常事务,就越有充分时间从事独创性工作。秘书还可以扩大自己的工作范围,以显示主动协助上司工作的能力。

这三方面工作范围,使美国秘书在工作中有较大自主性,其积极性、创造性能得到发挥,工作中有乐趣,并喜爱秘书职业。

根据美国《职称辞典》的解释,美国秘书的日常工作范围,即具体职责如下:

- 全面处理机关或者公司的行政工作,以减轻政府官员和公司负责人的较次要的行政事务及办公室工作;
- 能用速记记录口述;
- 能用翻译机将口述或者复制的记录信息译成文字;
- 处理上司约会并提醒其赴约;
- 接见到办公室来访的客人;
- 接电话和打电话;
- 处理上司重要私人邮件,主动书写日常函件;
- 对办公室其他工作人员进行工作监督;
- 整理人事档案。

(二) 美国秘书的素质和发展

在美国,秘书有着良好的发展机会,对那些工作勤奋、认真负责,具有开拓创新精神的秘书而言,发展前景十分广阔。大公司可以提供给秘书可观的薪金和丰厚的福利,以及公司内部稳定的晋升机会。在小公司,虽然秘书的薪金和福利不如大公司,但公司往往为秘书提供多方面的、广泛的实践机会,为秘书的长远发展奠定坚实的基础。

美国秘书的发展往往十分注重以下方面。

1. 通过学习提高素质

越来越多的领导都在尽力寻找那些既有广泛的人文科学知识,又拥有良好技能的秘书。许多公司制订助学金计划,鼓励秘书接受继续教育,公司内部也对在职秘书进行有针对性的培训。美国秘书要想成长迅速,必须通过学习提高自身的综合素质,这样才会受到欢迎。

2. 通过实践提高技能

经理们十分强调秘书处理办公室事务的技能,要求秘书必须熟悉一切办公程序,熟练地使用复杂的通信设备,并对打字、速记、文字处理、外语等方面提出较高的要求。所以,秘书只有在实践中不断地提高自己的专业技能水平,才能够具有诸多的发展机会。

3. 建立良好人际关系

人际关系是秘书发展的重要保障,秘书必须处理好与上司的关系、与同事的关系、与外界的关系,为得到多方面的支持与合作、为自己的迅速发展打下良好的基础,尤其重要的是处理好与上司的关系。这就要求秘书能够忠诚上司、了解上司、尊重上司、服从上司、维护上司等。

4. 全面熟悉所在企业

秘书所在的组织是其生存发展的具体组织环境,秘书必须全面了解它、熟悉它,并促进它的发展,在本组织的发展中实现自我发展。也只有对企业熟悉,秘书才能够在特殊情况下具有应对复杂问题的能力,同时增长才干,具有更多晋升的机会。

5. 积极迎接全新挑战

科技的发展使传统的秘书事务减少,秘书面临办公现代化的挑战,如果秘书能不断学习现代办公技术,用以取代旧的技能,就能获得很好的职业保障及更好的秘书职位。而企业也不断地发生着变化,这就要求秘书强化应变能力,留心本组织的运转状况,熟悉法律法规等。

(三) 新信息时代成功秘书的素质

高科技的飞速发展,使世界进入了新信息时代。新信息时代为秘书创造了前所未有的机会,秘书不但可以在工作中提高自己的地位,而且也能在待遇上得到更多的实惠。玛丽·久德弗里斯在其《涉外秘书全书(第七版)》中提出了新信息时代成功秘书的素质。

1. 基本素质

了解新机器、新系统的运作情况,知道如何正确使用它们是一个成功秘书必须具备的基本条件;另一个先决条件是更多地了解老板的生意和公司在全球经济中的地位。秘书很少单独工作,他们必须学会如何在日常工作中与其他人相处,学会处理好办公室中好的和坏的人际关系。

2. 重要的个人素质

要想在这一个不断发展的职业中取得成功,秘书们必须:

- 既能作为小组成员有效地开展工作,也能独立地发动管理工作计划;
- 与人打交道时需善于合作、善解人意、处事圆滑;
- 对自己和其他人的工作更加注重细节性、完整性和精确性;
- 在工作中严守秘密、遵守道德;
- 用有条不紊的工作作风和积极乐观的工作态度,树立良好的个人形象和公司形象;
- 恪尽职守、诚恳待人、精干内行。

3. 把自己想象成行家

(四) 好秘书的标准

在美国,一位好秘书被认为:应当是公共关系方面的能手,上司的参谋、助手和记忆库;他负责处理机关中大量繁琐的事务,以减轻上司的负担;他能代表上司、为人赞赏、并能在工作中与所有同事处理好关系,使自己既获得上司的信任,又博得同事的尊重;在办事时,他准确无误、效率很高;在商量工作时,他有创见;平时,他能想上司之所想,凭自思而办事;情况改变时,他能灵活应变,保证任务的完成;对重要问题,他能及时向上司汇报;对细小问题,他能自己裁决并妥善解决,不打扰上司。

二、日本秘书的职责

根据日本文部省认定及日本实务技能检定协会制定的规定,日本企业秘书的业务范围主要分为固定、非固定两类。

(一) 固定业务

日本企业秘书的固定业务一般包括十大部分,如编制上司工作日程、应答电话、筹办各种会议、茶会、宴会、安排上司出差事务、处理信息、文件等。

(二) 非固定业务

日本企业秘书的非固定业务指日常业务中突然发生、有偶然性的事项,即我国秘书工作中突发事件的处理。这类事件往往处理难度较大。它一般包括:发生失火、地震、台风、洪水和交通事故等天灾人祸时,秘书应冷静地协助上司妥善应付、处理。

(三) 思考性业务

这是日本本田公司对办公室业务提出的高层次要求。公司将企业办公室工作分为两类性质的任务,一种是定型的例行业务,另一种是不定型的思考性业务,前者占总工作量的44%,后者占56%,以此鼓励秘书人员发挥主观能动性,积极思考,为企业的发展出谋划策,是促使企业高效率化的创举。详见下表:

例行业务	思考业务	
44%	规划、判断等	分析战略信息建立模拟系统等
	35%	21%
	日常业务	非日常业务

（四）中间型秘书工作

在日本还存在着一种称为中间型秘书工作的方式，即每一位秘书在各自承担一部分依工作内容分类的业务时，还得为某一特定的上司承担部分秘书事务，既为指定服务的上司做好秘书工作，又分担所在秘书科（室）的秘书业务。这实际上是秘书工作范围的扩展。它在日本工商企业、机关的秘书科（室）中较为普遍地存在。

三、日本秘书工作的要求

日本的秘书工作讲究严谨，很强调规范化，而规范化应当遵循以下原则：

1. 研究工作步骤

秘书工作要讲究效率，要力争花最少的时间办好事情。所以，秘书对每一项业务都要专门研究其工作步骤，规划出一个合理的工作程序，避免徒劳，尤其要避免推倒重来而浪费大量的时间。

2. 预算所需时间

秘书平时对自己的每一项业务，都要一一测定其所花时间，以了解自己的工作速度、工作效率。这样，当上司交给你一件任务，问你需要多少时间，你就能胸有成竹地回答，并按时完成。

3. 运用经营管理的观点

秘书工作是经营管理工作中的一个环节，其工作过程也是经营管理工作的过程。所以，秘书在工作中，应当运用经营管理的观点，养成事事有计划、按步骤进行的良好习惯，形成规范。

四、日本秘书工作要诀

日本要求称职的秘书在工作中牢记如下要诀：掌握正确的工作方法、传达事务婉转巧妙、行动机敏、给客人留下好印象。

1. 掌握正确的工作方法

日本秘书工作要诀之一。其具体要求包括：

（1）全面理解工作内容，弄清为何要做此事，目的何在？

（2）弄清此项工作如何干才能达到最佳效果。

（3）接到上司的工作指示后，须先将其内容的要领整理出来，以确定是否有误解之处。

（4）对所接受的指示有所不明白时，必须当面问清，直至消除疑问为止。

（5）工作中出现问题时，必须立即报告上司并等待指示。

（6）每天工作结束，应进行检查、反省，问一下有无浪费时间？有无更好的办法？

（7）工作中应全面周密地思考，灵活机动，避免千篇一律，更须避免被习惯经验束缚手脚、引起失误。

2. 传达事务婉转巧妙

日本秘书工作要诀之一。其具体要求包括：

（1）向上司传达来客谈话内容及其他消息。

（2）听到单位员工的不满言论或谣传时，应如实全盘地向上司转达，并注意说话时的态度，切忌将自己的感情、判断掺杂其中。

（3）要耐心而负责地代替上司写信，转达上司的意见。

（4）传达事项不可迟于时限，以保证工作效率。

3. 行动机敏

日本秘书工作要诀之一。其具体要求包括：

（1）合理安排工作程序。

（2）无法分出顺序时，从难办事项入手。

（3）进行工作前，须将必要的东西准备妥当。

（4）平时留意上司的一言一行，了解其思维方式及个性，当上司不在而遇到突发事件或需当场决断的事项时，秘书应随机应变，主动、迅速地作出处理。

4. 给客人留下好印象

日本秘书工作要诀之一。其具体要求包括：

（1）根据不同的时间、地点、场合和个人特点，选择适当的服饰，使自己显得典雅质朴，过于追求时装化反会失去自己的个性。

（2）经常保持外表整洁，给客人以清爽、干净的印象。

（3）与客人接触时，态度要温和、热情，坐姿端正，举止自然、大方，严守规则，照章办事，使来客感到你是一位非常细心、谨慎的秘书。

（4）说话时语调要有稳重、温和感，谈话内容简明扼要、正确易懂，注意倾听对方说话，发觉对方话中有错失，也别中途打断，让其讲完。

（5）掌握对待上司、下级部门人员的不同语言，对上司、年长者或来客要使用适当的敬语、谦语，表现出自己良好的修养；对年轻者不必太拘谨，谈话可轻松些，显得自然、大方。

五、日本社会对秘书的素质要求

日本已故的著名评论家伊藤肇在谈到秘书工作时说："秘书应当努力使自己成为领导的眼睛，领导的耳目，领导的手和脚，但绝对不要成为领导的大脑。做领导的目、耳、手、足的意思就是为领导收集情报，推荐好书、结交诤友，以让领导纵观天下风云。"正是基于这样的认识，日本企业对各类秘书的素质提出了若干具体的要求，归纳起来主要有以下几点：

1. 富有积极进取的精神

秘书无论何时何地都应该保持一种奋发的、积极进取的精神，不为一时的失败和挫折气馁心灰。这就要求秘书平时要注意学习，精通业务，善于发现工作中的差错，并当机立断，及时采取补救措施。

2. 创造性地工作

秘书的工作主要是为领导创造一个最佳的决策环境。因此要努力做到在处理大量琐碎、繁杂的日常工作中，创造性地进行工作，搜集更多的合理化建议等等。如果秘书总是按部就班，不求创新，便会如逆水行舟、不进则退，离领导的要求越来越远。

3. 严守秘密

由于秘书身处企业的神经中枢区，为领导处理大量日常性工作，会在有意无意中耳闻目睹大量秘密。从某种意义上说，泄密是秘书最容易犯的一个职业病。为了严守秘密，这就要求秘书有非常丰富的知识和经验，具有高度的职业敏感度，在头脑中有一把尺子，随时衡量各种信息的情报价值和与各方面的利害关系。

4. 对外接待热情诚实

秘书是"公司的商标"，代表着公司的形象。因此，秘书在接待第一次来访的客人时，一定要热情、周到、诚实、大方，在态度上不要有亲疏之分。因为对方把你看成是公司的代表，你的态度反映了你领导的态度。

5. 与领导人融洽相处

任何一位优秀的秘书都不是为自己的领导人工作，而是与自己的领导人共同工作，秘书与自己的领导人之间必须有一种深深的默契，只有这种默契才能在相互依赖的基础上使共同的工作相得益彰。为此，秘书必须熟悉和理解自己的领导人，包括熟悉领导人的各种往来关系，了解领导人的人生观、价值观，在工作中与领导人处理好各种关系。由于大多数公司都实行领导任期制，秘书要能够尽快地适应领导人的更换，要让新的领导人尽快地熟悉自己的工作。秘书要通过自己的工作取得领导人的信任，这是秘书做好工作的前提。可以说，领导人的信任是秘书工作的生命所在。

6. 能很好地配合同事工作

日本企业提倡"企业一家"、"家庭主义"，发挥"团队精神"，据此，要求秘书处理好与同事的关系。由于企业经营活动日趋复杂，集体的配合显得越来越重要。无论哪一类秘书，彼此间都应该相互尊重、相互关心、相互帮助，特别是对外收集的情报，秘书之间一定要相互通气。此外，对新来的秘书也要尊重，在业务上多给予帮助，让他们尽快掌握工作要领；要善于发挥新秘书的积极性，切忌采取居高临下的态度。

7. 掌握交谈技巧

首先是要增强听话能力,尽快熟悉对方讲话习惯,能听懂对方说话的"言外之意"。秘书在接受领导人指示时,精神要高度集中,决不能含糊,特别是在安排工作日程的时候,对于一些时间、地点的安排,若有不清楚之处,哪怕是让领导人说你太啰嗦,也要问明白,在听对方说话时,不要急于提问,待对方说完话后,再把问题一条一条地提出来。当对方说完话之后,别忘了将对方所谈的重点重复一遍。

其次是掌握说话艺术。人们常把秘书与"联络官"划等号,所以秘书工作对秘书"说话"的要求很高。一般地讲,秘书说话要注意:诚实待人,尊重对方;言简意赅,通俗易懂;语言生动,速度适中。在向领导人汇报工作时,要遵循"5W1H 原则",即在什么时候(When)、在什么地方(where)、是谁(who)、结果是什么(what)、为什么(why)、过程如何(how)。

8. 有比较强的写作能力

公司秘书在工作中最大量的任务是写作,商业信件和通知又是秘书写作的重点,如感谢信、要求更换物品信、约会信、表示祝贺的信、发货通知单、催办或提示信、会议通知、表示谢意或歉意的信、预订房间和客饭的信、推迟信、询问与请示信及内部便函等。一些得体的书信,能够为企业赢得信誉、顾客和朋友;而一封失当的信,则可能招致顾客的不满、愤懑乃至引起纠纷。所以,秘书写商业书信也和说话一样,仍要坚持"5W1H 原则",无论信的内容、形式、语调,还是信封的书写形式,都要十分注意。

9. 衣着打扮要注意分寸

秘书的衣着打扮要严格地自我控制,不仅要与自己的形体、性格相称,而且要与工作环境所需要的气氛相协调。秘书穿什么衣服上班,不仅关系秘书的形象,也影响着秘书的工作。一般来说,领导人年龄偏高,他们在服装观念上的更新不如年轻人快,所以,秘书在这方面要注意避免刺激他们,切忌标新立异。

10. 能熟练地使用各种办公自动化设备

随着现代科学技术的日益发展,秘书必须能够熟练地掌握和使用各种通讯、复印、文字处理等现代办公自动化设备,快速、准确地处理各种秘书业务,提高工作效率。

11. 善于利用空闲时间充实和提高自己

秘书是忙碌的,但并非永远如此,如遇到比较清闲的时候,不能因此懈怠,而是应当抓紧做收集情报、文件归档等工作,把它当作一个不可多得的业务学习机会,随时注意充实自己的知识,提高自己的水平。

六、日本好秘书的标准

怎样才是一个好秘书?日本秘书协会列举了好秘书的 5 个条件,即:

1. 要有预见性。如公司接到邀请信时，秘书应先判断该不该出席，届时该讲些什么话才得体，事先为上司打好腹稿。但是，不要急于表现自己，上司没有问你，不宜夺嘴。

2. 讲究办事效率，即使上司认为不急的事，你也应该尽快完成。

3. 对上司要体谅、关心。

4. 要有健康的身体。日本有一种说法："当秘书三年不能休息。"秘书需天天连续工作，而且得当天事当天毕，不能积压。每天晚上要应酬，回家晚，工作辛苦，必须要有健康的身体。

5. 要有良好的风度，经常有亲切的笑容，给人以愉快的感觉。

第十三章

国外秘书的培养和秘书工作特点

第十三章
国外秘书的培养和秘书工作特点

国外秘书的教育、秘书职业资格考试、对在职秘书的培养提高，都形成了系统的制度，值得我们研究和借鉴。国外秘书工作表现出女性化、社会化、专业化和智能化的特点。这也是涉外秘书发展的趋势。

第一节　国外秘书的培养

一、美国的秘书教育与考试

1. 美国的秘书教育

根据美国国家教育统计中心有关教学课程分类（CIP2000），目前美国高等教育中的秘书专业不少，但绝大多数是二年制的社区学院层次（类似于我国的高职高专）。截至 2016 年，全美国已有一千多所社区大学，在读学生占全美大学生总数的 46％，有 30％ 的学士学位证书被由社区学院转入本科的学生获得。这些社区学院中普遍设置有秘书专业，如光美国加州就有 72 所社区学院设置有名称不一的秘书专业，有的称行政助理专业（Administrative Assistant），有的称办公室助理专业（Office Assistant），有的称办公室专业人员专业（Office Professional）等，这些专业设在商学科（Business）、计算机应用学科（Computer Application）、办公室技术学科（Office Technology）、办公室行政学科（Office Administration）等等下面，授予文学副学士、理学副学士和应用科学副学士等学位。相当部分社区学院根据社会需求，设有如法律助理（Legal Assistant ）、医疗助理（Medical Assistant ）等行业的秘书专业，并授予相应的文凭。

美国有些高校设置有秘书学本科专业，但基本上是两段式的，前两年类似于高职高专，后两年修本科课程，类似于我国的专升本。这些本科段有的划在工商和管理类，有的划归人文社科类，如法律、卫生保健等。美国国家教育部门对其所授学位，没有统一规定，主要根据市场需求由学校自定，有的是应用科学，有的是行政助理学、办公室管理学、商业和卫生服务等等各种不同的学士学位。

如位于美国刘易斯顿市的路易斯-克拉克州立学院（Lewis-Clark State College），是正统的本科学院，设置有行政助理（即行政秘书）、行政医务助理（即行政医务秘书）、法律（行政）助理（即法律（行政）秘书）专业。学校明确说明，本科学位是两段式构成。如行政助理专业，第一段是一二年级,完成学业后获行政助理副学士学位(Administrative Assistant);第二段是三四年级,学的是工商管理(Business Adimimistration)或商务技术与服务(Business Technology & Service)专业的课程,要修满33学分。一共修满120学分,可获商学科的学位或应用科学学位(Bachelor of Applied Science),医务助理和法律助理所依托的则是医学与法律的上级学位。

又如位于内华达州拉斯维加斯市的南内达华学院(College of Southern Nevada),属社区学院,设有行政助理和秘书学专业,其本科段可转入相应大学继续学习,修满学分后授予物理治疗师助理学士学位(Physical Therapist Assistant (AAS)) 。

可见,美国的秘书专业的本科段,并非归属于管理学大类,也不是专授予管理学学位,而是依据《国际教育标准分类》中"建议对跨学科或多学科的课程按多数原则进行分类,即划入学生花费时间最多的教育学科",而授予各种名目不一的学士学位。

此外,美国成人教育系统中,有的设有秘书学校,有的在商业技术学校中设秘书系,其就读时间两个月至两年不等,班次多样,有全日班、半日班、夜间班、周末班等,学员一般不限年龄、学历,毕业后校方协助推荐、寻找职业。美国的秘书通常以复合式教育培养而成,如医药秘书常由医学院毕业生经过秘书专业学习后任职。

在美国秘书专业课程设置上,公共课有打字、速记(包括机器速记)、阅读和写作、健康生活原则、办公室工作程序、计算机应用、秘书会计学、体育等。根据美国将职业秘书划分为行政秘书、法律秘书、医学秘书等类别,秘书专业还设有各类秘书的专业课程。行政秘书专业课程有商业数学、企业法、簿记、演讲基础、社会科学、行政秘书听写和录音、行政秘书准则等;法律秘书专业课程有美国政府及企业法、法律秘书的听写与录音、法律专门术语、法院及法律事务所程序、联邦及本州法院条例、法律秘书准则等;医学秘书的专业课程有生物学、生理学、人体解剖学、心理学、医药法、医学专门术语、医学秘书的听写与录音等。

2. 美国的秘书职业资格考试

(1) 特许职业秘书考试

由国际职业秘书协会举办的高级秘书资格考试。定于每年5月第1周的周五、周六两天在250个考试中心同时进行。报考条件甚严,规定高中毕业生须有6年秘书工作经历,大学毕业生,其学习年限加秘书工作经历满6年者,才许报考。考试有6门课程,即企业行为科学、企业法、经济与管理、会计学、秘书技能、办公室工作程序。

(2) 美国合格的行政管理人员证书考试

此证全称为Certified Administrative Manager,简称CAM,为在商业界谋求监督和管理人员地位的秘书职位的资格证书。它自1970年9月始,由美国行政管理学会(国际)(Administrative Management Society International,简称AMS)考核、颁发。欲获取此证书者,须先申请加入该学会成为会员,再经考核合格发给此证,并允许其可在自己的署名后面写上 C. A. M,以示具有了此种资格。

3. 选派赴国外的秘书

美国国务院下隶有对外秘书服务处,负责选派本国秘书赴国外 300 多个国家、地区工作。

凡欲申请对外秘书职位者,年龄须满 21 周岁;须为美国公民,其配偶也须是美国公民;须有大学毕业以上学历;本人与家属身体健康;须有一定的工作经历;须通过国家文官考查机构举办的能力、速记及打字测验,并对外交事务怀有兴趣,通晓一门外语者可优先考虑。被批准者还得送入外交事务学院(Foreign Service Institute)经短期培训,以适应新环境。然后,再分配具体去向,主要派往世界各国、各地区的美国领事馆或跨国公司等任秘书。

二、英国秘书的资格考试和培训、任用

1. 重要的考试证书

(1) 英国秘书特许状

由英国特许秘书和行政人员公会(ICSA)统一组织考试,每年两次,在英国及加拿大、澳大利亚、香港等英联邦及地区内举行。考试课程为 17 门,分为:基础课,即经济学、定量研究学、法律入门、组织行为、办公室管理入门;专业基础课,即会计入门、商业法、信息网络学、人事管理;专业课 8 门,其中必修课 4 门,如会议学、公司法、系统管理、管理原理和技巧;选修课 4 门,可选与秘书工作密切相关的秘书业务、财务会计、税收学、商业财务等,按所在公司或机关的性质、任务不同而异。考试合格者颁给特许状,即专业资格证书。该证书在英联邦国家和地区具有权威性,持证者被公司和政府部门所乐意聘用。

(2) 英国秘书学习证书

英国伦敦工商会颁发的私人秘书资格证书。欲获得此证书者须通过通信往来、商业知识、办公室日常工作、速记——打字,或听录音——打字(记录)等测试。合格者授予此证书,供谋求初级秘书和速记——打字员职务之用。

(3) 英国私人秘书证书

英国伦敦工商会颁发的私人秘书资格证书。欲获得此证书者须通过通信往来、办公室组织机构和秘书工作程序、商业结构、速记、打字员职责、听录音及打字等科目,并参加一次面试,合格者授予此证书,供应聘中级经理的私人秘书职位之用。

(4) 英国私人和执行秘书毕业证书

英国伦敦工商会颁发的私人秘书资格证书。欲获得此证书者须通过通信往来、秘书管理、对经理工作的正确评价、会议程序、速记、打字员职责等科目考试,并参加一次面试。考官从考速记、打字技巧入手,再评价考生的常识、机智、沉着、经验及效率。合格者授予此证书,供应聘高级经理的私人秘书职位之用。

（5）私人助理毕业证书

即授予私人助理高级秘书资格的证书，由英国皇家艺术学会颁发。目的在于评定学员具有一定的知识、技能，有自信心和独立工作的能力，在某一管理系统中能起积极作用。

（6）秘书单科考试证书

也称秘书第二阶段职责证书，目的在于评定学员对秘书职责的理解、掌握和运用此知识的能力。由英国皇家艺术学会颁发。

（7）英国高级秘书证书

英国彼特门考试学院颁发的秘书资格证书。欲获得此证书者须通过通信往来、办公室组织机构和秘书程序、商业知识、速记、打字或听录音、打字等科目考试，并接受一次面试。均合格者承认其具有全面的秘书工作能力，授予此证书。

（8）私人秘书职责（中等水平）证书

英国彼特门考试学院颁发的秘书资格证书。该证书旨在证明持证人对私人秘书主要职责已理解、掌握，能有效完成秘书工作，并能监督、指导年轻的雇员，有独立工作能力，能处理社会、商业事务。

除此以外，还有剑桥大学考试委员会颁发的剑桥办公管理国际证书等。

英国通过秘书职业资格考试后颁发的上述证书，有效地提高了秘书人员的素质，推动了秘书工作向规范化、科学化发展。

2. 重要的考试机构

英国有权主持秘书资格考试的机构，除了上述英国特许秘书和行政人员工会以外，重要的还有：

（1）英国皇家艺术学会

英国旨在鼓励艺术创作和制造业、商业发展的学术组织。1754 年由画家威廉·雪普利主持成立于伦敦。1843 年至 1861 年，爱伯特王子任该学会主席，使其带有皇家色彩。1908 年国王爱德华七世正式批准该学会使用现名。该学会除从事音乐、摄影、组织节日活动外，还举办教育展览和多种科目的考试，包括秘书资格考试，颁发私人助理毕业证书和秘书单科考试证书。

（2）英国伦敦工商会

英国最大的工商联合会。1881 年由伦敦市市长威廉·麦克阿瑟爵士倡导成立于伦敦。其主要宗旨为保护伦敦和英国东南部工商业主的利益、发展对外贸易，为会员提供各类服务，包括为工商企业考选秘书人员。它举办秘书学习证书、私人秘书证书、私人和执行秘书毕业证书三种不同水平的考试，并颁发相应资格证书。

（3）英国彼特门考试学院

英国举办多种科目考试的学院，其中包括举办秘书科目考试，主要给速记—打字员和秘书指定考试范围和颁发资格证书。其考试和颁发的秘书资格证书有高级秘书证书和私人秘书资格（中等水平）证书。

除此之外，英国商业和技师教育委员会、剑桥大学考试委员会等机构也举办秘书职业资格考试并颁发秘书资格证书。

3. 英国政府秘书培训、考试制度

英国政府对初录用的秘书进行为期两年的"入门训练"，使他们了解、熟悉政府组织机构和工作程序、学习和掌握管理设备和科技知识。安排具体职务后的秘书，尚须接受若干次的"加温训练"，以提高他们的工作技能和更新知识结构，此类培训的方式有：

一是本部门培训，即由政府各部门举办各种短训班，其内容有适应性、实用性特点，针对本部门需要的技能进行培训。

二是委托培训，即选派中、高级秘书官员至专门机构或学校接受训练，以提高其行政管理能力。正规训练学校为文官学院，它在伦敦、伯克群、爱丁堡分设 3 个中心，设有基础班、提高班、研究班等。"加温训练"可在秘书官被录用后的任何阶段进行，实行职业培训终身制，这既是秘书官员享有的权利，也是应尽义务。

英国政府秘书的考试、任用制度如下：

英国政府秘书属于文官中的事务官，其任用主要由文官委员会及各文官管理机构决定，主要采用考任制，即须通过考试预选，然后对录用者试用一年，合格者才能委任秘书职务。高级秘书官的晋升，还须经各行业专家组成的专门委员会考核、鉴定。此考任制以择优汰劣、选贤任能为准则，具有一定的公开性、平等性和竞争性特征，体现了机会均等、赏罚分明的法治精神，有利于秘书人员的专业化和提高政府机关工作效率。

4. 英国企业招聘特许秘书方法

英国企业为增加、更换秘书，经常向社会招聘特许秘书，其招聘方法如下：

第一，许多英国企业内无人事部门，往往先聘请招聘顾问，从他们处了解专业知识，让他们参与从讨论到确定最佳候选人的全过程。

第二，由主管业务的经理根据工作需要，写成所招聘秘书职位的技能、经验和个人品格要求及所从事工作的介绍，然后据此制作成广告，插播于最具影响的新闻媒体中，广告词和画面设计得能吸引应聘者。

第三，如要招聘高级特许秘书，还需运用行政调查来物色人选。

第四，对应聘者进行评估，以个别面谈、心理测验、集体挑选等方法，对他们的言行举止、能力、业务技能进行深入了解，从中选用最优秀的人选。

三、日本的秘书教育

1. 学校的秘书教育和秘书的在职培训

日本于 1980 年由文部省规定了秘书科设置的标准、批准短期大学可设置秘书科，此后，

日本的秘书教育迅速发展,形式多样。不少大学和短期大学设有秘书专业,系统进行秘书教育。有大量商业专科学校等增设了秘书实务课程,民间也有单位举办半年或一年期的秘书讲座,对秘书在职培训的讲座也很多。凡加入日本全国短期大学秘书教育协会的短期大学,按照统一的教学计划,修满规定的学分者,可获得秘书学士学位。

日本为了提高秘书素质和业务水平,重视对在职秘书的培训。培训内容根据不同机关、企业的实际需要而定。如日本东京 YWCA 专科学校商业秘书培训的课程有:一年制的高级课程,开设秘书概论与实务、文书档案学、英文打字、英文速记、秘书英语、英语会话、会计事务、心理学(人际关系)、经营管理、通讯、商业活动、劳动问题等;两年制的初级课程,开设秘书概论、秘书实务、文书档案学、听写、英文打字、英文速记、秘书英语、英文簿记、时事英语、商业英语、英文翻译与理解、英语会话、语言表现法、计算技术、商业簿记、经济学、社会问题、钢笔书法、保健体育、音乐等。

2. 秘书职业资格考试

(1) CBS 考试

这是由日本秘书协会举办,审定秘书英语、日语能力和业务知识、技术的职业资格考试。日本秘书协会鉴于日本国际化的现状对秘书提出的更高要求,于 1979 年就开始此考试,以懂日语和英语、有实际工作经验的年轻女秘书为对象,每年组织两次考试。考试内容为:秘书所需要的日语、英语知识和应用能力,并须经口语面试;秘书业务、技能;秘书适应环境、处理人际关系和经营管理的能力。凡考试合格者授予 CBS 资格。

(2) 秘书技能鉴定考试

这是由日本实务技能审定协会举行的秘书技能测试。该测试为日本文部省所承认,每年春、秋各举行一次,报考者不受学历、年龄、性别、实际经验的限制。根据文部省通过的《秘书技能审查基准》,考试范围包括:秘书理论,即秘书素质、业务知识、一般知识;秘书实务,包括接待、技能、仪表等。考试分为三级,第三级为初级,第一级为最高级,供考生根据自己的水平选考。考试均为笔试,第一级笔试合格者还须参加面试。考试合格者发给资格证书,可在应聘、就职时通用。

第二节　国外秘书工作的特点

根据上文介绍,可知:

美国是当今世界经济、科技最强盛的资本主义国家,其秘书工作相当发达,秘书的专业化水平甚高,秘书职级、种类的划分细密,秘书培养、工作制度健全,是西方国家秘书工作的样板。

英国的秘书工作也很发达,其最突出的是秘书的考试制度和政府秘书职级的简单划一。

这两项制度不但在英国国内实行,还被推广至英联邦国家和地区,其考试制度经国际秘书协会的传播,被众多国家所仿效,在国际秘书界颇具影响。

日本是资本主义强国之一,它的秘书工作汲取了欧美国家的经验,又结合本国国情,从20世纪70年代以来,有了长足的发展,其秘书工作既立足于实际,注重实务和技能,又以此为基础,活跃地开展理论研究,秘书教育也相当发达。其秘书工作的专业性既获得了社会的公认,也得到了政府的承认,成为东方资本主义国家秘书工作的样板。

从三国秘书工作的情况分析,可以看出其秘书工作表现出明显的女性化、社会化、专业化、智能化特点。由于三国秘书工作的模式和经验被世界各国不同程度地采用,所以这些特点也成为当代国外秘书工作的特点,也是涉外秘书发展的趋势。兹作些分析。

一、女性化

国外许多国家和地区,秘书职业被公认为是"女性的一统天下"。

据《美国百科全书》介绍,20世纪60年代中期,美国有大约200万女性从事秘书工作,几乎占当时美国总人口的1%,而从事秘书工作的男性却微乎其微。如今,美国各级政府机构中的所有秘书人员,90%以上是女性,其中绝大多数为一般行政秘书。

在日本,第二次世界大战前,秘书工作几乎是"男子的世界"。20世纪70年代,女秘书迅速崛起,女大学生毕业后,往往谋求秘书职位。80年代,女秘书作为支撑日本经济上升的重要女性职业之一,获得了企业界普遍认可。如今,秘书职业成为日本女性一种代表性的职业。在日本的企业中,普遍存在着男性秘书集团和女性秘书集团,男性秘书主要是参谋型的智囊,人数少,女性秘书主要从事打字、接待等事务,属事务型秘书,占秘书人数的大多数。

在德国,许多文科中等学校毕业的女学生,她们最佳的选择是经过培训,成为女秘书。

世界各国有大量的中等、高等院校秘书专业,在那里就读、接受培训的几乎全是女学生。维也纳女秘书高等专科学院是其中颇具影响的秘书专科学校,该校毕业的女学生遍布于巴黎、布鲁塞尔、许多国家的行政部门、外交部门、企业集团以及联合国组织中,成为西方女秘书的摇篮之一。

由于世界各国将一般秘书工作视作女性的一种专门职业,所以,英语世界各国出版的有关秘书工作的书报刊物,乃至权威性的词典、百科全书等中,凡需以第三人称指代秘书时,都一概用"She"(她),而不用"He"(他)。在西方小说、电影、电视和各种文艺作品中出现的秘书,几乎全是女性。秘书和女性已经融为一体,"女秘书"的称呼风靡全球。

为此,海外有一种意见认为:秘书是适合于女性的专门职业。造成此现象的原因有:

1. 第二次世界大战后,海外社会观念发生变化,大批操持家务的妇女踏上社会就业。

2. 女性的生理、心理特点适合于从事办公室工作。

3. 女性较男性温和、细心,在待人接物中不易伤感情,适合于接待、应酬、交际,利于处理好人际关系。

4. 女性的薪金一般低于男性。

5. 海外社会还认为,办公室中有女性秘书利于调节气氛,使之活跃、融洽。

二、社会化

社会化的表现之一是国外秘书遍布各行各业,成为一个庞大的职业群体。无论从中央政府到地方各级政府,还是工商企业界、法学界、医学界、教育界、科技界、社会团体、驻外使领馆、军界等,或者影星、歌星、体育明星、社会名人等均配备有秘书。秘书工作已渗透到社会各个领域,成为社会化的工作。秘书工作社会化使秘书成为美国的热门职业,秘书成为人数最多的职业群之一。

社会化的表现之二是秘书的重要作用得到社会的普通肯定和重视,赢得了社会的尊重。秘书有自己的节日,即秘书周和秘书节,每年 4 月的最后一周为秘书周,该周的周三为秘书节。2000 年,"国际行政专业人员协会(IAAP)"宣布将秘书周和秘书日改名为行政专业人员周和行政专业人员日。节日期间,美国总统等政府要员会发贺信祝贺,感谢秘书们对美国社会所作的贡献。秘书们举办各种讲座、讨论会、文娱活动,并奖励优秀秘书。原为欧美秘书工作者的节日,由国际职业秘书协会(1998 年更名为国际行政专业人员协会)主持举办,现已成为全世界秘书共同的节日。以下是 2002 年秘书节时美国总统布什的贺词:

> 我很高兴地对本次由国际行政专业人员协会(IAAP)主办的行政专员周 50 周年庆典活动表示热烈的祝贺。五十年前,设立这一特别周目的在于肯定秘书工作的作用,并为秘书和行政工作创造机遇。今天,在美国有 390 万秘书和行政助理人员。他们在政府办公室、私营公司、社区组织及其他无数机构中从事着重要的工作。这些专业人员的工作已经并将继续促进美国的进步。我谨向行政专业人员们的辛勤工作以及你们对于自己事业的贡献表示致敬。我同时也感谢 IAAP(国际行政专业人员协会)在职业的高标准及专业性方面所做的努力,你们致力于提高会员的技巧和能力,进而为美国经济的繁荣做出了很大贡献,是值得骄傲的。

加拿大总理克雷蒂安的贺词:

> 我很高兴对参加 2002 年行政专业人员周和 50 周年庆典的各位致以最热烈的祝贺。纪念周为领导者提供了一个认可在加拿大及世界各地行政人员所做出的贡献的很好机会。行政专业人员工作高效,知识丰富,技能娴熟,掌握了最新的办公技术并具有异常完美的组织协调能力。我希望和领导者及其需要合作工作的人一起,为你们的辛勤工作和杰出贡献致以真诚祝贺。

社会化的表现之三是秘书有自己的社团。最大的社团是国际行政专业人员协会（IAAP），原称国际职业秘书协会，1998 年更改为现名，而国际职业秘书协会则于 1981 年 4 月由美国全国秘书协会改名而来。其总部设于美国密苏里州堪萨斯城。它有不少分支机构，最大的分支机构除美国外，分别设于加拿大、拉丁美洲的维尔京群岛和波多黎各。此外，该协会还接纳自主分支协会，这些分支协会遍布于英格兰、苏格兰、德国、瑞士、挪威、比利时、荷兰、意大利、冰岛、巴西、哥伦比亚、秘鲁、波利维亚、巴拿马、墨西哥、新西兰、澳大利亚、南非、日本、新加坡、中国的香港和台湾、印度、泰国、马来西亚、印度尼西亚等国家和地区。

该协会设有国际董事会，有主席、两位副主席、秘书及司库。董事会成员不领薪金。总部的行政领导管理领薪金的职员，执行董事会的决议。

总部设有会员接纳部门，其职责为吸收会员，以使协会向全球扩展。入会者多为职业秘书、秘书学和秘书工作研究人员、从事秘书学教育的教师。会员能获得协会发行的专业刊物及职业信息。

该会的宗旨仍为：作为职业秘书的代言机构，维护秘书的合法利益，提高秘书的业务技能和职业地位。该会有数万名会员，分布于美国、加拿大、南美、欧洲、亚洲等 30 个国家和地区。该会的主要工作为：领导未来秘书协会，举办"特许职业秘书"考试，经营"退休秘书之家"，举办一年一次的"秘书周"庆祝活动。"退休秘书之家"是福利机构。类似于养老院，对年老退休的秘书予以照顾、优待。

该协会提供给会员的刊物有：

《秘书》杂志：为国际秘书领域主要刊物，交流介绍秘书工作方面的新思想、新观念、新动态、新技术。

《秘书工作范例》：为国际职业秘书协会同各分支机构中企业经理代表人物合作创办的一种多方面综合论述刊物，适用于各种办公室环境，反映秘书职责的共同特性。

《职业秘书道德准则》：建立和传播职业行为标准，体现秘书的职业道德观念。

各国有影响的秘书团体还有不少，试举几例：

1. 美国未来秘书协会

美国高中、学院和大学秘书专业学生组成的民间团体。该会接受国际职业秘书协会领导。国际职业秘书协会常组织有经验的秘书对这些未来的秘书进行辅导，并设有奖学金，发给成绩优秀的学生，鼓励他们成长。美国还有全国教育秘书协会、法律秘书协会等行业秘书团体。

2. 日本秘书协会

成立于 1967 年，入会者为秘书个人、企业、从事秘书教育的人士。其主要工作为评选最佳秘书，召开一月一次的例会，出版《秘书报》，编辑秘书工作专著和举办 CBS 考试等。

3. 日本秘书学会

日本文部省所属的秘书界的学术团体。成立于 1982 年,它的成立标志着社会承认秘书专业具有学术性。该学会注意从理论和实践两方面对秘书的现状和教育方法进行调查、研究。学会允许秘书人员以会员身份参加或列席大会,探讨业务,提高工作水平。

4. 日本全国短期大学秘书教育协会

成立于 20 世纪 80 年代初,现有 70 多所大学和短期大学入会。该学会将全国设有秘书专业的大学和短期大学联合起来,共同对教学计划、教学内容进行研究,培训专业教师,编写并统一使用主要课程的教材,以提高秘书专业的教学质量,并组织授予秘书资格考试。

三、专业化

国外秘书工作的社会化使秘书成为一种专门行业,成为各行各业管理工作中必不可少的一部分,有其基本的职业要求、职责范围。其分工日趋细密,专业化程度日渐提高。

社会对秘书的需求,使得秘书教育也相当发达,秘书大部分是经过专门培养、训练的专业人才,属于白领阶层,这使秘书的专业性得到了社会的承认。

一方面,各行各业根据不同的要求,产生了各自的行业秘书,如政府秘书、法律秘书、医药秘书、科技秘书等,行业秘书不但要求掌握秘书工作知识和技能,还须具有本行业的专门知识;另一方面,同一行业的秘书也因各自职责范围和待遇的不同而分成不同层次,如美国的秘书职业大类包括 41 个职业种类,分为 10 多个工资等级,英国的政府秘书则分为行政级、执行级、文书或办事员级、助理文书级 4 个等级,各司其职,专业化颇强。

为了稳定秘书,不少国家制定了秘书晋级制度,保障了其权益,导致许多人将秘书作为终身职业,使秘书工作日趋专业化。

四、智能化

国外科学技术的突飞猛进、电脑等办公自动化的普及,使其当代秘书工作手段迅速向现代化发展。国外的办公自动化在短短的几十年时间里,经历了几个发展阶段。从起初的单机应用、单项数据处理阶段,经过单位内联机、形成计算机网络阶段及跨单位、地区联网阶段,至今,已进入了信息高速公路阶段。所谓的信息高速公路是指:以超大容量光纤传输为骨干,以高性能计算机为枢纽,以多媒体终端为网络接入和操作手段的宽带、高速、综合、智能通信网。也就是建立起覆盖全社会的交互计算机网络系统。它能给用户提供大量信息。

国外秘书的办公室中都配备有电脑、专用交换机、传真机、复印机、缩微机等,这些设备由计算机和网络联结起来,由相应的软件程序统一管理,构成办公自动化系统。整个系统具有如下功能:一是准确、迅速地完成各种数据计算;二是进行文字处理,包括写作、编辑、排版、打印、复制、储存、阅读文件信函;三是声音、图像的收录、贮存、转换、识别、处理;四是迅速查询到各种需要的信息;五是进行通信联络,包括自动记录、贮存、发送信息;六是帮助从事管理。

这样一来,大量事务性的秘书工作,如速记、誊写、校对、起草文件、处理信函、保管档案、查找资料、传送通知,直至电子会议、电子政务、电子商务等都由电脑等办公自动化设备来处理,导致秘书人员由事务化向智能化转变,越来越多的秘书的职责转向安排上司日程、综合管理、收集、分析信息、提供方案,起参谋、顾问的辅助决策作用,呈现智能化。这一变化,从美国硅谷秘书的现状中能明显看出.

美国的硅谷是世界顶尖的高科技园区,有数千家如惠普公司、英特尔公司、苹果公司等国际高新科技公司。园区里,在那些声名显赫的公司总裁、首席执行官的背后,忙碌着一大批秘书,有男有女,但以女性为主。在技术革命不断的氛围中,硅谷秘书显得与众不同。他们的工作和生活也引起世人的关注.

首先,硅谷秘书们的工作量重,压力相当大,他们每周通常要工作 60 至 70 小时,紧张程度不言而喻。他们每时每刻都在协调世界各地雇员的工作。如担任了 Cisco 公司总裁秘书 8 年的德比·格罗斯女士,每天要工作 12 个小时,她要帮助总裁制订复杂的全球工作计划表,向他汇报各个会议的主要内容,阅读他的电子邮件,记录公司在全球 1.8 万名员工的工作情况。

其次,硅谷秘书们的作用在增强,地位在提高。他们不仅仅打字、冲咖啡,而且每天都在参与决策。他们不必穿得一丝不苟,不必不停地记录老板的命令,不必为老板冲上一杯咖啡,不像在其他地方工作的传统的同行那样刻板地工作,而是每天都要做出重要的决策。如硅谷 Notel 网络公司总裁戴维·豪斯的执行助理戈温·卡尔德威尔女士说:"如果我每天穿着套装走进某栋高楼后所做的一切是接接电话、日复一日地做时间表,那我肯定会厌倦的。"相反,卡尔德威尔女士在公司里有很大的影响力,她和她的同事起草信函,研究竞争对手公司的情况,向管理层吹风,组织谈判等。前述 Cisco 公司总裁秘书德比·格罗斯女士也说:"我们不仅仅是打字、填表或接电话。我们是被赋予权力的,能够做决定。我和约翰(总裁),我们彼此尊重对方,我是他可依赖的人。"格罗斯女士并不是公司里 50 多个副总裁中的一员,但她可是公司里最有权力的人员之一。

同时,硅谷的秘书们在帮助公司成长的同时,他们的收入也稳步攀升。美国秘书平均年收入在 2.5 万美元至 3.5 万美元。硅谷有些秘书的年薪则是他们的 3 倍以上,平均在 6 万至 10 万美元。而且,许多硅谷公司的秘书入了股,如果公司发展得好,他们也会获得红利。

近几年来,美国的秘书行业发生了不小的变化。据国际行政管理职业协会的一项调查表明,三分之一的秘书负责监督其他秘书的工作,45％的秘书负责培训,78％的秘书负责办公室工作。与此相适应,国外的秘书教育也从教给学生如何为上司工作(work for the boss),转为如何和上司一起工作(work with the boss)。秘书职业的称谓也在发生改变,国际行政管理职业协会中,只有 18％的会员如今还使用秘书这一称谓,其他会员则使用行政助理、协调经理、专业经理、执行秘书或执行助理等。

【扩展阅读】

　　沈昕雨：《浅析美国加州社区学院的秘书学教育》，《秘书》2018年第3期。

　　行政助理(Administrative Management BAS)专业介绍，路易斯-克拉克州立学院网站。

　　物理治疗师助理(Physical Therapist Assistant(AAS))学位介绍，南内华达学院(CSN)网站。

　　联合国教科文组织：《国际教育标准分类》"附件Ⅳ：教育的大类和学科"。

第十四章

中国香港的秘书工作

第十四章
中国香港的秘书工作

香港是我国的领土，历史上被英帝国主义强行租借后，曾被纳为英联邦地区。所以，香港的秘书工作受英国影响很大。1997 年，香港回归祖国。20 多年来，在"一国两制、港人治港、高度自治"方针的指引下，香港社会稳定、经济繁荣、百业兴旺。随着中央政府《粤港澳大湾区规划纲要》的发布实施，香港的前景会更好。作为香港社会重要职业之一的秘书，也将为香港的发展作出更大的贡献。对此，我们应当研究、借鉴。

第一节　香港秘书的结构

一、香港社会对秘书的需求

香港是一个经济繁荣的商业社会，其秘书也以商务秘书为多。任何大小公司商行中都聘有秘书，负责处理日常信件函电、信息、接待、安排上司工作日程、安排会议等事务。

香港社会对秘书的需求量很大，所以，香港的秘书教育和培训很兴盛。

由于香港的秘书主体为处理日常办公室事务的女性秘书，要求较为一般，所以，香港培养秘书人才主要依靠中专层次的学校，全香港有 100 多所中专和补习学校在培养秘书。常日班培养求职的秘书人员，夜校大多培训在职秘书人员。一些学校的管理较为严格，规定缺课三分之一者就得重读或予以退学。

课程设置方面，一年制班约开设 16—17 门，如簿记、速记、打字、电脑打字、商业通讯、报告和备忘录写作、进出口业务结算、经济学、文书处理、秘书实务、计算机操作和基础知识、电报传真、文字处理、语言训练、外语等。毕业后发放正式文凭，供应聘就业之用。此外，香港也举行英国特许秘书和行政人员公会组织的秘书特许资格考试，通过这一考试并获得证书者，就业出路更宽，所应聘的秘书职位的层次也较高。

有些大学中也设有秘书课程，但不称"学"，主要讲授秘书基本知识并偏重于秘书实务。

二、香港社会秘书的构成

（一）两大秘书群体

香港社会的秘书大致可以分为两大群体：

一是高层次群体，他们是上司的直接、重要助手，其职责为全面辅助上司，如起草文件、传达指令、收集信息、通信联络、管理文书和办公室事务。其中层次最高、职权最大的是公司秘书和董事会秘书。

公司秘书(有的也称行政总管)是由董事会聘请、与总经理平级的高级管理人员。总经理负责公司的经营或生产、销售、技术、广告等;公司秘书则负责行政、人事、财务等。

董事会秘书由董事会或董事长派出,与总经理保持联络,了解、监督公司业务,并负责筹办董事会、股东大会,准备年度报告、决算、预算等文件材料,发布公司信息等工作。

二是一般事务性秘书,以女性为主,她们在香港秘书总数中占绝大多数。

(二)香港秘书以女性为主

香港大企业、大公司的高层领导,一般聘用经验丰富的中青年男子为秘书,作为自己的重要助手,而大量一般事务性的秘书工作却聘请年轻女性承担。香港政府中的秘书情况也类似。所以,香港的秘书群体里绝大多数是女性,其原因是:

一是公司商行的老板大多是男性,他们认为雇用女性秘书办事细心、待人接物有礼貌、不易伤感情,易与男上司起平衡互补作用;

二是女性秘书任职较稳定,不像男性秘书那样容易跳槽;

三是女性秘书性格谨慎,能保守秘密,可避免因泄漏业务情报导致公司商行损失。

女性秘书的职责,大体上是接打电话、收发起草信函文书、接待引见客户、安排会议、安排上司出差事宜以及其他交办事务。

此外,她们还接受差遣,办理上司的一些私事,如上司太太的生日,女性秘书需要写入上司备忘录,提醒上司送上一束鲜花;上司的女儿如从国外回港探亲,秘书需要安排车辆迎接;上司邀约至亲好友,秘书要代为订菜等。

(三)香港女性秘书的形象

香港女性秘书择业为双向选择,应聘时都在协议上明文写上一则条件:不随男上司出差。此外,她们也没有陪酒、陪舞的义务。

老板选择女性秘书,着眼于对方待人接物是否落落大方,而并不过分注重年轻貌美。女性秘书大都衣着朴素,不化浓妆,上班时不穿走路响声过大的鞋子,以免影响办公环境的宁静。她们力求与上司建立感情,相互信任,达到默契,但不能过分亲昵,这会引起公司内外的反感,不利于工作和业务,为风气所不容。连秘书教科书中,也提醒女性秘书不可与男上司过分亲昵。因此,香港的女性秘书是靠自己的才干,靠勤奋敬业而获取工作报酬的职业女性。

(四)香港女性秘书的职级

香港公司商行雇佣的秘书,为私人秘书,没有铁饭碗、终身制,大多数女性秘书到了30岁以后,就得考虑另觅职业,能升入管理层继续供职的属极少数。

女性秘书的等级大体分为见习秘书、初级秘书、中级秘书、高级秘书。

1. 初级秘书

因近年人才缺乏,香港初级秘书的任职条件已有所降低,大体要求为:30 岁以下,中五(相当于高中毕业)文化程度,经过秘书职业培训,每分钟能打字 35—40 字,具备一定的商务知识,懂电脑操作和会计知识者,能使用英语、普通话或第三种语言者皆可优先录用。目前,只会粤语的已经不太适应需要了。在工作态度和待人接物上,要求她们勤奋、有礼貌、诚恳、善于交谈、熟悉本行专业知识与习惯。她们一般从事日常的秘书事务,如接待、接打电话、打字、记录、抄写、统计、传达、文书的收发管理等。她们除了月薪外,大多享受医疗津贴、公积金和公车接送上下班等待遇。

2. 中级秘书

初级秘书工作几年后,如果表现良好称职,其中一些人能得到晋升,有权参与董事会会议,了解公司核心机密,月薪从几千元增加到 1—2 万港币,成为中级秘书。

3. 高级秘书

从事秘书工作七八年后的女性秘书就成为"资深秘书",有资格参加重要会议作记录,其中有些人还可能被吸收进董事会,成为既是董事,又是上司的大秘书,参与决策事务,月薪可在 5 万港币以上,与大学资深教授相似,成为高级秘书。当然,高级秘书在香港女性秘书群体中所占的比例很小。

第二节　香港的公司秘书

在香港的秘书群体中,公司秘书地位很高,作用十分重要,因此特别予以介绍。

一、香港公司秘书的产生和地位

香港公司秘书是香港的公司中普遍设立的高级管理人员岗位,是为公司董事会、股东、投资者以及利益相关者服务,侧重于承担公司治理和沟通职责的秘书。

香港公司秘书的设立,是沿用自英国的公司制度。它是一种强制性的制度,也就是说,在香港,要申请设立公司,必须先设置公司秘书,在申请的必备项目中,有公司秘书一项。香港的《公司条例》第 10 部"董事及公司秘书"之第 4 分部"公司秘书的委任和辞职"中就规定了,在向香港政府的公司注册处提交的申请设立公司的报告中,公司必须指定一名公司秘书,自公司依法成立之日起,此秘书即为该公司的首任法定公司秘书,并在公司注册处备案。

香港联合交易所有限公司(简称联交所)制定的《主板上市规则》第三章"授权代表、董事、董事会及公司秘书"中也规定,发行公司必须委任一名具有专业资格和足以胜任职务者为公司秘书,并经联交所认可。也就是说,设置公司秘书是公司上市的必备条件。第十三章还规定,公司秘书如有变更,必须予以公告。

上述香港的《公司条例》和联交所的《主板上市规则》,都从法律上确认了公司秘书不可或缺的重要地位。《主板上市规则》附录十四"企业管治守则"中指明,公司秘书在董事会运作中担当着重要角色,他们要确保董事会成员之间信息交流畅通,通过董事会主席或总裁,向董事会提供有关公司管理的意见,并安排董事们的入职培训和专业发展。香港证券及期货事务检察委员会制订的《内部消息披露指引中》,把董事、经理、公司秘书并列为高级管理人员。这些都说明公司秘书在公司管理中的重要作用和地位。

二、香港公司秘书的任职资格和程序

(一) 香港公司秘书的任职资格

香港公司秘书的任职要求很高,除了学历、专业对口、工作经验、能力外,还得经过联交所的审核认可。联交所认可的专业资格是:

第一,是香港特许秘书公会会员。

第二,是《法律职业者条例》所界定的律师。

第三,是《专业会计师条例》所界定的会计师。

而评估其专业经验,则看其:

第一,其任职各发行公司的年数以及岗位。

第二,其对《主板上市规则》、《公司条例》等专业法规熟悉的程度。

第三,除每年参加不少于 15 小时的专业培训外,是否曾经或还将参加相关培训。

第四,在其他司法权区是否具有专业资格。

(二) 香港公司秘书的任职程序

香港公司秘书的任职程序一般是:董事会提名委员会审查提名——董事会聘任——联交所审查认可——公告——在公司注册处登记。

香港公司秘书如解聘或辞职,程序一般是:本人提交辞呈——董事会提名委员会审查并提名新人选——董事会解聘并讨论新人选任职——公告——提交联交所确认——在公司注册处办理变更登记。

三、香港公司秘书的职责

香港公司秘书的职责大致可分为如下几部分:

第一,处理法律事务。

第二,处理股份过户。

第三,处理日常行政事务。

第四,处理其他事务。

如果所在公司是上市公司,则公司秘书还得增加的职责为:

1. 组织董事会会议和股东大会,负责会议的记录工作,并负责保管会议文件,会后将会议文件交公司注册处,以备日后查考。

2. 依法负责公司信息披露事务,组织或协助财务总监编制年报、半年报、各类公告,并保证公司有关信息及时、真实、完整、规范地进行披露。

3. 投资者关系维护,指导或管理投资者关系部门的工作。

4. 为董事会提供管治公司的意见、建议,协助董事会在行使职权时切实遵守法规。

5. 安排董事们的入职培训和专业发展。

四、香港公司秘书的权利和义务

香港公司秘书具有如下权利:

第一,列席会议权,即有权列席股东大会、董事会、公司内部会议,以便通过会议了解公司经营和财务情况,并为董事、高级管理人员提供需要的业务支援和指引。

第二,文件签署权,即有权签署向公司注册处和联交所提交的文件,经董事会授权,有权签署合同、备忘录等。

第三,核证档案权,即公司秘书会被授予"合适的证明人"身份,有权核证提交给公司注册处的文件。

第四,与联交所的沟通权,即公司秘书如被确定为联交所的授权代表,则在联交所的相关规则内,有就证券事务与联交所沟通交流的权利。

同时,香港公司秘书具有如下义务:

第一,持续学习的义务,即每年至少参加 15 小时的专业培训。

第二,遵守法规的义务,即遵守相关法律法规和上市规则,向董事会提供相关法律法规及程序方面的建议,为治理好公司奠定基础,依法真实、及时、准确地披露信息。

第三,诚实、勤勉执业的义务,即履行高级管理人员的职责,恪守诚信、谨慎勤勉工作,避免失责、疏忽、过错。

第四,保密义务,即不得泄露内幕消息,不得利用内幕消息为本人、关联人士谋取利益。

第五,保管董事会文件和保管、使用印章的义务。[①]

第三节　香港秘书的素质要求

香港社会对秘书的素质要求是具有相应的知识、技能,有较高的工作效率和良好的工作

① 葛俊明:《解构与比较:香港"公司秘书"和内地"董事会秘书"的异同》,《秘书》2018 年第 1 期。

效果。

一、秘书的基本素质要求

香港社会对秘书的基本素质要求,可归纳为如下几点:

第一,了解自己的职责范围,明白自己应该怎样尽职,并向何处努力。

第二,依据上司的工作目标,制定自己的秘书工作目标,并坚持不懈地为达到此目标而努力。

第三,洞察上司工作中的需要,主动提供各种辅助性服务,以节省上司的时间和精力。

第四,帮助上司摆脱琐碎杂务,为上司代劳,以使上司能从容处理其本职工作。

第五,经常留心观察,力求发现问题,并能经分析后提出解决问题的对策。

第六,能对自己的工作质量、效率及时作出如实评价,并取长补短,予以改进,不断提高。

第七,具有自信心,善于发挥自己的潜力,去创造性地工作。

香港社会正是根据这些基本素质要求,来划分秘书的初、中、高职级,据此决定相应的职责范围、待遇报酬和地位。

二、香港秘书的职业观念

香港秘书界虽然重秘书实务,而轻秘书理论,但是,为了提高秘书工作的效率,上司却相当重视秘书的职业观念,着重要求秘书具有如下职业观念:

(一) 服从上司

香港秘书与上司的关系,是雇员和雇主的关系,雇员必须服从雇主,作为上司直接助手的秘书,当然更得绝对服从上司,不然就失去了担任秘书的前提。所以,香港秘书界强调:秘书"必须依照所属上司的旨意,去更改秘书业务的内容",也就是秘书在工作中必须无条件地服从上司的指令,上司要你干什么,你就得干什么,上司要你如何干,你就得如何干。

这使得香港秘书对上司的依附关系相当重,同时,使得秘书的思路、工作方法,乃至处世哲学都与上司逐渐一致。因此,香港有这样的说法:"有好的上司,才有好的秘书"、"秘书如此,其上司也势必如此"。

(二) 忠诚公司

香港社会要求秘书必须维护本公司或本单位的利益,一切以公司利益为重,一切言行要对公司负责,自觉维护公司的权益、声誉和形象。

为此,上司要求秘书在日常接待来客、参加会见、谈判、社交等活动时,必须服饰整洁,谈吐文雅,举止大方,待人热情有礼,以显示公司的素质、精神、形象,并将此视为拓展业务、推进公司发展的"前奏曲",是一种"间接的效益投资";要求秘书在任何场合都不得贬低公司,更不准泄漏公司的机密,对公司要满怀忠诚。

（三）处理好人际关系

香港是一个市场经济高度发达的地区，"和气生财"是社会的信条。上司对整天要和各种各样人打交道的秘书，更强调要她们学会处理好种种人际关系。除了要和上司关系融洽外，也要和同事和睦相处。他们认为"不受同事欢迎的秘书，必定不会受上司重用"。而更重要的是要和外界人士搞好关系，为此，要求秘书善解人意、善于交际，为公司结交尽可能多的朋友，以利于公司的发展。

所以，香港秘书中流行着以儒家思想为指导，以"恭、宽、敏、信、惠"作为待人准则的风气，即"恭则不侮，宽则得众，敏则有功，信则任人，惠则足以使民"。

（四）以处理事务为主

香港秘书以帮助上司处理事务为主要工作内容，上司并不强调要他们起参谋作用。所以，香港秘书和秘书教育单位普遍重视秘书实务，而不注重抽象理论，不讲秘书"学"，也不去探讨"秘书性质"、"秘书角色"之类的概念，市面上的秘书书籍也大都是《秘书实务》、《秘书入门》之类的实际操作指导书，少见有秘书理论著作。

偶尔有极个别从大陆去的秘书认为，香港秘书有"三性"：一为服从性，即必须绝对服从所服务的上司；二为被动性，即秘书事务零碎繁杂、头绪很多，上司交办的事难以预测，上司叫干啥就干啥；三为灵活主动性，即秘书位居中枢，上司出差的时候很多，上司不在时，秘书或受权办事，或须及时和上司联系，或相机处理，并事后报告，不能一问三不知，当木头人而贻误商机，应有些灵活主动性。他们体会到香港秘书主要是上司的助手和辅助人员，以办事为主。其参谋作用不提倡，也不明显。如果有，也只是发现上司处理业务中有明显疏漏时，予以提醒，或提些建议、写个备忘录等，且不宜过分强调自己的主张。

这些上司对秘书的观念要求，也就成为香港秘书普遍的职业观念，并表现于香港的秘书工作中。

三、香港秘书和上司的关系

由于香港秘书和上司是雇员和雇主的关系，秘书为了保住职位、求取前途，都将处理好与上司的关系列为首要大事，悉心研究所谓"善处上司的秘诀"，以求"做一个上司满意的秘书"，认为这是"顺利推进职务的捷径"。他们一般都从以下几方面着手：

（一）以第一印象获取上司好感

不少香港秘书在应聘过程中，请名人为自己引荐，以说明自己将是一个合格的或者是一个出色的秘书。用先声夺人的方法，给上司一个"第一印象"。

接着，在面试中，他们更是经精心准备后，力求以自己的服饰仪表、谈吐举止、知识技能、经历经验给上司一个直接的"第一印象"，博得上司好感，争取被录用。

(二)以工作实绩获取上司认可

香港秘书中流行有"取悦于上司"的格言。但是,这并非是指靠逢迎奉承、溜须拍马来讨好上司,因为,作为私营企业老板的上司来说,他花钱聘用的是能为他实实在在办事的职员,而不是奉承拍马的弄臣。所以,秘书要取悦于上司,靠得只能是自己的工作能力、效率和实绩。为此,秘书必须严格遵守纪律,上班不迟到、不早退,而且应提早上班,做好准备,为上司提供良好的工作环境。平时,不但要按上司指令,按时完成交办任务,而且,还得严格管理工作时间,巧妙利用间隙时间,提高工作效率。

秘书要树立"上司第一"的意识,以上司为自己服务的中心。要努力了解上司的工作方法、习惯,据此调整自己的工作方法,以适应上司。同时,秘书还得努力让上司了解自己,以便发挥自己的潜力,作出更大贡献。秘书只有表现出自己的工作能力和效率,干出工作实绩,才能证明自己是一个真正合格的或出色的秘书,才能获取上司的嘉许、认可,也才能"取悦于上司"。

(三)以忠诚获取上司信赖

香港社会要求秘书对上司必须忠诚,一切对上司负责。这包括对上司必须说真话,努力维护上司的威信和形象,不在任何场合贬低上司,不表功招摇,甘于在幕后默默无闻地为上司处理各种各样杂务,以减轻上司的负担,尽可能发挥自己的潜能,主动多为上司分担事务性工作,急上司所急,关心上司,努力辅助上司,使他的事业走向成功。这样的秘书自然会获得上司的信赖。

四、香港秘书的工作作风

香港秘书的工作作风认真负责、方法灵活、富有人情味。

凡是到过这个东方国际大都市的人,都对香港秘书的这种工作作风留下了深刻印象。试举几例:

(一)香港秘书接打电话的讲究

香港公司商行的老板对秘书接打电话的要求甚高,将之称为"为上司在商业前线打第一仗",有颇多技巧和讲究。如:秘书应在电话铃响后立即接听,铃声超过三响就属不礼貌行为,表示工作松散,责任性不强,怠慢了顾客,很可能对方不耐烦而搁下电话去找其他公司,使本公司失去了一次商业机会。

秘书打出去的电话,则必须等铃响七八声后仍无人接,才能搁下。

秘书不宜使用电话扩音设备,以免泄密和干扰周围同事的工作。

打电话时先得自报姓名和上司或公司的姓名或名号。讲话要做到清晰、清楚、亲切,讲普通话要标准,讲英语要用国际标准音(称为客观音)。

有时,秘书要为上司"电话挡驾",但不能乱挡,也不能引起对方的不快。

(二) 香港秘书接待来客的风格

香港的工商企业界普遍认为,秘书不论是作为中介接待来客,还是受命直接与客商洽谈业务,或是在上司与客商之间周旋,都有获取信息、介绍公司、联络感情、广交朋友、广结良缘、发展业务、开辟财源的重要作用,视其为"公司的生命线"。所以他们高度重视秘书接待来客的态度和技巧。

接待之前,秘书先得查看来客的资料卡,记住有关内容,并整理好有关资料,送给上司,让上司事先熟悉。

秘书要布置、整理好接待室或会客室,营造一个安静、舒适、和谐、美观的会晤环境,使来客一进门就感到窗明几净,十分舒适。

当客人到来时,秘书得立即放下手头的工作,起立,笑脸相迎,热情招呼:"您好!欢迎光临,我的上司正在等候您呢。"并引导客人去见上司。

引导途中,秘书要位于客人右前方或左前方一步,途中不得因遇到同事而停留搭讪、将客人扔在一边,上楼梯或拐弯时,要做手势示意,如"请上楼"、"请往这边走"。乘电梯时,秘书得开、关电梯,礼请客人先进、先出。

到了会客室或接待室,秘书也得先开门,礼请客人入内,请他坐于房间最里侧的座位上,以示尊重。

如客人和上司是首次见面,秘书还得从中作介绍。然后招呼工友送上茶水。如果来者是上司的常客,上司为了表示对常客的尊重,通常不叫工友而叫秘书递送饮料。所以,秘书要熟知常客的习惯,了解来客谁喜欢哪种饮料,如喝咖啡要不要放糖,加一块还是两块等细节,以迎合来客的口味习惯,使来客备感亲切。送茶水饮料时,要先客后主,如客人有多位,得按他们的身份地位,先后送上。如同时要送饮料、点心,则先送饮料,后送点心。

最后,秘书需询问上司是否还要他干什么,如没事了,才可退出,关上门,并随手挂上"正在会见"或"请勿打扰"的牌子。

此外,香港秘书对不速之客如何接待,如何帮助上司结束不必要的会见等,都有许多约定俗成的程序。

总之,香港秘书热情周到、礼貌待客、认真踏实的工作作风,在主客之间营造出了一种轻松、舒畅的气氛,有利于促成生意,也有利于树立公司的良好形象。

第四节　香港的公文

香港回归祖国后,与内地的经济往来更加频繁,社会交往更加密切。作为秘书,应该了解香港公文的情况。

一、香港公文的演变

香港公文从 20 世纪 60 年代到 20 世纪 80 年代经历了明显的变化,这一变化包括如下两方面:

(一) 从只用英文到中英文并用

在 1970 以前,英文是香港官方唯一的书面语言,所以,香港公文只用英文书写。而且,其处理程序也多按照英国的惯例。虽然不断有人提出使用中文为官方语言的建议,但是,未被港英政府理会。直到 20 世纪 60 年代末到 20 世纪 70 年代初,香港市民的民族意识觉醒,爱国主义思想觉悟提高,在大专院校学生和社会知名人士的一再呼吁、提议下,才开始了让中文成为官方语言的进程:

1970 年 10 月,香港政府开始对在公务活动中使用中文问题进行研究。

1972 年香港政府设立了"中文公事管理局"。

1974 年 4 月,正式颁布了《法定语文条例》。该条例承认中文和英文一样,具有相等的地位,可供香港政府和广大市民在公务活动中使用。

1975 年 3 月,香港政府编印了《香港政府中文公文处理手册》,供香港政府公务员参照实行,该手册在《引言》中说明:制定该手册的目的是为了使公文写作标准化,"以收准确、经济之效"。

这样,在香港沦为殖民地近 80 年后,中文——这一祖国的语言终于成为香港的官方语言之一。

(二) 从中文文言文到白话文

20 世纪 70 年代开始,香港政府使用中文作为官方语言之一时,是仿照台湾的公文用语,采用文言文,有时还夹有方言。

中英关于香港归属问题签订协议后,这一协议对香港的政治、经济、文化、社会生活产生了重大的影响,再加上香港社会生活节奏快,为了适应快节奏的需要,香港中文公文产生了新的变化。

1986 年 3 月,香港政府发出传阅通告,该通告首先对中文公文的文体作了规定:"要用白话,不用方言,以求浅白、明确、精简得体。"其次,通告中要求香港政府机关在给市民的所有回信中,都要客气得体;一切函件都不准使用封建官僚色彩的用词和套话,如"长官"、"大人"、"司宪"、"督宪"、"奉督宪谕"、"奉司宪谕"、"爱承宪谕"、"诸维朗照"、"先行布复"等。

这样,香港的中文公文基本上达到了简、浅、通、切的白话文要求。

二、香港现行公文的种类

香港现行公文的种类主要有如下几种:

1. 人事令

用于对香港特区政府官员的任免和升迁,故分为任免、升迁两种。

2. 行政法令

用于公布施行新订法令、条例、附属条例、修正条例。相当于大陆的"命令"和"令"。

3. 咨文

用于特区行政长官和立法局、行政局、最高法院之间的磋商或建议。

4. 呈文

用于香港特区政府各部门属下公务员向主管长官呈请或报告工作。相当于大陆的"请示"、"报告"。

5. 签注

用于香港特区政府某一机关属下各单位、部门处理公务、表述意见。类似于大陆的"会签"或"问卷调查"。

6. 公函

公函主要用于四个方面:香港政府致市民团体、志愿机构或市民个人的信件;香港特区政府各机关之间互通情况;市民致特区政府机关的申请书;香港特区政府机关对市民申请书的答复。

7. 公告

用于香港特区政府或机关团体致市民或相关人员的告示。有通告、布告、备忘等名目。它或者刊登于宪报、中西报章,或张贴于各机关团体的告示栏内。类似于大陆的"通知"、"通告"。

8. 法律文件

指一切在法律上生效的文件,如庭令、宣誓书、传票、上诉书、合约等。香港社会是一个法制社会,一切按法律办事,以法律为依据,所以,社会上这类文书最为常见。

三、香港公文的结构、格式和特点

(一) 香港公文的结构

香港公文的结构基本上分为如下几部分:

1. 标题

香港公文的标题一般比大陆简洁,有提纲挈领、标明主题的特点,常只包括事由和文种,如《庆祝香港回归祖国的通告》,有的则只标明文种,如《布告》、《备忘》等。

2. 主旨

这是正文的第一部分,位于标题下方,提行书写,阐明行文的目的,以一文一事为原则。相当于大陆的导言。

3. 说明

这是公文的主体部分,位于主旨下方,提行书写,阐明事实、过程、原因。

4. 建议

位于说明下方,提行书写,用来列举建议事项或解决问题的办法。类似于大陆正文的结尾部分。

5. 承办人

写明发文机关及签署人的职务。

6. 日期

注明成文的年、月、日。

7. 编号

标明该公文的编号。

8. 副本收受人

注明该文除发往主送机关或当事人之外,同时送往的其他机关或人员。相当于大陆的"抄送"、"抄报"。

(二) 香港公文的格式

香港对公文的格式有如下规定:

1. 公文的书写由上至下、由左至右。

2. 中、英两种文字尽可能分开,如需要并列参考,中、英文应当隔段并列,并可自左至右横写。

3. 必须中、英文对照的,也可分页并列,自左至右横写。如遇英文函件,必须配有中文,译文载于背面或另一页,其书写按中文正统书写法,即从上到下,从右到左直写。

4. 新式公文要分段,每段按一、二、三等秩序编号。按以上规定,香港的中文公文一般采用直写,需要中、英文对照时才横写。

(三) 香港公文的特点

香港公文具有如下特点:

1. 力求简明

香港社会生活节奏很快，其公文也力求简明扼要，在白话文的基础上运用浅近文言文，篇幅较长的公文采用条款式，以减少过渡性用词，收到纲举目张的效果。

2. 倾向表格化

香港公文正由程式化向表格化发展，如各种申请书已经由各部门统一印刷成规范划一的表格，方便了书写，节省了时间，又便于处理、保管。

3. 讲究礼貌用语

香港公文中十分讲究礼仪、礼貌，普遍运用敬词、谦词，如在收件人的称呼后面都加上开启用语，如"收启"、"台启"、"钧启"、"素启"（唁丧）、"玉展"（对女士）、"文启"（对文教界）等。

4. 内容注重合法

香港作为一个法治社会，在公文内容中，尤其是合约类（合同、协议等）公文中，特别注重法律性，依法签约。

香港回归祖国 20 多年来，在"一国两制、港人治港、高度自治"方针的指引下，社会稳定、经济繁荣、百业兴旺。作为香港重要社会职业的秘书也在发展着，为香港的发展作着贡献。我们应当更多地研究其秘书工作，作为借鉴，以提高涉外秘书工作的水平。

参考文献

1. 何宝梅：《秘书学基础理论探究》，浙江大学出版社 2010 年版。
2. 杨剑宇：《涉外秘书学纲要》，上海人民出版社 2018 年修订版。
3. 杨剑宇：《中国秘书史》，上海人民出版社 2018 年修订版。
4. 董继超：《普通秘书学》，中央广播电视大学出版社 1997 年版。
5. 方国雄、方晓蓉：《秘书学》，高等教育出版社 2003 年版。
6. 吴雨平、李正春：《秘书学与秘书实务教程》，暨南大学出版社 2008 年版。
7. 朱传忠、叶明：《秘书理论与实务》，浙江大学出版社 2005 年版。
8. 董继超：《秘书学问题数说》，《秘书》1998 年第 5 期。
9. 钱世荣：《秘书系统：独特的管理辅助系统》，安徽大学出版社 2008 年版。
10. 王守福：《秘书学概论》，北京师范大学出版社 2017 年版。